いま宗教に向きあう 1

現代日本の宗教事情

国内編 I

いま宗教に向きあう 1

現代日本の宗教事情

国内編 I

責任編集 堀江宗正

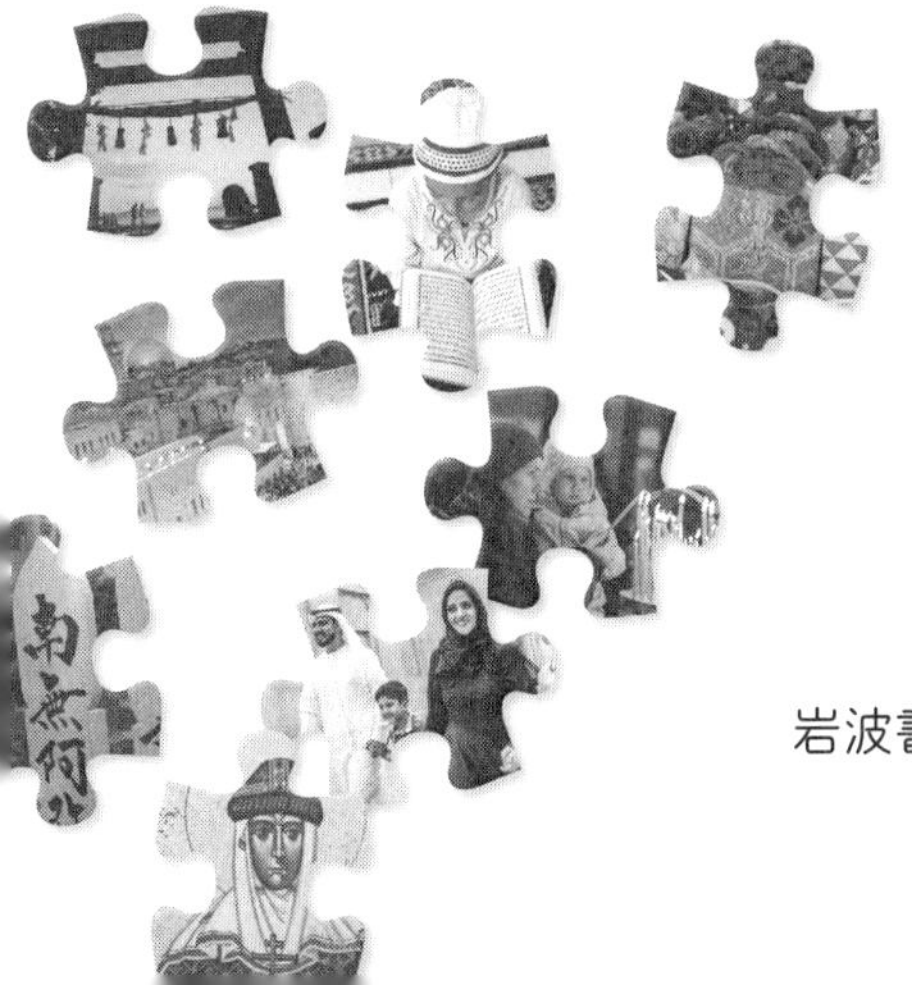

岩波書店

巻頭言

島薗　進

世俗化論とその後

「宗教が衰退していく」という言説は一九五〇年代、六〇年代に有力だった。宗教社会学では「世俗化」理論の隆盛期となる。この期の宗教社会学の代表的な著作の一つといえるピーター・バーガー（一九二九―二〇一七）の『聖なる天蓋』（原著、一九六七年）も「世俗化」論を唱えていた。これは一九〇四―五年に著されたマックス・ウェーバーの『プロテスタンティズムの倫理と資本主義の精神』以来の論といってもよく、狭く宗教社会学だけでなく、社会科学全般が「世俗化」を当然の前提とする時代が続いた。

二〇〇〇年代以降も「世俗化論」は妥当だという論は続いている。日本では、学術書ではないが、鵜飼秀徳『寺院消滅』（日経BP社、二〇一五年）、島田裕巳『宗教消滅』（SBクリエイティブ、二〇一六年）といった本も出ている。二〇一四年に実施された調査によると、アメリカ合衆国では、「どの宗教にも属していない」と答える人は六五歳以上ではわずか一一％だが、一八歳から二九歳では三四％を数えるという（Public Religion Research Institute, American Values Survey, Web版Huffpost紙　二〇一五年三月一六日)。
ヨーロッパでは伝統的キリスト教への信仰の後退はいっそう進んでいるように見える。日曜に教会に通う人の減少が進む。アイルランドのようにカトリックの信仰が根強いと思われていた国でも、二〇一八年の五月には国民投票の結果、賛成六六・四%で人工妊娠中絶が合法化されることになった。二〇一五年には同性婚も合法化されており、欧州におけるローマ・カトリック教会の砦の一つが崩されていく事態ともいえる。

宗教復興、あるいは宗教の力の持続

他方、宗教の力の持続、ひいては新たな興隆を示唆する現象もある。イランでは一九七〇年代末にパフラヴィー朝の世俗国家からホメイニ師を最高指導者とするイスラーム国家への転換が起こった。インドでも世俗主義の国民会議派からヒンドゥー・ナショナリズムを掲げるインド人民党の政権への移行が起こり、同じく世俗主義を掲げていたトルコでもイスラーム色の強い政権への移行が生じた。アメリカ合衆国やイスラエルでも原理主義的、あるいは保守的な宗教勢力の伸張が顕著である。一九九〇年代に入って、ピーター・バーガーがかつて世俗化論を唱えたのは誤りだったと自己批判したことはよく知られている。

また、先進国での「宗教教団離れ」は確かに観察されるとしても、多様な宗教文化への接近という側面から見ると、むしろ宗教性は活性化しているのではないか。西洋諸国では仏教をはじめとするアジアの宗教や新大陸の先住民文化への関心が高まってきている。マインドフルネスは仏教に由来がある瞑想実践だが、今では西洋諸国の医療現場でもさかんに用いられるようになった。ヨーガや気功の広がりも目覚ましいものがある。さらに、ユングやトランスパーソナル心理学のように、心理学のなかに濃厚にスピリチュアリティ(聖なるものにふれる資質・経験)が盛り込まれている例も増えてきた。宗教には入っていけないが、スピリチュアリティ(霊性)には強い関心をもつという人がいる。これらは、新しいスピリチュアリティの興隆といえるような現象である。

死や死別をめぐる経験、あるいは苦難や悲嘆を抱えた人々の自助運動においても、新たなスピリチュアリティの興隆が目立っている。一九六〇年代の後半にイギリスで起こったホスピス運動は世界各地へと広がっていった。アルコール依存症の人々が形作った自助運動の形態は一九三〇年代に発するものであるが、一九八〇年代以降、トラウマサバイバーや悲嘆経験者など、さまざまな領域へと広がっていった。二〇世紀の四分の三までは世俗的合理主義によって対処する以外の道を考えにくかった医療やケアの領域で、スピリチュアリティの役割が大きいことが認識されるようになった。

第二次大戦後の日本の宗教状況

では、日本はどうか。さっそく浮かぶ問いがある。第二次世界大戦後に新宗教の大きな発展があったことをどう評価するのか。たとえば、創価学会は一九五〇年には数千人規模であったのが、一九七〇年には七五〇万世帯を呼号するにいたった。その後も、創価学会が主要な支持団体である公明党は国政選挙で一〇%以上の票を得るのを常としている。同じ時期に霊友会、立正佼成会、妙智會《みょうちかい》教団、世界救世教、PL教団、生長の家などの教団も急速に成長した。また、すでに明治時代から教勢を伸ばしていた天理教、金光教、本門佛立宗《ほんもんぶつりゅうしゅう》などの教団も、この時期さらに勢力を伸ばした。

この間に伝統仏教や神社神道の宗教行事が急速に減退したということもない。宗教集団での儀礼等に参加する人々は確かに増えたのではないか。このような宗教勢力の増大は世俗化論とどのように整合性がとれるのだろうか。

しかし、この時期、一九四五年までは国民が広く参加していた国家神道や天皇崇敬の儀礼的行為は大幅に低減した。学校や軍隊で教育勅語や軍人勅諭が読まれること、御真影に深々と礼をしたり、天皇を象徴する連隊旗に頭を下げることはほぼなくなった。「天壌無窮の神勅」や「天孫降臨」や「神武創業」と称える人々はごくわずかになった。記紀神話の神々についての記載が実際に起こったことだと信じたり、歴史や修身の授業でそのように教わることはなくなった。この点では、急激な世俗化が進行したともいえるだろう。

一九七〇年代以降の変容

一方、この時期に仏教による葬祭が急速に後退することはなかった。死者や先祖の祭祀が仏教と重なりあって行われる形態は、室町後期から江戸初期に定着し、檀家制度によってその基盤が固められた。人々が仏教寺院に帰属して葬祭を行う葬祭仏教は、江戸時代から明治時代へと引き継がれ、第二次大戦後も衰退する兆しは見られなかった。

曹洞宗寺院の出身で、一九六三年に『葬式仏教』(大法輪閣)を著した圭室諦成《たまむろたいじょう》は、キリスト教や新宗教は葬祭仏教の基盤を侵食することともなったが、部分的なものにとどまったと見る。「〔前略〕葬祭と仏教のむすびつきは堅く、この面だけは、神道の猛攻撃にもかかわらず、ほとんど痛手をうけていない」(二一〇頁)。「(明治維新から)約一〇〇年、葬祭宗教としての仏教の地位は、依然として牢固たるものである」(二九一頁)と捉えていた。

鵜飼秀徳『寺院消滅』が伝えるような葬祭仏教の窮状は、一九九〇年代以降に目に見えるようになってきた。この時期以降、新宗教も教勢維持が困難になり、組織をダウンサイジングせざるをえなくなってくる。宗教教団の勢力という観点からすると、日本の世俗化はむしろ一九九〇年代以降に広がってきたようにも見えるだろう。

しかし、他方で一九七〇年代以降、精神世界の潮流や新しいスピリチュアリティへの関心も増大してきている。また、神聖な皇室への尊崇を主張する政治的潮流が強まってきている。二〇一二年以降の安倍晋三政権では、閣僚の多数が日本会議国会議員懇談会とか神道政治連盟国会議員懇談会に加わっている。二〇一三年の伊勢神宮の式年遷宮の年には、伊勢神宮への参拝者数が大幅に増加した。このような事態は宗教的ナショナリズムの高揚の兆候と見ることができるかもしれない。

ここまで述べてきたように、現代の世界と日本において、宗教がどのような形で存在しているかを捉えることは、人々の精神生活の基盤を捉えることに通じている。おおづかみな宗教情勢論を述べてきたが、こうした動きの諸局面に光をあてることで、現代人の精神生活のさまざまな動きを捉え返し、私たち自身の自己理解に資することができるだろう。

宗教とは何か、宗教にいかに向きあうか

以上に述べてきたような宗教状況の変化は、(1)宗教をどのように捉えるか、あるいは「宗教」概念をどう用いるのか、また、(2)宗教研究とは何か、あるいは研究者と研究対象との関係はどのようなものかという問題とも深く関わっている。

たとえば、国家神道や天皇崇敬を宗教として捉えるとき、それはどのような意味で宗教なのかを説明し直す必要がある。同様に、新しいスピリチュアリティに関わる現象を宗教として見ていくときにも、それが典型的な「宗教」とどのような関係にあるのかを明らかにしなくてはならない。これらは、「宗教」概念の揺らぎという大きな問題と切り離せない関係にある。

また、国家神道や天皇崇敬をめぐる諸問題は、宗教と公共空間の関わりという問題とも深い関わりがある。第二次大戦後の日本の政教分離や信教の自由をめぐる問題は、国家神道や天皇崇敬をめぐって生じることが多い。そこでは「宗教とは何か」が度々、問題になってきている。しかし、政教分離や信教の自由ということでは、宗教教団の政治活動や宗教教団と市民的自由の関わりをめぐる問題も重要である。これらの問題が問われ続けているのは、第二次大戦後の立憲民主主義体制にとって避けがたいことであるようだ。日本の状況に即して「宗教とは何か」を問うことは、現代社会における宗教の望ましいあり方を問うことにも通じている。

他方、新しいスピリチュアリティと宗教との関係を問うことは、現代人の自己理解を問うこととつながっている。特定宗教によって自己を定位することでも、近代的な「考える主体」としての自己を是とするのでもない自己理解が広がっている。宗教を信じることはできない、だが、合理的な思考を

する自己（「我思うゆえに我あり」）という自己理解もしっくりしない。そうしたなかで、自己にとっての「宗教」を理解しようとするとき、スピリチュアリティ概念が一定の意義をもつことだろう。また、倫理的な問題に関わって自らの価値観の根を問おうとすると、スピリチュアルな領域に及ぶことが多い。「人間の尊厳」、「さずかりものとしてのいのち」、「地球生命体（ガイア）」といった概念が生命倫理・環境倫理の鍵概念となるのはその一例だ。宗教的な伝統を意識しつつ、自己自身にとってのスピリチュアリティを問うことも宗教学的な学びの重要な局面になっている。

いま、宗教に向きあうことはまた宗教を通して（それぞれの限られた対象を通してではあるが）、現代社会の理解を深め、人間はどのように生きてきたか、また、どのように生きていこうとしているのかを問い返すことでもある。「いま宗教に向きあう」ことは、現代社会が抱えるさまざまな難問に向きあうことでもある。

目　次

巻頭言　島薗　進
序論　変わり続ける宗教／無宗教　堀江宗正　I

一　岐路に立つ伝統宗教

【争点1】伝統回帰？　それとも地方消滅？　25
第1章　個人化する葬送——墓と寺の後継者問題　村上興匡　35
第2章　地域社会と神社・祭り——人口減少と地域再生の中で　黒崎浩行　55

二　新宗教の現在

【争点2】オウム真理教事件後、新宗教は衰退したのか？　75

第3章　民衆宗教としての新宗教　福嶋信吉　86
第4章　模索する新新宗教
――聖地と墓地をめぐって　堀江宗正　松岡秀明　106

三　現代人のスピリチュアリティ

【争点3】スピリチュアル・ブームは一過性のものだったのか?　127
第5章　死後はどう語られているか
――スピリチュアリズム的死生観の台頭　堀江宗正　147
第6章　スピリチュアリティといのちの教育　弓山達也　168
第7章　現代日本社会での傾聴のにない手たち
――医療・福祉・心理分野のスピリチュアルケア　葛西賢太　185

四　在留外国人と宗教

【争点4】日本人は他宗教に寛容なのか?　203

目次

第8章　韓国人ニューカマーとキリスト教会の変容
——多文化共生の拠点へ　李 賢京　215
第9章　滞日ブラジル人の急増と宗教的なコミュニティの展開
——カトリック教会の場合　星野 壮　233
第10章　滞日ムスリムと日本の地域社会　沼尻正之　三木 英　252
シリーズ「いま宗教に向きあう」について（争点1〜争点4　執筆・堀江宗正）

装丁＝森 裕昌

序論　変わり続ける宗教／無宗教

堀江宗正

一　いま「無宗教」にも向きあう

本シリーズのタイトルは「いま宗教に向きあう」である。その中で、この第1巻は、いま日本の「宗教」がどうなっているかを扱うものとなる。

しかし、本書は誰もが「宗教」だと見なす、宗教団体、宗教法人の現在の状況を記述することのみを目的とはしていない。

現在、「宗教」的信仰を持っている、あるいは「宗教」を大切だと思う人は日本人全体の三割程度しかいない。若者世代になると一割程度に下がる。大多数の人にとって、「宗教」は他者であり、自分とは無縁の「他人事」でしかない。そのように「他人事」としてしかとらえられない「宗教」についての記述を羅列しても、多くの人々は「向きあう」という気持ちになれず、のぞき見るという感覚になってしまうだろう。あるいは、平和を脅かす敵として「宗教」と対峙するその向きあい方を求める人もいるかもしれない。少数の信仰者は他の「宗教」の動向を探り、自分の立ち位置を確かめたいと思うかもしれない。だが、現代における宗教研究者の使命とは、それぞれの間の境界線が流動的で密接に結びつきあっている様を明らかにし、対話の可能性を示唆することにあるだろう。

本書は一見すると現代日本の「宗教」を記述しているようには見えるが、同時に約七割の日本人の「無宗教」性、あるいはその中に潜む宗教性をも問うものである。そうすることで、より多くの人々が様々な角度から「宗教」というものに向きあうことができるようになることが、本書の狙いである。

二　日本人は無宗教なのか——発明された「非宗教」

阿満利麿は『日本人はなぜ無宗教なのか』(一九九六年)という本のなかで、戦後長く継続されている世論調査である国民性調査を引き、「宗教」を信じないと答える人が多いのに、「宗教心」は大切だと答える人も多いという矛盾を指摘した。この数字は多少の上下はあるもののほぼ一定している。一九五八年から二〇一三年の調査を通して、「何か信仰とか信心とかを持っていますか」という問いに「持っている、信じている」と答える人は一貫して約三〇%である。そのあとに続く、「それでは、いままでの宗教にはかかわりなく、「宗教的な心」というものを、大切だと思いますか」という質問には、一九八八年から二〇一三年に至るまで一貫して約七〇%である(どちらも一の位を四捨五入)。「いままでの宗教にはかかわりなく」という文言から、回答者は先の質問の「宗教」とは区別される「宗教的な心」について考えさせられるようなっているということには注意が必要である[1]。

阿満は、回答者が「宗教」を信じないというときには創唱宗教を念頭に置いていると推測した。つまり特定の教祖がいて定まった教義を教え、伝えるというタイプの「宗教」である。それに対して、「宗教心」は大切だというときには、創唱宗教には当てはまらない自然宗教を念頭に置いているとした。自然宗教とは、ある社会のなかで自然発生的に生まれ、習俗として伝統的に続いているものを指す。これは多くの場合「宗教」と呼ばれない。あるいは、「宗教」と自覚されることがない。そのために、習俗としての自然宗教に親しんでいても、それは創唱宗教ではないのだからという理由で、自分は「宗教」を持たないと考えられてしまう。阿満は「無宗教」だと思いながら実は「宗教心」は大切だと答える人々は「無宗教の宗教心」を持っているのだと考える。つまり、「無宗教」だと思っている日本人の多くが実は無宗教的ではないということである。

この「無宗教」性は、しかしながら「自然宗教」に限定されない。歴史をたどれば、人工的に作り出されたもの、いわば「発明された伝統」であるものが多い。その中でも重要なのが「国家神道」と呼ばれるものである。島薗進(二〇一〇)は、国家神道が戦後も残存しており、それを容認している日本人は無宗教とは言えないと指摘している。戦前の国家神道体制は、明治政府の神道国教化政策によって、神社神道を皇室神道のもとに再編する形で作られた。とりわけ、天皇を現人神《あらひとがみ》とし、国民をその赤子《せきし》とし、天皇崇拝を国民に徹底させた点は、「宗教」と見なすのに十分な根拠である。

ここで改めて宗教の辞書的定義を確認しておきたい。

(religion)神または何らかの超越的絶対者、あるいは卑俗なものから分離され禁忌された神聖なものに関する信仰・行事・制度。また、それらの体系。帰依者は精神的共同社会(教団)を営む(岩波書店『広辞苑』第七版)。

(一)神仏などを信じて安らぎを得ようとする心のはたらき。また、神仏の教え。(二)〔religion〕経験的・合理的に理解し制御することのできないような現象や存在に対し、積極的な意味と価値を与えようとする信念・行動・制度の体系。〔略〕「哲学字彙」(一八八一年)に英語 religion の訳語として載る(三省堂『大辞林』第三版)。

一般国民から区別された超越的絶対者とも言える天皇を神として崇敬し、公式の神話に基づいて様々な儀式を執り行っていたのが戦前の国家神道である。これは右の辞書的定義によれば「宗教」と呼んで差し支えないだろう。

しかし、戦前はそう呼ばれていなかった。明治に入ると神社は国家の宗祀であることが宣言され、私的に信じられるべき「宗教」と同列にはされず、諸宗教を超越していると定められた。これは政教分離や信教の自由など近代国家に必要と考えられる原則を骨抜きにする。以下は、大日本帝国憲法の信教の自由に関わる条文である。

第二八条　日本臣民ハ安寧秩序ヲ妨ケス及臣民タルノ義務ニ背カサル限ニ於テ信教ノ自由ヲ有ス

信教の自由は公的秩序を乱さない限りで認められる。ということは、国家から公的秩序を乱すものだと見なされれば、信教の自由は保障されない。そして、公的秩序を保つのが公教としての神道だということになれば、神道には特権的な保護が与えられることになる。だが、神道が「宗教」であるならば、これは政教分離が守られないということを意味する。このことは列強との条約改正の障害となった。そこで、政府はキリスト教の宣教を正式に認め、それと引き換えに一九〇〇年に内務省の社寺局を廃止して神社局と宗教局を設置する。このことが「神社非宗教」の姿勢を制度的に固めた。(2)

このように、ある信念体系を「宗教」と見なすかどうかは、その社会的影響力が大きければ大きいほど、政治的に極めて重要な問題となる。それを恣意的に「非宗教」と定め、だから強制してもかまわないということになれば、信教の自由も政教分離の原則も形骸化してしまう。

戦後、連合国最高司令官は神道指令を発し（一九四五年）、神道に対する国家の保護・支援を断ち切り、神道を通じて軍国主義や国家主義を宣伝することを禁じ、神社神道については他の宗教と同様に保護し、存続を認めた。

しかし、戦後の政教分離訴訟においては、しばしば「宗教」ではないということが政教分離原則に抵触しないことの根拠とされた。例えば、三重県の津市が体育館建設時の地鎮祭の実施に公金を支出したことが、憲法の定める政教分離に抵触しないかが争われた訴訟がある。最高裁では、地鎮祭の目的は「社会の一般的慣習に従った儀礼」をおこなうという「専ら世俗的なもの」であり、「その効果は神道を援助、助長、促進し又は他の宗教に圧迫、干渉を加えるものとは認められない」から合憲だという判断が示された。(3)

ここでは、宗教は私的なもので神道儀礼は公的なものだという戦前の二分法が、宗教は特殊なもの、神道儀礼は一般的で世俗的なものだという二分法にすり替わっている。つまり、社会に薄く広まったものは宗教と見なさないという見解である。

三 「宗教」イメージの分析――迷信、私事、外来、古層

そもそも「宗教」という言葉は、先の辞書的定義にもあったように、明治初期に「religion」を訳すために仏教語から借りてきたものである。それ以前に一般的に通用していた言葉ではない。その含意やイメージは明治以降に様々な経緯で複合的に出来上がった。それは大きく分けると、迷信、私事、外来、古層という四つの「宗教」イメージである。第一は、文明開化の立場から、あるいは今日でも科学的合理主義の立場から宗教を「迷信」だとする見方である。病気治しをおこなう新宗教には、しばしば迷信だという批判が投げかけられてきた(4)。逆に「宗教」を擁護する立場からは宗教と迷信を区別する試みもなされる(井上 一九一六)。第二は、先ほど見たように、宗教は「私事」として内面的に信じる分には自由だが、公の秩序を乱すような形で表明してはいけないという見方である。第三は、西洋の先進の文明を理解するためには、その精神的支柱であるキリスト教を理解しなければならないなどと、宗教を「外来」のものと見なす見方である(星野 二〇一二)。第四は、宗教研究も広めるのに関与したもので、様々な文明に特有の宗教があり、日本では神道や仏教などが「宗教」にあたるという見方である。文化的な遺産として保護し、また民族固有の価値観を知るために学ぶべき「古層」「深層」だという理解につながる(津城 一九九五)。迷信、私事というイメージはどちらかと言えばマイナス、外来、古層はどちらかと言えばプラスの価値を帯びるが、いずれの場合も、宗教は社会の表

に出すべきものではなく、排除または聖別されるという見方に至る。

戦後の宗教イメージを考える上で手がかりとなるのは宗教法人法である。この法律は、日本国憲法の信教の自由に基づいて宗教団体を法的に位置づけ、保護するためのものであるが、宗教団体を次のように定義している。

第二条　この法律において「宗教団体」とは、宗教の教義をひろめ、儀式行事を行い、及び信者を教化育成することを主たる目的とする左に掲げる団体をいう。
一　礼拝の施設を備える神社、寺院、教会、修道院その他これらに類する団体
二　前号に掲げる団体を包括する教派、宗派、教団、教会、修道会、司教区その他これらに類する団体

これはあくまで中立的な規定だが、宗教は一般社会と区別される特殊なものだというイメージと掛け合わせると、世間一般に受容されていない特殊な教義や儀礼と独自の建物を持ち、それを広め、また規模を大きくしようとする団体だという、ややマイナス寄りの「宗教」イメージにつながる。

井上順孝は、マスコミによる新宗教批判の歴史を振り返り、とくに性的問題と金銭的問題が取り上げられる傾向があると指摘した。そこから逆に、マスコミが理想としているのは、禁欲と清貧だと論じる（井上 一九九六）。いわば社会の外部にある禁欲的修行者が理想の宗教者イメージとなる。ただ、理想といっても人々が目指すべきものとして評価しているわけではない。「宗教」を名乗るなら一切

の欲を捨て去り、社会の外へ行け、と突き放す言説である。

四　非宗教の三類型——神道行事、葬式仏教、民間信仰・スピリチュアリティ

以上のように、日本では宗教は社会の外部にとどまるべきものであるという暗黙の了解がある。それに対して、社会に薄く広まっているものは「宗教」とされない。そのような「非宗教」に関わることがあったとしても、それは宗教ではないので自分たちは「無宗教」でいられる、つまり社会の外部に排除される心配がない、と。

この非宗教には三つの形態がある。それは神道、仏教、民間信仰に対応している。第一は、すでに述べたとおり、神社非宗教説に裏打ちされて「一般的慣習」と見なされた神道の行事や儀式である。特定の祈願のために神社に参拝するといった行為も、「宗教」的行為と見なされないことが多い。

第二は、葬式仏教である。世論調査では宗教的信仰を持っていないと答える人が多いが、依然として仏教式の葬儀が広く営まれている。筆者の調査経験でも、対面式のインタビューで「家の寺」についての言及があると、それを思い出して「宗教」を信じていると回答する傾向がある。だが、そのような人でも普段から一家の帰依する菩提寺を意識しているわけではなく、世論調査では「無宗教」と回答するだろう。だが、寺離れや「墓じまい」が話題になる現在においても、イエの連続性を保証してくれるものとして、葬式仏教はなお重要な価値を持つと認識されている。

第三は先述の阿満がいう「自然宗教」に近い民間信仰、およびその現代的形態として台頭しつつあ

るスピリチュアリティである。第一の神道儀式と区別しがたいアニミズム的な自然崇拝、生業と結びついた儀式、また第二の葬式仏教の陰に隠れた死者の霊魂との交流、ときには民間の霊能者を介したシャーマニズム的なものも、ここに含めることができる。争点3で詳述するように、一九七〇年代以降は、徐々に新しいスピリチュアリティが興隆してくる。個人主義的だがメディアを通して社会現象化し、「宗教」に近いのではないかとバッシングを受けると看板を付け替える。オカルト、精神世界、スピリチュアルなどと。だが、それを繰り返しながら、人々の脱物質主義的価値観を代弁し、また強化するものとして発展しつつある。

宗教だけでなく、これら三つの非宗教の形態をすべて拒絶する、いわば真の「無宗教」者は、現代日本では一割程度しかいない。世界価値観調査の「自分を宗教的な人だと思うか」という質問に「確信を持って無神論者だと言える convinced atheist」と答える日本人の割合はここ三〇年間、九—一二%程度と安定している。[5] NHKの調査によれば、「宗教とか信仰とかに関係していると思われることがら」について「何も信じていない」と答える人の割合はここ四〇年間で二三—三〇%の間を上下しているが、「何もおこなっていない」人の割合は一九七三年の一五%を除けば、八—一二%の間を上下しており、やはり一割程度しかいない（NHK放送文化研究所編 二〇一五）。

以上から分かるように、非宗教の三形態は実は神道、仏教、民間信仰に根ざしており、自分は無宗教だと思っている人でも、本当に一切の宗教行動をおこなっていないのは一割しかいない。これら「宗教に根ざした非宗教」は、かえって宗教を温存するための保護膜のような役割を果たしているのかもしれない。社会に薄く広まったものは非宗教で、そのような保護膜をまとった宗教は危険性がないものとして存在が許される。しかし、そこにこそ、実は人々が大事にしている価値観が含まれているかもしれない。「非宗教」の膜によって「宗教」を包み込み、温存しつつ、忘却し、表に出すぎて危険になったら排除し、コントロールする。このような境界をめぐる駆け引きがなお続いているのは、いまも広がりつつあるスピリチュアリティであろう（争点3）。

五　非宗教に向きあう宗教学

このシリーズ『いま宗教に向きあう』の執筆者のほとんどは宗教学に関わる研究者である。その基本的な方法の一つである比較宗教のアプローチとは、「宗教」に該当すると思われる多くの事例を、当事者の言説を超えたより広い視野から客観的に記述し、類型化し、理論化し、「宗教」というものの理解をより豊かにするというものである。その立場から見ると、現代日本人が非宗教と考える神道行事、葬式仏教、民間信仰・スピリチュアリティも、文脈が変われば「宗教」とされるようなものを文化的資源として流用して成立しているものが多い。

一方、広い視野から宗教を見ようとしているのにもかかわらず、何が宗教の本質なのかを見定める段階で研究者の主観が入り込みやすいということも指摘されてきた。このように、ある共通の部分（と研究者が考えるもの）を取り出して、それを宗教の「本質」として一般的な用語で記述しようとすることを「本質主義」と言う。これは辞書のように限られたスペースで複雑な事象を定義する際には不可避の操作である。

この辞書のイメージを、データベースの一種、しかも取り込んだデータと似たものを見つけるとそれを知らせてくれ、さらに学習していくような人工知能のイメージに変えてみよう。それは流動的な「宗教」概念の意味内容を限定するのではなく、可能な指示対象を広く探索する方法である。当事者の主観的な「非宗教」の主張を超えて、研究者が類例との比較を通して、「宗教」と呼ばれる事例もあると指摘する。そして、どのような条件で、誰によって、ある事例が宗教とされたり、非宗教とされたりするか、その全体を記述する。

例えば、先ほど見た辞書的定義には宗教の実体的定義と機能的定義の両方が含まれている。実体的定義とは、宗教を構成するのに必要な条件を、文字化された教義や表面的に観察可能な儀礼や社会的に認知可能な教団組織などに求めるものである。『広辞苑』や宗教法人の定義はこれに当たる。まず、これらと照らし合わせて「宗教」と言えるかどうか。そして、その要件を満たしているのに非宗教とされるなら、それはどうしてなのかを探る。

それに対して、『大辞林』の定義は「心のはたらき」や「積極的な意味と価値を与える」機能に注目するので、機能的定義と言える。実体的定義では宗教と言えないものが、このような機能を果たしていないか検討した結果、「宗教」と見なすことが可能になるかもしれない。しかし、この機能的定義を適用すると、あまりにも広い文化現象が「宗教」だと言えてしまうという難点もある。それが不適切になるとすれば、どうしてなのかを探る。定義が広すぎる場合もあれば、当事者が社会からの非難を恐れるために「非宗教」の保護膜をまとう場合もあるだろう。

さらに、要素比較の方法がある。神的なものへの崇拝という要素を持つある事例が「宗教」と呼ばれるなら、同じような要素が見いだされる別の事例――例えば天皇崇拝を含む国家神道――も「宗教」と呼べないか。それが不適切だと反論されるとすれば、その理由も探ればよい。

最後に歴史的観点からの検討がある。すでに「宗教」と見なされているものと歴史的連続性があるならば、それも「宗教」と見なすことができないか。それができないとすれば、なぜなのか。

このように宗教と非宗教の線引きを複数の方法で問い直すことが可能である。こうした作業を遂行する研究者は、当事者がそれを「宗教」と呼ばれたくないのに暴力的に「宗教」だとラベリングするという危険を背負い込む。その場合、当事者がある事例をあくまで「非宗教」だと断定する様、あるいは自分は「無宗教」だと断定する様を記述するという方法を採ることは可能である。

このような議論は、宗教学ではタラル・アサドの『世俗の形成』(二〇〇三年)以来の世俗主義をめぐる研究と関係してくる。アサドによれば世俗主義とは私的理性と公的原理を区別し、また個人の道徳と国家の法を区別し、宗教を前者の領域に割り当て、後者に服従させるものである。これは「世俗化」とは異なる。世俗化とは、近代化の過程で宗教が衰退し、それが支配していた領域が世俗のものに取って代わられることを指す。しかし、近代化が進めば世俗化が進むとは限らない。なぜなら、世俗化を進めようとする世俗主義が実は普遍的なものではないからだ。西洋諸国から取り入れる際に、位置づけや機能の仕方、宗教側の対応が、歴史的文脈によって異なってくる。一方向的な社会変動としての「世俗化」モデルに依拠するよりも世俗主義のあり方に注目することで、その社会における「宗教」と「非宗教」の位置づけの精緻な分析が可能となる。

例えば明治期の日本では、祭政一致の試み、外圧による世俗主義の導入、「宗教」の私的なものとしての定義と「公」への従属、そして国家神道の完成は、比較的短期間に進められている。「世俗化論に反して、一九七九年のイラン・イスラーム革命以降、世界各地で宗教復興が起きている」という見方が世界的には一般的だが、そのようなモデルを日本に当てはめることは難しい。近年の国家神道的なものの顕在化も、当事者の意識では宗教復興というより、「非宗教」としての神道の公的地位の復興と考えられている。このように「宗教」と「非宗教」の線引きを操作する世俗主義の作用を歴史的に分析することは、一面的な「世俗化」モデルを超えて、現代人が「非宗教」の膜で覆い隠された宗教に向きあうための基礎的な作業となるだろう。

六　本巻の構成と特色——人口動態と産業構造の変化への注目

では、「いま宗教に向きあう」というときの「いま」とはどのようなときか。日本社会の文脈でいうと、戦後はじめて人口が減少に転じ、これから国内に定住する外国人が増えることが見込まれているという決定的な転換点である。そこで、人口減少に直面する既成宗教をテーマとする論考を第一部に置き、国内の外国人と宗教の関係がこれまでどのようなものであったのかを振り返る論考を最後の第四部に置くこととした。そして、信者数は少ないかもしれないが大きなインパクトを社会にもたらしてきた新宗教をテーマとする第二部、数をはかることが難しいが長い年月をかけて関心が着実に高まってきている新しいタイプのスピリチュアリティ（ここでは仮に、宗教団体への所属を必要としない非物質的なものへの関心・関与としておく）をテーマとする第三部を間に挟むこととした。それぞれの部には

「争点」として、マスコミ等で見聞きする意見を取り上げ、それを宗教研究の立場から批判的に検討し、読者に複数の見解があることを示す。

世界的に見ても際だった高齢化・長寿化を成し遂げた日本社会では、世代間のギャップも著しい。経済的状況や社会的状況がすぐに宗教に変化をもたらすというよりも、様々な世代の複数の信念や価値観が交錯しながら共存しているという見方を採用する。その際、長期的な変動を見るのに参考になるのが、産業構造の変化や都市への人口流入である。**図1**は第一次産業、第二次産業、第三次産業の就業者の割合に、「物質的にある程度豊かになったので、これからは心の豊かさやゆとりのある生活をすることに重きをおきたい」と答えた人の割合をかぶせたものである。**図2**は都市人口と地方人口を比率が分かるようにまとめたものである。

これらのデータから分かるのは、長期的に見ると、第一次産業から第三次産業への産業転換が一貫して起こっているということである。第二次産業は一九七〇年代前半をピークとしてそれ以後は緩やかに下がっていく。一方、都市化はこの一九七〇年代からしばらくは踊り場状態が続くが、二〇〇〇年代に都市一極集中が再び始まり、地方社会にとどめが刺されようとしている。「心の豊かさ」志向、つまり脱物質主義的価値観は第三次産業の伸びと連動するかのように高まり、調査を始めた一九七二年からするとほぼ倍増である。これほどの大きな変化が「宗教」人口に影響しないはずがないのだが、宗教的信仰を持つ人の割合はすでに述べたように変動が少なく、常に三割程度である。しかし、この一九七〇年代前半からは長い時間をかけて徐々に新しいスピリチュアリティへの関心が高まる(争点3参照)。つまり、「無宗教」だという自覚がある人のなかで何らかの大きな変化が起きていると見ら

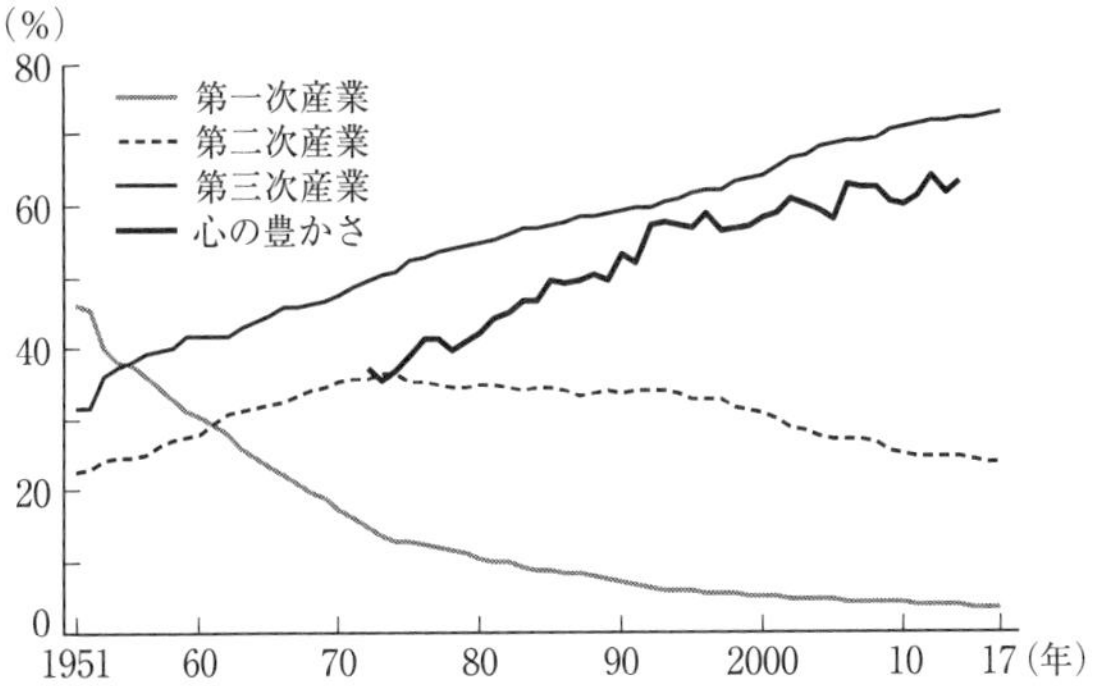

図 1　産業構造の変化と「心の豊かさ」志向
出典：総務省「労働力調査」の全就業者数に占める産業別就業者の割合と，内閣府大臣官房政府広報室「国民生活に関する世論調査」で「物質的にある程度豊かになったので，これからは心の豊かさやゆとりのある生活をすることに重きをおきたい」と答えた人の割合をもとに筆者作図.

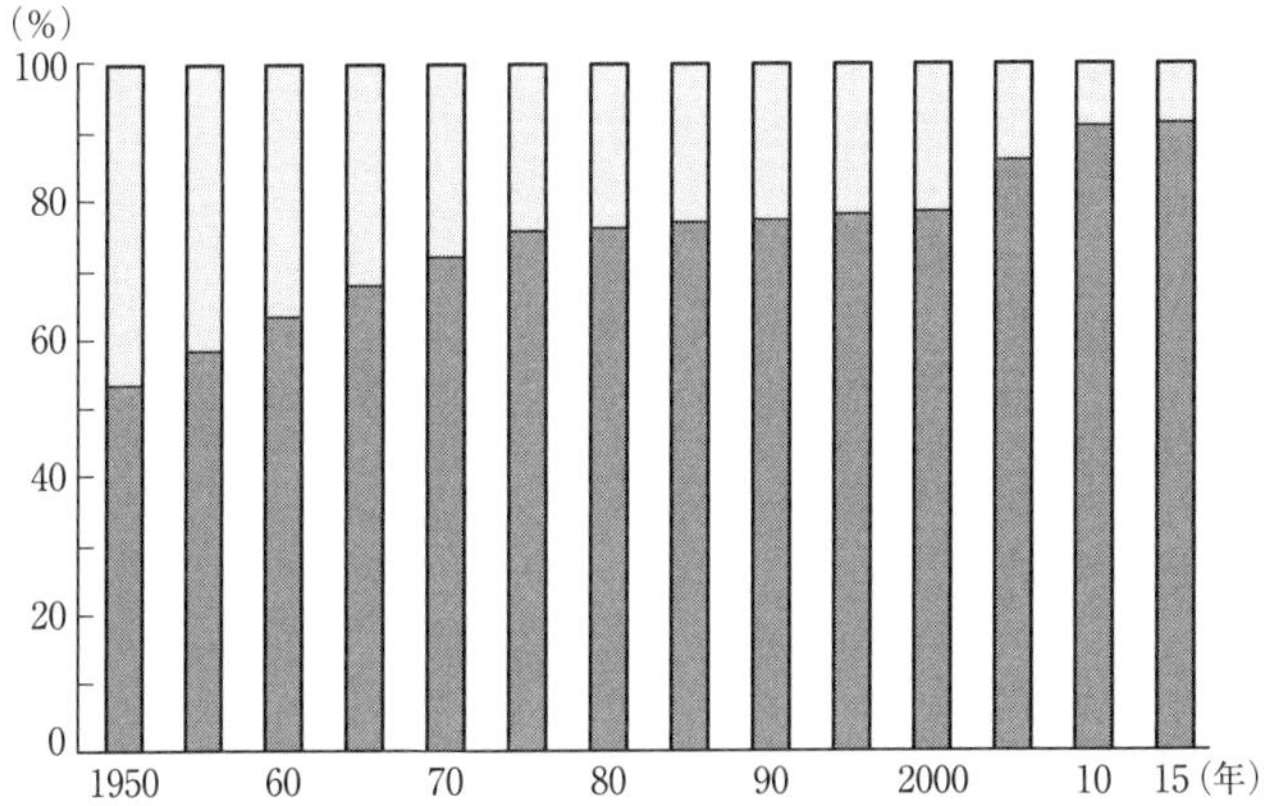

地方人口	38,584	37,013	34,404	31,635	29,508	27,301	28,072	28,386	28,217	27,782	27,230	17,995	11,811	11,031
都市人口	44,218	52,005	59,269	66,812	75,417	85,122	89,756	93,508	96,299	98,593	100,304	110,341	116,741	116,944

図 2　日本の都市人口と地方人口
出典：世界都市化予想 2018 年版(World Urbanization Prospect 2018)のオンライン上でのデータ抽出から筆者作図. https://esa.un.org/unpd/wup/, 2018 年 8 月 5 日アクセス.

れる。以上を踏まえて、戦後の宗教変動を時代区分に注意しながら大まかにとらえてみよう。

（1）第一次産業と宗教・無宗教——一九四五—五五年

終戦直後は食糧難が深刻であり、木材も不足していたため、第一次産業の就業人口は他の産業よりも多い。また農地改革がおこなわれ、小作農の割合が減少し、農村社会の民主化が進み、地域共同体と生業に根ざした年中行事や祭りが盛んにおこなわれた。自然の影響を受けやすい産業であり、祈願や感謝のための儀礼が重視される。神道式の祭祀も重要な位置を占めていたが、地域社会特有の風習や生業に根ざした習俗などは「宗教」として認識されづらい。また、イエ（拡大家族・大家族）に根ざした先祖祭祀や葬式仏教も「宗教」と認識されにくい。日本人の「無宗教の宗教心」は、社会的関係や生業と結びついているために「世俗的」と見なされやすい公的な宗教儀礼によるところが大きい。

一九五五年頃から高度経済成長期に入ると、都市への人口流入が著しくなる。しかし、それで一気に地域社会が崩壊するわけではない。都市と農村の収入格差から出稼ぎが増える。また農業の機械化が進み、兼業農家の割合が高まる。一方、日本民族の悲願とも言われた米の完全自給が達成されるのは一九六七年で、生産力も上がり、大人数を必要とせずに農家の経営が成り立つようになる。つまり、就業者数や都市人口の増大だけを見ると、地縁・血縁共同体に根ざした宗教性は一挙に衰退しそうに思えるが、実際には都市との人的交流、農業自体の機械化・産業化、他産業との兼業などで、かえって薄く広く拡散していったと見られる。今日では「関係人口」（地域との関係がある人の数）という概念で地域社会をとらえ直す見方もある。儀礼の継承に価値を置く意識も強く、これらの共同体的宗教性はその後も簡単には消滅しない（第2章参照）。

（2）第二次産業と宗教・無宗教——一九五五—七三年

高度経済成長期に大きく成長した第二次産業と直接的に結びつく宗教性はない。この時期に所得一位だったことの多い松下幸之助などの経営者の独特の理念から「会社教」と呼べる事例もある。だが、科学技術を重視し、合理的で効率的な生産や業務遂行を不可欠とする第二次産業は、宗教的信仰と相反する性格が強い。この時期に「無宗教」の人が約七割に達し、以後は大きく変化しない。しかし、創価学会など巨大な信者数を誇る宗教団体がいくつも急成長した時期である。この相反する動向を説明する要因はいくつか挙げられる。

第一に、急成長した近代的な宗教組織は、企業組織と共通する特徴を持っていた。例えば、組織の指示に忠実に従うこと、正確に同じ行動を取ること、同じような境遇の仲間同士で強い連帯感を持つこと、経済的な繁栄や社会的成功などに価値を置くこと、常に業績改善と組織拡大を目指すことなどである。

第二に、集団就職などで都市に流入した人口の受け皿として機能したという説がある。実際、都会の労働者の多く住む地域に強固な支持基盤があり、妥当性はある。しかし、大きな教団は全国組織であり、一般化はできないだろう。

第三に、社会運動全般の高まりがある。高度経済成長期は労働運動や学生運動や市民運動が高まった時期でもある。日本の社会運動の蓄積は戦前からあるが、戦時中は統制を受けており、新しい宗教運動はとくに激しい弾圧を受けた。戦後は一転して宗教団体を保護する政策がとられ、「神々のラッシュアワー」と呼ばれるように数多くの新宗教団体が興隆した。そのような前史が、高度経済成長期における教団の急激な成長を準備していた。

第四に無視できないのが、大教団におけるいわゆる「婦人部」の存在感である。高度経済成長期は徐々に専業主婦率が上昇し、性別役割分業が強化される時期でもある。夫は家の外の仕事を受け持ち、妻は家の中の宗教実践のイニシアティヴを握るという傾向が「婦人部」の活躍の背景にあるだろう。

この時期の新宗教を通して、入信・教化・布教を前提とする教養中心の組織宗教という典型的な「宗教」イメージが根づいた。それに対して、「無宗教」側は、第二次産業に必要な科学的合理主義や、社会運動に影響力のあるマルクス主義的唯物論で理論武装する。しかしすでに見たように、日本社会において一切の宗教行動をおこなわない、自覚的な無宗教者は一割程度しかいない。その他の無宗教者の内訳は、伝統的な儀礼を宗教的なものと思わないまま遂行する人々と、教団組織による抑圧を嫌う個人主義的な探求者ということになるだろう。

(3) 第三次産業と宗教・無宗教——一九七三―一九九五年、そしていまへ

一九七三年は第一次石油危機が起きた年だが、それは日本社会の様々な変動と重なった。図1から分かるように、この年から第二次産業の就業者人口は減少を始める。これは脱工業の成熟社会に入ったことを意味する。そして、図2から分かるように、この時期から都市人口の比率は二〇〇〇年頃まで七割台で踊り場状態となる。つまり、高度経済成長期において新宗教教団の急成長を支えていた諸

要因が緩和されたことを意味する。

それに対して、この時期から貧病争の解決などの現世利益よりも、生きる意味や死後の世界などを説き、信仰よりも呪術的実践に重きを置く「新新宗教」と呼ばれる新しいタイプの新宗教教団が成長したとも言われる（第二部参照）。このことは図1の「心の豊かさ」志向の高まりとも整合する。

争点3で詳述するが一九七〇年代前半以後は、マスメディアを中心としたオカルトブーム、また書籍を中心とする精神世界・ニューエイジのジャンルの確立が見られる。このような時代の雰囲気と、とくにバブル期前後の終末論的な傾向を持つ新新宗教の台頭は、軌を一にしている。

しかし、新新宗教は依然として入信・教化・布教を軸とする組織宗教であり、組織論的には旧新宗教とそれほど大きな違いはない。一九九五年のオウム真理教事件は、こうした組織的宗教が隆盛した時代の終わりを画した。二〇〇〇年代からは、組織を嫌う個人主義者によって、「宗教」との差別化を強く意識した新しいスピリチュアリティが台頭する。

この個人主義的なスピリチュアリティは、第三次産業の就業者だけが増加し続けることに伴う労働意識の変容と関連している。サービス業には「感情労働」、つまり自己の心の状態、感情を敏感に察知し、それを常に前向きなものにすることが要求される。また新しい情報技術の登場、事務作業のオートメーション化、非正規雇用の割合の高まりなど、変化する職場環境に適応できる柔軟な人材が求められる。自己啓発系のビジネス本、心身のストレスを癒すための商品やサービス、人生の転機を導くスピリチュアル・カウンセラーなどへの需要が高まる。

二〇〇〇年代のスピリチュアル・ブームの担い手は女性に大きく傾いていた（有元 二〇一一）。専業主婦率は一九七〇年代がピークであり、その後は一貫して女性の労働力率が上昇している。(6) つまり、第三次産業の就業者人口の増加は女性の社会進出を伴っている。結婚年齢の高齢化と女性の未婚率の上昇と少子化が進行し、イエの先祖供養よりも自分自身の前世に関心を持つような人々がスピリチュアリティ領域では目立ち、霊魂観や死後世界観にも大きな変容が生じている(第5章参照)。

スピリチュアリティはサービス、消費財・情報財として提供され、それ自体が第三次産業の一部であり、当事者には「宗教」とは認識されない。また、既成宗教に属する社寺が、非信徒の個人的・一時的な参与を受け入れる動きがあるが、この場合も「宗教」への関与とは認識されていない。

以上のような、日本社会における宗教と非宗教・無宗教の複雑な絡み合いを認識することは、「いま宗教に向きあう」ための準備作業にすぎない。本巻では、伝統宗教、新宗教、新しいスピリチュアリティ、在留外国人の宗教を、対象別に扱ってゆく。だが、隠れたテーマとして、人口動態と産業構造の変化と少子高齢化による世代間対立があることをも読み取っていただければ幸いである。国内の外国人増加がどのような宗教変動をもたらすかは、全く未知の問題領域である。それを考える上でも、これまで日本社会で宗教と無宗教がどのように関わりつつ、展開してきたかを理解することが不可欠となる。それは常に変わり続けてきたし、これからも変わり続けるだろう。その動向を正確に見定めることが、狭い意味での「宗教」だけでなく、日本社会全体の変化の方向性を探る鍵にもなる。

注

（1）統計数理研究所「国民性の研究」、http://www.ism.ac.jp/kokuminsei/table/index.htm、二〇一八年八月四日アクセス。

（2）文部科学省「学制百年史　第五章第五節　宗教」、http://www.mext.go.jp/b_menu/hakusho/html/others/detail/1317735.htm、二〇一八年八月四日アクセス。

（3）最高裁判例「行政処分取消等」、昭和四六(行ツ)六九、http://www.courts.go.jp/app/hanrei_jp/detail2?id=54189、二〇一八年八月四日アクセス。

（4）例えば、『東京朝日新聞』一八九八年三月一四日付七面の「地方近事」には「迷信」という見出しで、子どもの左目に腫れ物ができて膿があふれているのに「天理教を迷信して投薬もせず」大病に至らしめた夫妻を「馬鹿ものの骨頂」と非難している。

（5）World Values Survey, "Online Data Analysis" http://www.worldvaluessurvey.org/WVSOnline.jsp（二〇一八年八月四日アクセス）による。

（6）「平成一三年版働く女性の実情」第二―一図、https://www.mhlw.go.jp/houdou/2002/04/h0403-3b4.html、二〇一八年八月六日アクセス。

参考文献

アサド、タラル　二〇〇三(原著)、中村圭志訳　二〇〇六、『世俗の形成――キリスト教、イスラム、近代』みすず書房。
阿満利麿　一九九六、『日本人はなぜ無宗教なのか』筑摩書房。
有元裕美子　二〇一一、『スピリチュアル市場の研究――データで読む急拡大マーケットの真実』東洋経済新報社。
井上円了　一九一六、『迷信と宗教』至誠堂書店。

井上順孝　一九九六、『新宗教の解読』筑摩書房。
NHK放送文化研究所編　二〇一五、『現代日本人の意識構造　第八版』NHK出版。
島薗進　二〇一〇、『国家神道と日本人』岩波書店。
津城寛文　一九九五、『日本の深層文化序説――三つの深層と宗教』玉川大学出版部。
星野靖二　二〇一二、『近代日本の宗教概念――宗教者の言葉と近代』有志舎。

一　岐路に立つ伝統宗教

【争点1】 伝統回帰？ それとも地方消滅？

堀江宗正

パワースポットとしての神社、聖地としての神社

「日本人は無宗教」などとはとても言えないことが起きている。これまでにない数の人々が神社を訪れているのである。とはいえ、それは特定の有名神社に、である。二〇一三年には、伊勢神宮と出雲大社の遷宮が重なった。とくに伊勢神宮の場合、二〇年ごとに神殿を新たに建て、そこに神体を移すという一大イベントとして人々の関心を集めた。二〇一三年の参拝者数は内宮と外宮とを合わせると一四〇〇万人を超え、過去最高を記録した。(1) これは遷宮を祝う、記念する意味合いを含んだ参拝によって増えたと言える。

このような参拝者の増加の背景には、二〇〇九年頃から始まった「パワースポット・ブーム」「聖地ブーム」がある。パワースポットという言葉は、一九八〇年代から「精神世界」に関心を持つ人の間で使われていた和製英語である。「目に見えないパワーが感じられる場所」を指し、評判が立つとたちまち多くの人々が押し寄せる。このような現象が、二〇〇〇年代には各地で観察された。明治神宮の清正《きよまさの》井《いど》では、開運の御利益があると芸能人がテレビ番組で紹介したことがきっかけで長蛇の列ができた。その後、東日本大震災が起こると、「パワースポット」は「聖地」という言葉に置き換えられ、より真剣な気持ちで参拝する人が増えた。いずれも一過性の流行であると分析されることが多いが、筆者の調査

では一九八〇年代から二〇年かけて盛り上がってきた息の長い現象である（堀江 二〇一七）。また、現世利益ばかり求めて、真剣な気持ちではないと考えられがちだが、実際の参拝者は現世利益をさほど期待しておらず、神社と周辺の自然のなかで自分の気持ちを整えたり、鎮めたり、高めたりする「心理利益」に重きを置いている（堀江 二〇一八）。

二〇一四年頃からは、神社が頒布する定型化された巡礼路の御朱印帳ではなく、自分専用の御朱印帳に自身が訪問した神社の御朱印を押してもらう「御朱印ブーム」が起こった。「御朱印の会」の主催者は次のように語っている。

御朱印を見返すことで、神様と再度向き合い、旅で出会った人や風景、食などを思い出せることも魅力。御朱印帳の中には、ご利益とともに思い出も詰まっているんです。[2]

「ご利益とともに思い出も」とあるが、実際に参拝者や御朱印帳の販売店員などに聞くと、特定の祈願の成就ではなく、神仏とのご縁ができること自体がご利益だという答えが返ってくる。「巫女ライター」を名乗る紺野うみによれば、御朱印はもともと納経の証で、神様・仏様とのご縁の証であり、御朱印はご神体の分身のようなもので、参拝者をそばで守ってくれるという。

御朱印帳を使って、これまで積み重ねてきた神社や神様との「ご縁」を感じながら、さらにさまざまな場所を訪れてみること……。それは、私たち日本人にとって、古くから受け継がれてきた文化の奥深くに隠れている、人生にとって大切なことを一つひとつ見つけていく、「宝探し」のような時間です。／きっと、あなたが神社や神様の存在を心に宿して生きていくことは、「自分自身の在り方」を、よい方向に変えていけることへとつながっています。その場所で「自分の心や生き方に向き合う」ことで「人生の幸せ」に気づくことができる……。／それこそが、「神社」の真の価値なのだと私は感じています（紺野 二〇一八）。

このように、パワースポットや聖地としての神社をめぐる人達にとって、ご利益とは物質的なものではなく、自分の「在り方」「心」「生き方」を「よい方向」に変え、幸せに気づき、感謝できるようになること、いわば「心理利益」である。このような姿勢は個人主義的なスピリチュアリティに近い（争点3）。同時に、紺野は「日本の精神文化」という言葉も使っている。「納経」「ご縁」「仏様」など仏教用語も使うが、「神社」や「神様」など神道に日本の伝統を求め、そこに回帰しようとする傾向が強い。しかし、心理利益を求めて各地の神社をめぐる姿勢は、氏神や産土神《うぶすながみ》の伝統的な祭祀に比べて、より個人主義的な伝統回帰であり、その場合の伝統とはローカルではなくナショナルなものを示唆する。

関連する現象として、神社がアニメやマンガの舞台となり、人々の間で親近感が増していることも見逃せない。近年では物語にちなんだ場所を「聖地」と呼び、そこを訪れて、思いをはせることを「聖地巡礼」と呼ぶようになった。もちろんファンによる誇張を含んだ表現である。だが、その「聖地」に実際の神社が含まれると、その場所に特有の宗教性が加わってくる。「聖地巡礼」マップというサイト(3)で「神社」を検索し、「行きたい」という人気順で表示すると白川八幡神社（ひぐらしのなく頃に）、柳森神社(STEINS;GATE)、伏見稲荷大社(いなり、こんこん、恋いろは。)、高山市の日枝神社(氷菓)などが出てくる。

さらにリストの中下位を占めるのが、「艦隊これくしょん」の艦内神社である。これは大日本帝国海軍の軍艦を美少女に擬人化した育成ゲームである。舞台に神社は出てこないが、それぞれの艦内神社(船内の神棚などに祀られる小型の神社)のもととなった神社、軍艦にまつわる忠魂碑が聖地になる。例えば軍艦那珂の聖地は大洗磯前神社とその境内の忠魂碑となり、「那珂ちゃんのお墓」などと呼ばれている。艦内神社でもっとも多く祀られているのは戦前の「国家神道」の頂点に君臨する伊勢神宮である。したがって、艦隊これくしょんの聖地巡礼は、「国家神道」巡礼の様相を帯びる。

仏像ブームから仏教ブームへ

個人主義的な伝統回帰の現象は仏教にも見られる。パワースポット・ブームが始まった二〇〇九年は仏像ブームの年でもある。阿修羅展には三会場合計で一九〇万人以上が入場し、[4] 東京国立博物館の入場者だけで、その年の展覧会入場者数世界一を記録した。[5] 東日本大震災の被災者支援においては仏教者の活動が目立っており、臨床宗教師の養成講座を龍谷大学や武蔵野大学など多くの仏教系大学が開くようになった。[6] この動きの背景には、阪神・淡路大震災のときと比べて、読経や傾聴をする仏教者を被災者が受け入れたことと、メディアからの評価と期待が大きかったことがある。

二〇一二年にはマスコミで「仏教ブーム」「坊主ブーム」が到来したと一斉に報道された。筆者は同じ年にこのブームを多面的に調査している(堀江 二〇一三)。一つの面としては、仏像ブームからの延長で僧侶の容姿や生活の実態への関心がある。例えば、各宗派の四〇人の若手僧侶の写真とインタビューが掲載された『美坊主図鑑』(日本美坊主愛好会 二〇一二)、僧侶が登場するマンガなどが出版されたこと、いくつか僧侶のファッションショーが開催されたことなどである。だが、この路線でもっとも影響が大きいのはテレビ番組「お坊さんバラエティ ぶっちゃけ寺」だろう(二〇一四―一七年)。文字通り僧侶の打ち明け話(ぶっちゃけ話)という企画から始まったが、他宗派の寺院の訪問、複数の異なる宗派の僧侶が互いにコメントするなど、あたかも宗派間対話の様相を呈していた。

もう一つは、僧侶と密に対話できるイベントの開催と僧侶へのカウンセラーやファシリテーターとしての役割の期待である。これには古くからの「坊主バー」(各地に点在)への再注目、「僧職男子に癒されナイト」などの小規模の交流イベント(本願寺派の僧侶が多い)、修行体験と精進料理などを提供する「高野山カフェ」、ゴールデンウィークに毎年開催されている超宗派の仏教フェス(近年は寺社フェスと称している)「向源」などがある。向源は、仏教的要素と心理学的技法を織り交ぜたような様々な有料の体験型ワークショップがロックフェスのように同時進行し、そこに仏教と実験的な音楽を融合させたライブやＤＪが組み合わされているというものである。また、築地本願寺ＧＩＮＺＡ ＳＡＬＯＮの「よろず僧談」は僧侶による相談を受け付け、「ＫＯＫＯＲＯアカデミー」は仏教関連のカルチャースクールのようなものだが、ヨーガやリンパマッサージによるセルフケアなど仏教に限らない体験型レクチャーも含む。(7) これらは、伝統仏教がスピリチュアリティの要素を取り入れた事例だと言える。

若手僧侶同士の交流と仏教の革新という問題意識は、ブームに先行して東西で強まっていた(上田 二〇〇四)。また、東日本大震災後の都市非信徒向けの布教目的でない超宗派的な交流・啓発活動に従事する僧侶は、すでに社会貢献活動を経験したものが多かった。阪神・淡路大震災、「孤立死」「孤独死」「無縁社会」の深刻化、そして東日本大震災と、様々な機会で社会活動に目覚めた宗教者たちである(磯村 二〇一一、北村 二〇一三)。

筆者の調査によると、僧侶の側は葬式仏教や先祖祭祀を超えた新しい仏教の形態を模索するという意識が強かった。しかし参加者はそれと違ったニーズを持っている。彼らは葬式仏教にさほど否定的ではなく、仏教に伝統宗教ゆえの信頼感をいだいている。同時にいわゆる「スピリチュアル」なもの、死後の世界や霊的体験への関心もあった。そして、それに霊魂を否定する教団の僧侶はうまく答えられていなかった(この問題は第5章も参照)。オウム真理教事件のあと、「宗教」が警戒され、宗教と関係がないことを強調する「スピリチュアル」なものへの関心が高まったのが二〇〇〇年代である。しかし、昨今では詐欺的な「スピリチュアル」商法や開運商法への警戒感も強まった(争点3)。そこで、オウム真理教事件の印象がそれほど強くなく、伝統宗教に信頼感を持つ若年世代を中心に、神社や仏教への関心が高まった。このような流れではないか。

そこに大震災が起こった。僧侶たちへのインタビュー調査によれば、震災後の漠然とした不安や、死への問いなどを直接僧侶にぶつけたいという動機で、こうしたイベントにアクセスしている人は多いという。したがって、彼らの動機は現世利益ではなく、心の安心や癒しを得たいという「心理利益」ということになる。これまで仏教系イベントに参加してきた筆者の観察では、僧侶の側はカウンセラー的に接しつつも、教義に基づいた応答を(専門用語なしで)返そうと模索している。参加者はイベントによっては若年から中年の女性が目立つが、全体としては老若男女様々である。いずれにせよ、神社への関心と同様、個人的参加、一時的参加にとどまり、伝統宗教の資源の私事化、個人主義的な伝統回帰であると言える。

地方消滅は「宗教」消滅か

こうした伝統宗教への関心の高まりの一方で、仏教界にせよ、神道界にせよ、人口減少と地方の衰退、「地方消滅」という、全国規模の社会変動に直面している。詳しくは、寺院については第1章、神社については第2章を参照してほしい。

伊勢神宮に過去最多の参拝者が集まっても、地域に根ざした祭祀のよりどころである神社が荒廃し、伝統芸能が継承されなければ、その地域で「神道」という「宗教」が消滅したに等しい。観光客が仏像に群がり、都市の大寺院が提供する講座や、超宗派の僧侶が打ち上げるイベントに、個人的に一時的に参加する人が集まってきても、葬儀が無宗教化し、墓地が荒廃し、廃寺が広がれば、経営基盤は弱体化し、社会貢献活動も継続できなくなる。現在起きているのは、一部の寺社への人々の集中と、多くの地域の寺社の衰退の同時進行なのである。

今後起こるのは、成功例の模倣と分散になるだろう。その好例は、パワースポットや聖地の拡散などである。また地方の寺院が「永代供養」をうたって檀家制から会員制へ移行するというのも、その一つに数えられるだろう(第1章参照)。

この問題を扱った「〝寺院消滅〟と仏像ガール」という記事で、仏像に関心のある女性たちを集める「消しゴムはんこ」のワークショップをおこなって成功した新潟県小千谷《おぢや》市の極楽寺の例が取り上げられている。実家である極楽寺に住職として戻った麻田弘潤氏は次のように述べている。

七〇～八〇代以上の世代は「お寺にはお参りにいくもの」と義務的に考えている。しかし、その下の五〇～六〇代は寺に対して良い感情を持っていない。〔略〕四〇代以下の世代の人たちは情報や先入観がない分、純粋に面白いと思うことはあっさり受け入れてくれます。〔略〕お寺からいろんなことを発信していけば、きっと人々の寺離れは回避できる、そう思いました（大崎 二〇一六）。

都市の事例と違い、地方の寺社の新規来訪者の開拓は、地元の新しい世代を引きつける可能性もある。それでもすべての寺社が成功するわけではない。観光化・商業化・外的支援による伝統の継承・復活・発明が試みられている（第1章参照）。だが、高齢世代中心ならばやがては衰退する。結局は競争と再編が進むことになるだろう。

いま起きているのは「宗教」回帰か、「宗教」消滅か。これに答えるのは難しい。「宗教」をどう定義するかによっても答えが変わってくる。地域に根ざした神社や、家に根ざした寺院に「宗教」を見るのは、ある時期の村落共同体やイエに依拠した共同体的宗教をモデルとすることになる。ナショナルな伝統を意識した個人主義的な宗教回帰という現象は、この共同体的宗教モデルに当てはまらない。一方、日本人の多くは戦後の新宗教のように組織化された教団や特定教義への熱心な信仰を「宗教」と呼ぶことが多い。伝統宗教の資源への個人的、一時的な関与は、この教団的宗教モデルにも当てはまらない。そのため、集まる人の多くは自分が「宗教」に関与しているという自覚がない。だが、スピリチュアリティにも近い心理利益を求めている個人は、どこかに強固な心のよりどころを探し求めている。それがかつて「宗教」と呼ばれたもの、例えば「日本らしさ」を代表する神社や癒しをもたらす僧侶などによって充足されることはあるだろう。変動する「宗教」概念を歴史的局面や関わる人の立場との関係から理解するという微細な「宗教」理解が、現代日本の「宗教」を理解するためには必要となる。

注

（1）伊勢市、「伊勢市観光統計」、http://www.city.ise.mie.jp/3025.htm、二〇一八年七月一九日アクセス。
（2）「杏や永作博美など女性の間で神社仏閣巡る「御朱印」ブーム到来」『女性セブン』二〇一四年六月一九日号、https://www.news-postseven.com/archives/20140610_259842.html。
（3）「聖地巡礼マップ」、https://seichimap.jp、二〇一八年七月二三日アクセス。
（4）「阿修羅ブームはなぜおきた?-」『WEDGE Infinity』二〇〇九年一二月一七日、http://wedge.ismedia.jp/articles/-/679。
（5）「「国宝　阿修羅展」入場者世界一」『興福寺』二〇一〇年四月三日、http://www.kohfukuji.com/news/detail.cgi?news_seq=00000031。
（6）詳しくは本シリーズ第2巻第5章、本書第7章を参照。
（7）二〇一八年七月のスケジュールによる。

参考文献

磯村健太郎　二〇一一、『ルポ　仏教、貧困・自殺に挑む』岩波書店。
上田紀行　二〇〇四、『がんばれ仏教！——お寺ルネサンスの時代』日本放送出版協会。

大崎百紀 二〇一六、「〝寺院消滅〟と仏像ガール、(前編)ライトな仏像・仏教ブーム 主役は四〇代以下の女性、(後編)変わる寺、情報発信で若い世代が集う」『WOMAN SMART』一一月二八日、前編 https://style.nikkei.com/article/DGXMZO09918930V21C16A1000000、後編 https://style.nikkei.com/article/DGXMZO09918950V21C16A1000000。
北村敏泰 二〇一三、『苦縁——東日本大震災 寄り添う宗教者たち』徳間書店。
紺野うみ 二〇一八、「神社で神様とのご縁を結ぶ！「御朱印」の意味と真のご利益」『DRESS』四月一二日、https://p-dress.jp/articles/6593。
日本美坊主愛好会 二〇一二、『美坊主図鑑——お寺に行こう、お坊さんを愛でよう』廣済堂出版。
堀江宗正(聖心女子大学比較文化宗教学ゼミ生との共著) 二〇一三、「仏教ブームについて——僧侶による一般向けの取り組み・イベントに関する二〇一二年の調査から」聖心女子大学学術リポジトリ、三月二九日、http://id.nii.ac.jp/1045/00000046。
堀江宗正 二〇一七、「日本語版 パワースポットの作り方——ニューエイジ的スピリチュアリティから神道的スピリチュアリティへ」、https://www.academia.edu/35983640、二〇一八年七月二〇日アクセス。
堀江宗正 二〇一八、「日本語版 パワースポット体験の現象学——現世利益から心理利益へ」、https://www.academia.edu/36118937、二〇一八年七月二〇日アクセス。

第1章　個人化する葬送——墓と寺の後継者問題

村上興匡

一　はじめに

近年、日本の葬儀と寺院をめぐる状況は大きく変化してきているといわれる。従来、亡くなる人全体の九割以上は仏教式葬儀で葬られてきたが、首都圏を中心に、葬式をせず、ただ遺体を火葬するのみの「直葬」や、家族のみで葬式を行う「家族葬」といった葬儀簡素化の動きが進んでいる。一方、地方では、ふるさとの墓を整理する「墓じまい」など、「墓」や「先祖」の継承を途絶する動きが見られるようになった。

従来、葬儀や墓は「家」と先祖祭祀の中で考えられてきた。高度経済成長期以前の一般的な葬式は、地域や会社関係の中での「家」々の結びつきの中で行われてきたが、職住分離や核家族化、少子高齢化の影響によって「個人化」した結果、故人の最後の自己表現（一人称の死）や遺族のグリーフケア（二人称の死）の側面が強調されるようになってきている。今日、葬儀や墓は「私」的性格を強くし、「公」的な性格を弱めていると考えられる。プライベートな個人を中心とする生死観《しょうじかん》によって、「終活」や

「断捨離」など「他者に迷惑をかけない」ための死に支度のブームが生み出されているように思われる。また、死が公的な性格を弱めたことにより、それまでの葬儀慣習を支えていた仏教寺院も公的な性格を薄めることになった。地方から都市への人口流出によって市町村の存続が危ぶまれる社会状況の中で、地方では「家じまい」による檀信徒の減少によって地域寺院の存立基盤が揺らいでいる(寺じまい)。

こうした状況を象徴的に表すものとして本章では「送骨」を取り上げて、現代における葬儀慣習と寺院の社会的位置付け、「死」を扱う文化の意味について考えてみたい。現在、遺骨をゆうパックで送り届け、合同供養墓におさめるシステムである「送骨」を行う寺院もしくは霊園が増加しているとされ、多くのテレビ、新聞等のメディアで取り上げられている。インターネット上には「送骨.com」を含め複数のサイトが「送骨」が行える寺院、霊園の情報を載せている。送骨システムは、孤独死の増加や都市部における墓地価格の高騰など、現代の葬儀を取り巻く状況と関係しており、擁護論とともに批判論もある。「送骨」が持つ問題点について、仏式葬儀の現代的状況と関連させて考察する。

二　仏教寺院と死のあり方の変容

日本における仏教と庶民葬儀の歴史

六世紀に日本へ公伝《こうでん》された仏教は、経典研究のほか国家鎮護の祈禱を行う国家仏教であり、天皇や大貴族の葬儀を除いて死者に関わることはなかった。平安末期の永承七(一〇五二)年から末法の世に入ったとされ、阿弥陀如来を念じて、死後その浄土に赴いて悟りを開くという浄土信仰が広まった。恵心僧都《えしんそうず》源信により『往生要集』が著され、死を迎えるための正しい作法である臨終行儀を実践する二十五三昧《さんまい》講が起こった。鎌倉期には在家を中心として全国的に普及するが、臨終ではなく、死んだ後に戒名を与えて僧侶とし（没後作僧）、浄土で修行をさせる形がとられた。墓地の中に往生院が設けられ、墓堂を守る二十五三昧聖《ひじり》は御坊《おんぼう》と呼ばれた。

竹田聴洲は開創伝の調査により、ほとんどの寺院が応仁の乱のあった応仁元（一四六七）年から徳川幕府によって「諸宗寺院法度」がだされた寛文五（一六六五）年までの約二〇〇年の間に開創されていることを明らかにした。この時期は中世の武士同族団による支配と荘園制が崩れ、近世以降の「村」組織の原型となった郷村制が成立した時期であり、中小農民が台頭し、個々に独立した「家」が確立してくる時期でもあった。それまで外から来訪する宗教者に死者の供養を依頼していたものが、幕府が定住化を進める政策をとったこともあって墓地内の墓堂が寺へと発展した（墓寺）。生産の基盤である土地を累代に継承する「家」は祖先祭祀を発達させることになり、それが仏教の葬式、供養儀礼と結びついた。自生的に発生してきた「家」と寺との関係の上に、切支丹禁制を目的とした宗門改めや寺請《てらうけ》制度が制度的な裏付けを与え、今日の寺檀《じだん》制の基礎を作ることとなった。

戦後葬儀慣習の二つの個人化

近世の寺請檀家制における寺院は、仏教の宗教施設であると同時に、「家」共同体の先祖祭祀の場でもあったと考えられる。その構成員の生活を支える家産（土地や「店」など）をもたらしてくれた先祖を祭祀し、家産をいかに次代に継承するかが重要な関心事であった。その一方で葬式は、タテの系譜的なつながりだけではなく、その家が存在している地域社会での家同士のヨコのつながり（地域互助や、葬式時の物品や労力の提供リストである不幸音信帳に記載されるような累代的な贈答のつきあいによって結びつけられた）との交点の上に成立していた。また、葬式の規模や墓の大きさ、院号など戒名の格付けは、序列づけられた家格の上に成り立っており、祭礼などの行事と同様に、葬儀において格上の家は格に応じた経済的な負担をする必要があった。地域には「共葬」の関係が成立しており、かつて寺院はその中心に位置していたということができる。

戦後、特に高度経済成長期を迎えた一九七〇年代には、全国的に、①中心儀礼の変化：葬列（野辺送り）から告別式へ、②葬儀実働補助の変化：葬式組から葬儀社へ、③葬法の変化：土葬から火葬へ、の三つが並行する形で、葬儀慣行が変化していった。①および②の変化は、就業形態が農業など自営的なものから勤めに出る形態へと変わり、つきあいの範囲が広くかつ浅くなることで普及する。③は都市的な衛生習慣や土地有効利用の考え方とともに広がった。つまり、これらの三つの変化は、地域社会の生活形態が都市的になること、すなわち生活様式の「都市化」、特に職住関係の変化が大きく関係している。

それによって葬儀を行う意味づけ自体も変化した。村をあげて行う地域共同体主体の行事が告別式中心の葬儀となり、葬祭業者が主たる実働を担うようになると、葬儀は喪家《そうか》の「私」の行事となった。(1)かつての葬儀は、地域が主体となって行う「送り出し」中心の儀礼であったが、家や家族が主体となる、関係者からの「弔問を受ける」行事へと意味づけが変化した。

さらに核家族化が進み「家」意識が弱まると、葬儀は「故人の家族（遺族）連合」の行事となる。戦後、多くの人が勤め人となり、「家産」の継承ということがあまり意味を持たなくなった。一般的には、子どもは親と異なる職業に就くようになり、職住分離により、地域のつきあいと職場のつきあいが一致していることの方が稀となった。都市部においては喪主を故人の妻がつとめ、会葬者の多くは故人の関係者ではなく、故人の子ども達の関係者が占める葬儀が多くなっていった。

平成以降には、特に大都市部を中心に、従来の葬儀や墓地のあり方についての批判や変革をしようとする動きがいくつも見られた。ひとつには、血縁の継承者ではなく同じ墓地に入る人々が共同で祭祀を行う「もやいの会」などの活動であり、「葬送の自由をすすめる会」が提唱する「自然葬」のように、遺骨を山や海に撒いたり、霊園内の区画に撒く（スキャタリング）など、従来のような墓地を持たない運動も起こった。現在のエンディングノートに繋がる、生前に本人の葬儀のやり方の希望を書いた遺言ノートを預かり、死後、希望通りの葬儀プランが実現されるよう補助するウィルバンク（遺言銀行）や、寺院や葬祭業者などに依頼せず、仲間同士で手作りの葬儀を実現しようとする「自分葬」の運動がマスコミ等で紹介された。

これらの改革運動は、「他者（親など）をどう葬るべきか」ではなく「自分自身がどう葬られるか」という視点から考えられたものである。従来的な家を中心とした葬儀より「故人」のための葬儀を強調する点で共通しており、葬式を葬られる側主体で考えたものである。こうした葬儀を死んでゆく者の最後の自己表現と考える新しい傾向は、さらに進んだ第二段階目の葬儀の個人化と見ることができる。従来、知人の親の葬儀に会葬するのは、遺族を弔問するためであり、半ば公的で社会的な儀礼であった。その一方、亡くなるまで親密な関係を保っていた者からみれば、葬儀は故人を偲び供養するための儀礼であり、個人的、私的な行事となる(2)。

多死少子化社会における葬儀の意味づけ

現在のように社会の高齢化が進んで、かなりの割合の人が八〇から九〇歳で亡くなるようになると、その子どもの世代ですら社会的にはリタイヤしていることが多くなり、結果的に会葬者は減っていくことになる。高齢者の場合、特に福祉施設等に入って地域の人たちとのつきあいが途切れている場合などでは、生前の人間関係が非常に希薄になり、葬儀に呼ぶべき関係者がほとんどいないという状況になる。最近の都内葬儀についての調査によれば、通常の葬儀でも会葬者が減る傾向があり、十数年前までは一〇〇―一五〇人くらいの会葬があるのは普通だったのに、今では五〇人の会葬があれば多い方という状況になってきている。葬儀の個人化により、葬儀における自己表現の幅は拡がったが、一般の死者の場合、社会的な意味づけを持たせることはかえって難しくなっていると考えられる。

最初の個人化によって、葬儀は遺族を弔問するための儀礼、すなわちジャンケレヴィッチのいう「二人称の死」に関わる儀礼となったが、一九九〇年頃からは「自分はどう葬られるのか」という一人称の儀礼に変わった。葬儀は「自己の最終表現」となり、「人生の卒業式」とも考えられるようになった(3)。

葬儀費用を冗費《じょうひ》(無駄な費用)とする批判は、明治時代の後期くらいからあったが、それは葬儀が、個人の所属した「家」や会社などが社会に対して威儀を示す儀礼であったからである。葬儀を行うことは喪主や遺族の社会儀礼としての性格を持っていたが、近代的な風俗改良の観点から「見栄」「無駄」であると批判された。「自分は無宗教だから従来の仏教式の葬式は希望しない」という「自らの葬儀」（一人称）の観点からの最初の葬式批判運動は、一九六八年の稲田務、太田典礼《てんれい》らによる葬儀無用論の運動だったが[4]、その当時はまだ、一般的には受け入れられなかった。一九九〇年代以降になって、葬儀を自らの儀礼とする考え方が一般化してくる。

「終活」（人生の終わりのための活動）や「死に支度」という言葉が使われるようになってきたのもこの頃からである。一九九八年には、アエラ臨時増刊『死の準備――人生の店じまいに』が出版され、自らの死への準備として、持ち物を減らしてゆくシンプルライフが推奨された。身のまわりをすっきりさせ、心を整理する「断捨離」（ヨガの断行、捨行、離行）とも通じるとされた。「終活」ではモノの整理だけでなく、遺書を作るなどして自らの葬儀や死後の処理の希望を遺すことも含まれる。

「終活」の考え方の背後には、親戚や地域、会社といったしがらみを断ってきた戦後の社会変化を肯定的に評価した上で、その結果として生じた「ひとりで死ぬこと」を引き受けていくべきとの姿勢があると考えられる。『おひとりさまの老後』（法研）を書いた社会学者上野千鶴子は、準備された「在宅ひとり死」と無縁死を区別し、ひとりで死ぬこと自体を不幸と思う必要はないとする。おひとりさまの「死に方」として、間をおかず発見してもらえるようこまめな人間関係を作ること、遺したら遺された人が困るようなものは早めに処分すること、葬儀や墓の希望を伝え、必要な費用をあらかじめ用意すること、などの準備をしておくことが推奨されている。

戦後、日本人は個の自立を尊重する社会を作り上げてきた。「まわりに迷惑をかけない」はそれを象徴する。しかしながら、認知症高齢者の権利保護のための成年後見制度が必要とされることに象徴されるように、高齢単身者の増加は、自己に対して完全な責任能力を持ち得ない者の増加を否応なく招来する。誰でも死ぬときはひとりであるといっても、「問題のない在宅ひとり死」を迎えるためには、ある程度の人的、経済的準備が必要であり、手間もお金もかける能力のない人の葬儀をどうするかという問題が残される。

3・11の大震災以降あまり取り上げられなくなっているが、二〇一〇年からNHKが「無縁社会」として、孤独死が年間三万二〇〇〇人を超えている事態を報じて大きな反響を呼んだ。孤独死として処理される件数は、一〇年で二倍となるペースで増加している。無縁死の増加は、少子化および非婚化による家族変化や、都市化による地域社会の変化、亡くなる人の高齢化や非正規雇用の増加などにより、死に際して会社関係の人間関係が機能しなくなるなどの現代の社会状況を反映していると考えられる。大震災での大量死と同じく、自分とあまり関係の深くない他者が隣で死んでいるという事態は、社会における「三人称の死」の問題を考えざるを得ない状況を生むことになる。

地方消滅と仏教寺院

平成二六(二〇一四)年五月に、民間の研究機関である日本創世会議(座長・増田寛也)によって「消滅可能性自治体896」が公表され、その内容は中公新書『地方消滅』として出版された。自治体数八九六は調査が行われた時点での全市町村数の四九・八%にあたる。

地方の過疎化は昭和四〇(一九六五)年頃から取りざたされてきたが、過疎と寺院経営を関係づけるものとして、昭和六三(一九八八)年に放映された「ＮＨＫ特集・寺が消える」がある。これは島根県邑智《おおち》郡を舞台とし、急激な過疎化によって信者人口が減少し、寺院経営が成り立たず、廃寺が相次ぐ様子をレポートしたものだった。

日本創世会議報告書と前後して、伝統仏教各宗派は、過疎地寺院についての調査報告書や対策のためのガイドブック(事例集)を続々発刊している。たとえば臨済宗妙心寺派は二〇一四年に「被兼務寺院調査報告」[5]を、浄土宗は二〇一七年に「過疎地域における寺院に関する研究」などの調査報告書を刊行しており、地域の過疎化への対応事例集としては、浄土真宗本願寺派が「お寺はかわる」(二〇〇七年)、「ひろがるお寺」(二〇一三年)を、日蓮宗が「元気な寺づくり読本」(二〇一〇年)を刊行するなど、地方の過疎化に対する危機感の高さがうかがわれる。

妙心寺派「被兼務寺院調査報告」の序文において栗原正雄宗務総長は、「少子高齢化や人口移動と核家族化等々により、葬儀のあり方や先祖に対する考え方、お墓に対する考え方が大きく変化し従来のような特定の檀家中心とした宗教活動だけでは寺院経営は困難な時代になるという危機感」から、実態把握を目指したと述べている。調査は被兼務寺院(注5参照)の住職および責任役員に対して行われ、土地建物と居住者、兼務の現状、経済状況、檀信徒数、後継者と今後の展望などの項目についてなされた。調査報告書によれば、二〇一四年五月一日時点で、妙心寺派寺院数三三六一カ寺の内、一〇三二カ寺(三〇・七％)の寺院が選任住職不在での被兼務寺院[6](被代務寺院を含む)であり、前回の二〇〇七年調査(二八・三％)と比較すると六年間で二・四％増加している。「単純計算では、一年で一四・二ヵ寺ずつ増え続けている被兼務寺院の数と、合併／廃寺によって年間二・八ヵ寺のペースで減っている寺院数から推測すれば、約四〇年後には被兼務寺院数が有住寺院数を逆転する」（一二頁）という。檀徒数が少なく立地に恵まれない、収入が低い寺院ほど兼務寺院となる率が高くなっている。兼務住職・責任役員の双方が選任住職を求めない寺院は、一二三五カ寺（被兼務寺院の二一・八％）に上るが、その主な理由は過疎化とそれに伴う経済状況の悪化である。

「都市部への人口流出により、次世代の檀信徒となるべき人々が過疎地域の寺院の近在に居住しなくな」り、「戦後の高度成長期に地方から都市部へ移動した人々が老齢期を迎え（中略）少子化とともに都市部でも高齢化が進」んでいる。「これらの都市住民に特徴的なのは、既存の伝統的宗教意識の低さであり、「子どもから墓地の承継を拒否された人などが、自分の代で先祖代々の墓石を処分し、納骨堂などに移す〝墓じまい〟を行う事例が増えている」とする。その上で、多死少子化社会への対応としては、①地方において人口減少が続くと予想される中、合併などの効率化を行うとともに、僧侶、檀信徒の両方で後継者を育てること、②都市において宗教伝統を引き継ぐ檀信徒、都市的な布教を行える僧侶を育成することの両方が必要であるとされている。妙心寺派が置かれている状況は、その他の伝統仏教宗派にも共通したものであると考えられる。

過疎化と都市化により、「境内墓地に家墓《いえばか》を持つもの＝檀家」という前提が崩れつつある。葬送墓制における都市への人口集中、地方の過疎化がもっとも明確に現れているのは「墓じまい」であると考えられる。子どもが都市部に転出し、地元に残った親が亡くなる、もしくは呼び寄せられるのと、故郷の墓が「墓じまい」によって都市部に移されるのは同様の構造であると考えられる。その一方で、新潟県の角田山妙光寺の安穏廟や岩手県の長倉山知勝院の樹木葬墓地のように、地方で試みられる新しい墓地は、地元よりむしろ都市部の利用者をターゲットとしてきた。都市部からの利用者向けの老人福祉施設を、設置コストや人件費が低い地方に作り、地域の産業活性化を図ることと類似している。

三　事例としての「送骨」

都市における葬儀の個人化の状況と地方寺院が置かれた状況を象徴的にあらわすものとして、送骨を取り上げる。

無縁死への対応と「送骨」

二〇一〇年一月三一日に放映されたＮＨＫスペシャル「無縁社会〜〝無縁死〟３万２千人の衝撃〜」の中で、富山県高岡市の日蓮宗大法寺が紹介された。番組では、孤独死の増加に伴って、特殊清掃業者の数が増えていることが紹介され、ある孤独死の事例では、故人とその配偶者の遺骨の受け取りを清掃の依頼者が拒否したため、業者はゆうパックで大法寺に郵送する。その後、大法寺での遺骨の引き取り作業と住職のインタビューと続く。番組中では、二〇〇七年から、全国から行き場のない遺骨の引き取りを始めたこと、都市部からの遺骨が多いことが紹介されている。届いた遺骨は墓地の一角にある納骨堂に運ばれ、祭壇に安置した上で読経が行われた後、遺骨は袋に詰め替えられて複数一緒に箱に入れられて収蔵される。栗原啓允《けいいん》住職は、普通の人だったかもしれないが人生の終盤地点で歯車が狂って孤立し、その結果どこに埋葬されているかわからない状況になってしまうのは不条理である、と述べている。コメントから推察されるように、この時点では、「送骨」は、無縁仏を弔うための仕組みであり、特殊な事例と考えられていたのがわかる。

若林朋子「遺骨が宅配便で送られる…〝送骨〟の現場でみた無縁社会の「終活」とは⁉」(https://dot.asahi.com/dot/2015061500037.html)では、この大法寺が「送骨」を始めた最初の寺院として紹介されている。「首都圏の行政担当者や団地の管理者、葬儀社から「檀家さんの縁者」という方の遺骨を引き取ってほしいとの依頼が届く」ようになり「うちが断ったら」「廃棄する」というので「放っておけなくなった」(栗原住職)とのことで、二〇〇六年に墓を継承する家族がいない檀家のための合祀墓を設け、〇七年にNPO法人「道しるべの会」を立ち上げた。記事中、NPOでは遺骨を引き受けるだけではなく、高齢者の施設入所や「終活」を支援していることについても紹介されている。

「終活」と「送骨」

朝日新聞社では「送骨」を、無縁仏への対応システムとする一方で、終活の手段として考えていることがうかがわれる。先述の記事(若林 二〇一五)の最後では、「親族はいても絶縁状態で、双方ともかかわりを拒絶していたり、認知症や精神性の疾患を抱えていたりすると、死亡届や遺体の火葬や埋葬の許可申請ができないのである。一連の業務を法律の専門家に委託する経済力がなく、介護施設などに入っておらず、持ち家があるため生活保護も受けられない……。終活の質は、金と縁に左右されるが、その両方を築くことができないまま死を迎える人がいる」ことが指摘され、「遺骨になってから歩いて行くわけにはいかない。死亡した後、火葬して遺骨になるまでの手続きをだれに託す」のか

「元気なうちから準備」をすべきである、との栗原住職のコメントが紹介される。

『朝日新聞』の東京西部版朝刊で、二〇一五年二月二八日から三月七日まで七回にわたり「お骨の駆け込み寺」(井上恵一朗)というコラムが連載された。二〇一八年まで朝日新聞社のWEB新書としてダウンロード可能であったが、ジャンルとしては「終活」に分類されていた(現在、amazonでダウンロード購入可能)。記事によれば、新宿区弁天町にある浄土真宗南春寺《なんしゅんじ》とNPO法人「終の棲家なき遺骨を救う会」の共同事業として、「総費用三万円の永代供養」をうたって、「死後の不安を抱える人」「埋葬できないままの『行き場のない遺骨』」の受け皿を提供する「埋葬支援事業」が二〇一三年四月から始められた。遺骨はゆうパックで郵送することもでき、本堂で読経供養を受けた後、墓地内にある永代供養墓「有縁塔」(御影石、高さ二・四メートル)に合祀される。二年間で一四〇〇件を超える成約数のうち三割を生前契約が占める。ルポでは、老若男女様々な事情を抱えた人の事例が紹介される。

「新しい寺院のあり方」と「送骨」

二〇一六年一月二二日にNHKが首都圏地域で放映した特報首都圏「お坊さんが変わる!? 僧侶手配サービスの波紋」では、その前月にamazonで始まった僧侶手配サービス「お坊さん便」と関連して、新しい寺院のあり方を模索する寺院のひとつとして、埼玉県熊谷市の曹洞宗見性院《けんしょういん》が紹介された。番組では「お坊さん便」に対する全日本仏教会のコメントを紹介する一方、このサービスに登録することを希望する多くの僧侶がいたことを紹介し、背景として、都市への人の流入による過疎化により、地方寺院の存続が難しくなっていることが指摘された。見性院の橋本英樹住職は、檀家制度はすでに制度疲労を起こしており、それにしがみついていると寺はじり貧になり、本当の意味での自由な自分の信念を持った布教活動はできないとして、寺の年会費や墓の管理費を廃止する指針を出した。

みんなのお寺見性院の指針
一、檀家制度を廃止いたしました　当院は信教の自由を尊重いたします
二、寄付・年会費・管理費護持会費を一切いただきません
三、宗教・宗派・国籍を問わず随時墓地を分譲いたしております
四、近い将来、見性院信者の会(随縁会)を発足させていただきます　年会費は無料でございます　基本的にはどなたでも会員になれます
※当院は地域と共存共栄し、宗教界に寄与し社会に貢献していく団体を目指しております　ここから日本の将来を創り、世界に出て行く有為な人材育成をし、世に送り出してゆくのが願いです
平成二十四年六月二十六日　見性院

宗派や地域にこだわらず寺の信者にしてゆくことを目指し、葬祭業者のホールを使わない本堂での葬儀を行うこととした。費用が安く、多くの人から支持を受けているという。それとともに「時代に合わせた新たな供養」として、全国から宅配便で送られて来る骨壺を引き受けて供養し、墓地にある永代供養墓(佛舎利塔、基部が納骨堂になっている)に合祀を行っている。寺を支える人は、従来の檀家四〇

○人の倍の八〇〇〇人に増加している。一方で、従来の檀家には大きな変化への戸惑いもあるという。二〇一三年一二月三〇日付の朝日新聞記事「寺に宅配、「送骨」波紋　身寄りなく…低価格で供養」（宮本茂頼）には、見性院が「送骨」を始めたのは二〇一三年一〇月であると記載されている。記事中では橋本住職の「送骨は寺が外に開かれるための一環だ」とのコメントも紹介されている。

「檀家」を前提としない寺院運営を目指す寺院の一例である見性院が、「送骨」の受付を行うことは示唆的である。地方寺院が行う都市利用者向けの永代供養墓とおなじく、「送骨」も寺院再生の一方策としての側面があることを見ることができる。

四　寺院と葬儀の現状から見た送骨

祀り手のない遺骨と「送骨」の必要性

内閣府が出した平成二九（二〇一七）年版『高齢社会白書』によれば、六五歳以上の高齢者のいる世帯は、昭和五五（一九八〇）年には全世帯の二四・〇％に過ぎなかったが、平成二七（二〇一五）年現在では四七・一％に達している。また、夫婦のみの世帯が一番多く約三割を占めており、単独世帯と合わせると半数を超える状況であるという。一人暮らしの高齢者は増加傾向にあり、今後、多死少子化社会の進展により、「孤独死」は増加していくことが見込まれる。

孤独死した本人が、先立った配偶者などの遺骨を保持している場合もある。行き場のない遺骨を引き取る寺院、墓地はますます必要となると考えられる。そうした死後福祉的な意味づけから、大法寺ではＮＰＯ法人「道しるべの会」、南春寺ではＮＰＯ法人「終の棲家なき遺骨を救う会」による活動が共同事業の形で行われている。

遺骨をゆうパックで郵送することが、公序良俗や宗教感情に照らして許されるかという点については議論の余地があるが、親族がない人々が、血縁でない第三者による納骨に頼らざるをえないことを考えれば、一概に禁止することは難しいのではないか。

「送骨」と年忌供養

一般の永代供養墓の費用が一〇万円から一〇〇万円であるのに対して、「送骨」は三万円から五万円と低廉である。一般の永代供養墓に入る場合、四十九日までから三十三回忌までと多様ではあるが、ある時期まで個人としての年忌供養が行われ、その後、合葬されるのに対して、「送骨」の場合、最初から合葬墓に合葬される。

一周忌、三回忌など、決まった年に執り行われる年忌供養は、祖先祭祀の側面から見るなら、死から弔い上げまで、個別の供養を必要としない完全な祖霊となるまでの通過儀礼であり、生者が誕生から成人までにたどる通過儀礼と同じサイクルで行われる。年忌供養は広い意味で葬送儀礼の一部と考えることができる。三二年という期間はほぼ一世代に当たり、参加者はかろうじて故人の顔見知りの範囲と重なる。その祭祀主体は故人を知る親族であり、定期的に集まって故人を偲び、集団として段階的に故人の死を受容する社会的機能があると考えられる。しかしながら、今日においては、少子化により、兄弟や孫の数は全体として減少しており、儀礼を行う親族集団の紐帯や年忌供養の社会的意味づけは弱まっていると考えられる。

「送骨」はこの年忌供養を短縮しており、葬儀の簡素化と解釈できる。継承者がいる場合にも、「子どもに迷惑をかけない」ことを目的に、自身の「終活」として行うことは、結果として葬儀の低廉化を進めると考えられる。

伝統仏教側からの「送骨」批判

伝統的な仏教寺院や葬儀、墓地のあり方を保持しようとする立場からは、「送骨」は批判的に捉えられている。『月刊住職』二〇一五年一二月号では「肉親の遺骨を寺にまさかゆうパックで送り付ける「送骨」の実態」として、九ページにわたる記事を載せている。記事では「送骨」が刑法第一九〇条の死体の遺骨遺棄罪に当たらないかを、二人の弁護士に尋ね、法律上問題ないとの回答を得たという。

『月刊住職』記事の末尾では「むろん利用する側に理由もあるだろう。とはいえ、懸念されるのは値段の安さや利便性、手軽さばかりが注目されることだ。加えて本当にイヤな言葉である「墓じまい」「家族葬」「終活」「送骨」といったこれらの言葉の風潮はいずれも、自己完結、いや自分の都合だけが大事という思いの表れにほかならない。それを当のお寺が加速化させるとしたらどうだろう」と苦言を呈している。

伝統仏教側から見た「送骨」の問題点は、たとえ遺棄罪にならないとしても郵送することは死者への敬意を欠くこと、年忌法要の省略など伝統的な葬儀慣習を簡略化すること、死を自己中心的にのみ考え、継続的な供養を行う継承者がいないことなどであると考えられる。
「送骨」は、高齢化や多死少子化社会、それに伴う地方寺院の変化を背景として、注目され、利用数を増やしていると考えられる。遺骨を供養する肉親が高齢化している、もしくはいないなどの事情が考慮されれば、永代供養墓に入れること自体を問題とすることは難しいのではないだろうか。

五　まとめ

日本におけるその変遷を見るならば、仏教葬儀は「家」の先祖祭祀の一部として、一般庶民に広がった。高度経済成長期以後、大部分の人が勤め人となると、「家」の儀礼は社会的意味を持ちにくくなった。「家」とその同職共同体である村が主体となり、構成員を送り出す儀礼から、関係者が遺族を弔問する儀礼へと変わった(第一の個人化)。平成以降には、葬儀は亡くなる人自身の最後の自己表現の儀礼へと変化する(第二の個人化)。その中で、死の意味づけは、社会の中で公的意味づけがなされた死(三人称の死)から、家族や個人の私的な死(二人称、一人称の死)となった。しかし近年、高齢者の孤立が進み、自らの死を準備することが困難な人が増え、公的支援および民間支援が必要となってきている。

一方、仏教寺院側から見るならば、葬送の個人化とともに、寺院も社会的性格を薄くしている。近年は、少子化と都市部への人口集中により、地方寺院はその経営基盤が揺らいでいる。伝統仏教教団はいずれも、地方寺院の住職の後継問題、檀信徒の跡継ぎの都市部への流出問題(「墓じまい」)に悩んでいる。また都市部においても、高齢者の孤立や伝統的葬儀慣習への関心の低下の問題がある。従来とは違った都市的なニーズに対応できる僧侶を養成し、一方で、伝統的な宗教慣習を体得した檀信徒をどのように養成してゆくかが、喫緊の課題となっている。

死にゆくものや家族が孤立しがちな状況、多様化した故人、遺族の状況に対応して、こころ安んじて死を迎えることのできる文化を維持していくことは、ますます難しくなっていると考えられる。

注

(1) アリエスが『死を前にした人間』の中で述べている、二〇世紀初めのヨーロッパにおいて、それまで死者が持っていた公共的性格が失われ、近親の死は隠すべき私的なものとなっていったとする「倒立した死」の状況と相通ずる。

(2) 近年、後者の考え方の方が一般的になり、肝心の故人を知らない会葬者による葬儀は、義理による心のこもらない「形式的」なもの、会葬者によけいな時間を使わせるのも申し訳ないとして避けられるようになっている。

(3) フランスの哲学者ジャンケレヴィッチは、死を「一人称の死」「二人称の死」「三人称の死」にわけた。それぞれ、「自分の死」「大切な人の死」「他人の死」という意味であり、柳田邦男をはじめ現代的な死の状況を語る人々の多くが引用する。

(4) 「自身が無宗教であるから葬式は無用」とする主張自体は、最初に告別式を行った中江兆民(一八四七―一九〇一)に見ることができる。

(5) 妙心寺派では、檀信徒の減少によって単独では寺院経営が困難となった寺院が、住職がいる状態(有住職寺院)から兼務される(被兼務寺院)へと転落するという認識から、被兼務寺院の増加について継続的に調査を行っており、平成一二(二〇〇〇)年、同一九(二〇〇七)年にも行われている。

(6) 正式な住職が執務できないためそれにかわり、代務住職がたてられている寺院のこと。

参考文献

アエラ臨時増刊 一九九八、『死の準備——人生の店じまいに』朝日新聞社。
朝日新聞社 二〇一七、『お骨の駆け込み寺 「行き場のない遺骨」を引き取るお寺に集う人々』朝日新聞デジタルSELECT。
アリエス、フィリップ 一九九〇、成瀬駒男訳『死を前にした人間』みすず書房。
稲田務・太田典礼編 一九六八、『葬式無用論』葬式を改革する会。
上野千鶴子 二〇〇七、『おひとりさまの老後』法研。
NHK「無縁社会プロジェクト」取材班編著 二〇一〇、『無縁社会』文藝春秋。
小川英爾 二〇〇〇、『ひとりひとりの墓——生者の墓「安穏廟」』大東出版社。
ジャンケレヴィッチ、ウラジーミル 一九七八、仲澤紀雄訳『死』みすず書房。
竹田聴洲 一九七一、『民俗佛教と祖先信仰』東京大学出版会。
千坂嵃峰・井上治代編 二〇〇三、『樹木葬を知る本——花の下で眠りたい』三省堂。
橋本英樹 二〇一六、『お坊さんが明かす あなたの町からお寺が消える理由』洋泉社。
村上興匡 二〇一八、「葬儀研究からみた弔いの意味づけの変化」鈴木岩弓・森謙二編『現代日本の葬送と墓制——イエ亡き時代の死者のゆくえ』吉川弘文館。
若林朋子 二〇一五、「遺骨が宅配便で送られる… 〝送骨〟の現場でみた無縁社会の「終活」とは⁉」(https://dot.asahi.com/dot/2015061500037.html、二〇一八年七月二〇日アクセス)。

第2章　地域社会と神社・祭り
――人口減少と地域再生の中で

黒崎浩行

一　はじめに

「神社」という言葉を聞くと、私たちは森に囲まれた伝統的な建築物と、そこで手を合わせる人びとの姿を具体的に思い浮かべるだろう。それに比べて、日本古来の神々への信仰を指して使われる「神道」という言葉にはあまりなじみがないかもしれない。実際、日本人が「信仰している」か「家の宗教」として挙げる宗教名のうち「神道」という回答の割合は二・七％にすぎないという調査結果がある（木村 二〇〇二、一二九頁）。

一九八〇年代末、宗教社会学者の西山茂は、伝統的な地域共同体（コミュニティ）が解体するのにともなって神社神道や伝統仏教が衰退していくのにとってかわり、機能分化した結社（アソシエーション）である教団宗教によって担われた民俗的宗教性が生き延びていく方向性を指摘した（大村・西山編 一九八八、二二三頁）。だが、その後の日本社会の動きを見ると、必ずしもその方向に集約されるばかりではないように思われる。地域のつながりを再生させ、「ふるさと」を後世に継承するものとして、神社で行われる祭りや民俗芸能に期待が寄せられることもある。

それが顕著にあらわれたのが、二〇一一年三月一一日に発生した東日本大震災において、被災した各地で祭りが継続、再開されたという出来事であった。

一例を挙げよう。津波によって町民人口の一割にのぼる一二三三人もの犠牲者を出した岩手県大槌町では、その年の九月、町方地区にある小鎚《こづち》神社の例祭が斎行された。瓦礫と化した町方地区の町内を巡る神輿渡御《みこしとぎょ》は行えなかったが、神社境内とその周辺で神輿渡御と虎舞、太神楽(獅子舞)、鹿子踊などの民俗芸能の奉納が行われた。神輿の担ぎ手である社人《しゃにん》の装束(官服)も流されてしまったのだが、インターネットなどで寄付を呼びかけたことにより新調することができた。それぞれの民俗芸能の団体も、さまざまな財団等からの支援により装束、道具、山車などを新調できた。

翌年九月には安渡《あんど》地区にある大槌稲荷神社の例祭・神輿渡御も再開し、両神社の神輿はほぼ震災前の順路を巡った(黒崎 二〇一四)。当日の様子を伝える『朝日新聞』二〇一二年九月二四日の記事には、「またゼロからの出発が始まります。長く世話になった町並みに感謝をし、亡くなられた人たちに、復興のための勇気を与えてくださいとお願いしながら歩きました」という、小鎚神社総代の言葉が紹介されている。

大槌町は大槌湾・船越湾に面し、漁業を中心に栄えてきた歴史をもつが、平成二七年度(二〇一五年度)国勢調査による大槌町の産業別人口割合を見ると、第一次産業四・六%、第二次産業二四・〇%、第三次産業七一・三%と、今日では漁業を生業とする町民が多くを占めているわけではないことがわかる。また、町民の人口は一九八〇年代までは二万人を超えていたが、それから五年ごとにおおよそ五％ずつ減少してきており、震災の前の二〇一〇年には一万五二七六人となっていた。

それでも、震災前から小鎚神社・大槌稲荷神社の例祭は「大槌まつり」と称して町をあげての一大イベントとして続いてきた。そして、津波によって沿岸部の町なみが壊滅し、多くの町民の命を失いながらも復活を遂げた。

また、小鎚神社と大槌稲荷神社の社殿は境内が少し高い位置にあったために大きな被害を受けずにすみ、避難所にもなったが、津波で流された神社もある。こうした被災神社も氏子《うじこ》や有志の支援者により仮社殿の設置や再建が図られ、復興のシンボルとして知られるようになっている。

つまり、伝統宗教は地域社会の変化に対して受動的に影響をこうむるばかりでなく、壊れた地域社会の再生にはたらきかけるような能動的な面もあわせもっていることが、あらためて確認されたのである。

もっとも、震災・原発事故のために祭りを中断したまま再開できないところも多い。宮城県内の二一の事例を調査した滝澤克彦は、祭礼の持続と村落のレジリアンス(復元力)とは必ずしも比例の関係にないと結論づけている(滝澤 二〇一三)。祭りの復活を、過剰な期待を寄せて性急に評価したり、大勢に逆らう例外的な事象とみなしたりするのでなく、合理的に理解するためには、どのように考えればよいのだろうか。

そこで本章では、地域社会の中の神社に焦点を当て、今日までの研究において神社のあり方がどのように把握、分析されてきたのかをより掘り下げていくことを通じて、近年の「地域再生」に関わる神社と祭りの動きをどう理解すればよいのかを示していきたい。

二　地域社会と「氏子」

地域神社の研究視角

ひとくちに「神社」と言ってもさまざまな規模、信仰形態のものがある。櫻井治男が指摘するように、その多様性自体が神社のあり方を考える上では無視できない(櫻井 一九九二、一六頁)。また、「神社」ではなく「祠《ほこら》」などと呼ばれるような施設との区分も法制史上の問題を含んでおり、重要である(河村 二〇一七、三二七―三二九頁)。

しかしながら、本章ではそのテーマとの関わりから、「内在型神社」(小野 一九六二)、「集落神社」(森岡 一九八七)、「村の鎮守」(畔上 二〇〇九)、「地域神社」(櫻井 二〇一〇)などと研究者によってさまざまに呼ばれる、一定のカテゴリーに属する神社を考えていきたい。森岡清美は「集落神社」を「村落や町の集落生活と結びついた神社」(森岡 一九八七、一頁)と定義し、櫻井治男は「地域神社」を「地域住民による共同奉斎の対象となっている神社」(櫻井 二〇一〇、v頁)と定義しているが、このような範囲の神社である。

こうした神社を対象にして自らも調査研究を重ねてきた森岡清美は、一九八七年の時点で研究史を振り返り、次のように三つの研究視角があったことを述べている。すなわち、「①政治権力との関係を主眼とする祭神中心の神社研究、②集落の社会構造との関連に焦点をおく氏子中心の神社研究、③全体社会の政治構造との関連に注目する社会史的な神社研究」(森岡前掲書、二頁)の三つである。これに沿って見てみよう。

①は明治末期ごろから行われてきた主流の神社研究であるとされるが、②の集落の社会構造との関連に焦点をおく研究を本格的に開拓したものとして、森岡は肥後和男『近江に於ける宮座の研究』(一九三八年)・『宮座の研究』(一九四一年)を挙げている。肥後は滋賀県・奈良県・京都府・大阪府の村社以上の神社に対して大規模な調査票調査・聞き取り調査を行い、氏子が神事を担うさいの当番制の組合組織を「宮座」という概念によって一般化した。肥後の研究業績については今日、明治初期の神仏分離・廃仏毀釈や明治末期の神社合祀との関わりについてほとんど触れられていないこと、また研究動機において当時並行して研究していた水戸学の祭政一致思想との関わりが指摘されている(市川 二〇一二)。

③の全体社会の政治構造との関連に注目する社会史的な神社研究は、集落神社に対する集落外からの力、とりわけ、神社を「国家ノ宗祀」(明治四年五月一五日太政官布告)と位置づけて管理の対象としてきた明治から昭和前期にかけての政府・官僚機構による規制のもとにあったものとして理解する視座を提供するものである。森岡自身もこの立場をとっている。内務省は明治末期から大正期にかけて「神社整理」(神社合祀とも言う)という、それまで集落ごとに多数存在していた神社を一行政町村あたり一社になるよう統廃合させる政策を推進した。この時期における動向を、推進体である官僚制的権力機構、被推進体である氏子崇敬者・地域住民、媒介体である神職や有識者のそれぞれに注目してその相互作用過程として描き出した。

同じく「神社整理」を扱った代表的な研究として、米地実『村落祭祀と国家統制』(一九七七年)、櫻井治男『蘇るムラの神々』(一九九二年)が挙げられる。櫻井治男は、神社整理政策の問題として「国家が目指したあるべき神社の姿と、地域住民が奉祀しているそれとに齟齬があり、一つの亀裂が生じたこと」を挙げる。そして、その結果、失われた神社を再建する「神社復祀」という行動をとった住民もいたことを、神社整理が徹底して行われた三重県での事例研究により明らかにしている。

一方、畔上直樹は、三重県とともに神社整理が徹底された和歌山県での事例研究を行い、『「村の鎮守」と戦前日本』(二〇〇九年)を著した。畔上は、「国家神道」研究において「体制イデオロギーの下降という図式」にあてはまらない「下からのベクトル」に注目した羽賀祥二『明治維新と宗教』(一九九四年)などの研究動向をふまえ、合祀に抵抗または容認するといった村落の側の対応の差異を、米作と柑橘類栽培という農業経営の違いや水害の被災・復興過程の違いと関連づけて説明する。また、合祀を拒否することによって公共秩序と摩擦を生じ、そこから排除されることをおそれた地域住民と、そうしたことを意に介さず村を貧困、停滞状況にあるとだけみなして合祀反対運動を行った知識人(南方熊楠)との落差をも論じる。

以上のように、明治から昭和前期にかけての地域神社を対象とした調査研究は、地域の社会構造に密着しつつ、全体的な政治構造による規制を視野に収めることで進展してきた。

第二次世界大戦後の社会変動と神社

第二次世界大戦後、それまで神社を規制していた政治構造は大きく変化した。

一九四五年一二月一五日、連合国軍最高司令官総司令部(GHQ)は日本政府に対し、「国家神道、

神社神道ニ対スル政府ノ保証、支援、保全、監督、並ニ弘布ノ廃止ニ関スル件」、いわゆる「神道指令」を発した。これにより、一九四〇年に内務省の外局として設立されていた神祇院が廃止され、神社神道は国家の管理を離れることになった。神社界は、皇典講究所、大日本神祇会、神宮奉斎会の三団体が結集して宗教法人として神社本庁を一九四六年二月に設立し、戦後の宗教法人制度に組み込まれることで生き残った。

神道指令、および日本国憲法第二〇条、八九条による「政教分離」の影響は地域神社にとっても大きかった。GHQは一九四六年一〇月に「町内会隣組による神道の保証支援に関する件」を発し、町内会・隣組が神社の奉納金や祭典費を集めることを禁止した（大原・百地・阪本 一九八九、三一頁）。また、一八七一年の社寺上知令によって神社の境内地の多くが国有地化されていたが、その土地は国から無償貸与される公用財産という扱いを受けていた。これが普通財産に変更された。そこで、「社寺等に無償で貸し付けてある国有財産の処分に関する法律」（昭和二二年法律第五三号）が制定され、国有境内地が神社に譲与、または時価の半額で払い下げられることとなった（神社本庁総合研究所監修 二〇一〇、二三四頁）。

しかし、地域神社にとって最も大きなインパクトを与えたのは、一九五四年から一九七三年までの高度経済成長期に起こった産業構造の変化と都市への人口集中、地方の過疎化であったと考えられている。

岡田米夫によってまとめられた神社本庁調査部の報告書『都市団地と神社――実態調査報告』（一九六三年）は、都市部と郡部の人口配置が一九五五年に逆転したことを国勢調査データによって示し、これまで神社の成立基盤であった地域の共同体組織と地縁的、血縁的つながりから都市の団地に視点を移す必要性を訴え、団地のある地区の氏子組織に新移住者が加入することを促すための方策を提案し、各県神社庁がとっている団地対策を紹介している。

また、神社本庁は一九六九年に『過密と過疎地帯の神社の実態調査』という報告書をまとめている。ここでは、各都道府県神社庁に依頼したアンケート調査の結果にもとづいて、都市化によって人口が過密となった地域と過疎化が進んでいる地域それぞれの実情と対策が示されている。過密地域では古い氏子が減少するかわりに氏子意識をもたない移住者が増加しており、対策として個人を対象とした崇敬会組織の活用、祈禱や初宮詣・七五三などによるつながりの確保が挙げられる。過疎地域では神職の手当てもままならない状況があり、対策として、転出者にも「ふるさと意識」をもたせるための活動が示されている。

森岡清美と花島政三郎は、旧住民と新住民が混住する東京近郊の二つの地域、三鷹市野崎と狛江町駒井(現・狛江市駒井町)で無作為抽出による訪問質問紙調査を行い、住民の氏子意識と氏子行動、神社神道的な意識・行動を問うた(森岡・花島 一九六八)。来住時期別にクロス集計したところ、「新しい来住世帯ほど氏子意識が稀薄で氏子行動も乏しい」(同、一三四頁)という「傾斜型」の傾向を見出した。またそれだけでなく、「年頭および祭礼の社参、新生児の宮詣り正月の松飾りなど、地元の神社と結びつかなくとも成立しうる行動や、神社をしきたりとしてまたは心のよりどころとして必要とみる意識」(同、一三三頁)については、来住時期に関わりない、「拡散状態」が見られる、と結論づけた。

石井研士は、神社本庁教学研究所が一九九七年に行った「神社に関する意識調査」のデータを用いて、「氏神の周知と居住年数別」、「氏神の印象と居住年数別」、「氏神への参拝と居住年数」、「氏神にお参りする機会と居住年数」の関連性をグラフ化して分析し、氏子意識や氏子行動は居住年数が短いほど低いことを見出している(石井 一九九八、一七〇―一八四頁)。また、いずれの集計でも「昭和四六―五〇年」と「昭和五一―五五年」との間に大きな段差が見られることから、居住年数が長くなれば自動的に氏子行動・氏子意識が高くなっていくとは推測できず、この間の社会構造の変動が影響していることを示唆している。

さらに、東京都の神社に対して氏子(世帯)数、氏子区域の尊重などについてのアンケート調査を行い、東京都の神社の支持基盤が氏子組織から企業に大きく変化していること、初詣を除いて神社と日本人との距離が遠のいていることを指摘した(同、二〇〇頁)。

氏子とは

さて、ここまで「氏子《うじこ》」という言葉を何度も使ってきたが、この言葉がどういう意味で使われてきたか、あらためて確認しておきたい。氏子は信仰対象である氏神に対応する信者という意味として素朴にとらえられようが、「氏神」も、氏族の祖先神や守護神、あるいは氏族が本貫地で祭る神、といった複数の意味が歴史的に存在し、やがてそれが「産土神《うぶすながみ》」や「鎮守社」と同様に出生地や居住地の守護神という意味を帯びるようになったのであった(新谷 二〇一七)。ただ、柳田國男が指摘するように、関東以北の地方では「氏神」は「屋敷附属の小さな祠だけ」を指して使われ、その場合、村の社は「お宮」「ウブスナ様」「鎮守さん」と呼ぶことが多い(柳田 一九九九、三五九頁)。

明治初期においては、一八七一(明治四)年に「大小神社氏子取調規則」が「郷社定則」とともに定められた。阪本是丸によれば、これは各村落の小祠をすべて「郷社」に合併し、これを戸籍区に比定して、その郷社の氏子を該当する戸籍区の住民として扱うことを目指した制度であったという(阪本一九九四、一八一頁)。戸籍制度の成立とともに「氏子調」の施行は二年で中止されるが、郷社定則と氏子制度そのものは廃止されず、昭和前期まで存続した。

戦後に設立された神社本庁は、「神社本庁憲章」の第一五条で、「氏子区域に居住する者を伝統的に氏子とし、その他の信奉者を崇敬者とする」と定めている。もちろんこれは「氏子」と「崇敬者」との区別を規定したものではあるが、氏子区域の住民すべてが氏子であるというふうにもとらえられる。

実際はどうだろうか。神社本庁総合研究所が二〇一五年に全国の本務神社宮司を対象に行った調査では、「氏子区域内に住んでいる人すべて」という回答を選んだ宮司が四九・六四%、「氏子区域内に住んでいる人で、氏子費を納めている人」が三二・六七%、「氏子区域内の人で、何らかの形で神社とかかわりのある人(会社を含める)」が九・〇四%、「氏子区域内にかかわらず、何らかの形で神社とかかわりのある人全て(会社を含める)」が三・五二%という結果であった(神社本庁総合研究所 二〇一六、八頁)。

岡田米夫は、すでに一九六〇年代前半の時点で、「実質氏子」「祭礼氏子」「傍観氏子」という三分類を提案して、戦後の都市社会の実態に即した氏子の把握を行おうとした(神社本庁調査部 一九六四)。森岡と石井もこれにならい、さらに石井は「無関心氏子」を付け加えている。

現代の氏子について理解しようとするとき、氏子組織への加入・非加入や氏子費の納入の有無、祭礼への関わり方の度合いから、同心円的なグラデーションを描けるように考えてしまうかもしれない。しかし、それはあまりにも単純なモデルであるように思われる。神社への関わり方や氏子組織の形態のありようが、そこに複雑に絡んでいるからである。別の言い方をすれば、都市部ではこうした複雑な綾をなす部分がすべて希薄化しているために見えにくくなってしまっている、ということもできよう。

村落の二重構造と氏子集団

宗教社会学者ヨアヒム・ヴァッハの宗教集団類型論にならい、氏子集団を地縁集団に重なる「合致的宗教集団」とみなし、特定の信仰にもとづいて組織される「特殊的宗教集団」と対比する見方がよくなされる。筆者もこれまでそのように単純に考えてきた。しかし、もう少し丁寧に見ていったほうがよいのではないかと考えている。

鈴木榮太郎は主著『日本農村社会学原理』（一九四〇年）において、日本の農村における社会関係の構造を解明するにあたって、行政上の地方自治体を意味する「行政村」と区別して「自然村」という概念を提示した。それは、「地縁的結合の基礎の上に、他の様々の社会紐帯による直接なる結合を生じ、その成員が彼等にのみ特有なる、しこうして彼等の社会生活の全般にわたる組織的なる社会意識内容の一体系をもつ人々の社会的統一である」（鈴木　一九六八、五六頁）とされる。

そして、自然村にみられる累積的な集団の一つとして「氏子集団」を挙げている。鈴木は、「わが国の自然的地域社会のいわば客観的象徴として神社の重要性はきわめて大である」（同、三三〇頁）と述べ、旧村(旧幕時代の村)ごとに維持する神社が自然村の神社であり、新来住者の氏子加入の規定が厳格なのもこのような神社であるとする。そして明治以後は村々の氏神が国家的性格を加えるようになったとも指摘する(同、三三四頁)。

ここでの鈴木の関心は、自然村における氏子集団を客観的に記述するための調査法を提示することに向けられており、自然村と行政村という村落の二重構造、またその中での神社や氏子集団の位置づけに焦点を当てているわけではなかった。しかしながら、先の引用にも見られるように、明治から昭和前期にかけての神社行政との関わりが神社、氏子を考える上で無視できず、行政・官僚機構による規制に還元されないような氏子集団のありように注目させようとしたと読み込むこともできる。先に見た、森岡、米地、櫻井らの「神社整理」をめぐる調査研究もここにつないでみることができる。

村落二重構造論と地域再生における「自治」

法社会史学者の石川一三夫は、「自然村」と「行政村」のような区分を設けて村落を論じる村落二重構造論をレビューし、議論を整理するにあたって「発想様式の四類型」という図式を提示した(石川 二〇〇二、一〇七頁)。これは、横軸(x軸)を「行政村の近代性の評価」とし、縦軸(y軸)を「ムラの共同性の評価」として四つの象限を導き出したもので、典型的には第二象限(行政村+、ムラ−)を「進歩主義」、第四象限(行政村−、ムラ+)を「保守主義」と名づけることができるが、第一象限(行政村+、ムラ+)も第三象限(行政村−、ムラ−)も理論的には発想することができるとする。

石川によれば、石田雄、大島太郎、阿利莫二らの村落二重構造論では、「自然村」という用語法がノスタルジアを喚起するものとして避けられ、明治政府の官僚機構による地方団体への支配を強めるため「旧慣」による自治能力を否定するか、または補完的に利用するか、という議論が展開したとされる。これは第一象限と第二象限の間の議論と理解できる。また、宮本憲一は明治期の地方自治制の展開において、行政村の論理（x軸）が自然村の論理（y軸）に対して優位に立つことによって、地方名望家支配が従属的なものとなり、民主的発展の契機となったという見方を提示している。一方、自然村の論理による共同体再評価論も橋川文三、後藤総一郎、中村哲、鶴見和子をはじめとして連綿と存在しており、これは戦前戦中期のノスタルジア的な自然村論と通じているが、鶴見和子の内発的発展論は「個の自立を重視した市民社会を希求している点」（同、一八三頁）で第一象限に属すると見ている。

地方自治体政策を専門とする今井照は、「自然村」という用語は誤解を受けやすいので今日の地方自治に関する議論ではあまり用いないという（今井 二〇一七、七一頁）。地方自治を問う観点からは、明治以降、町村合併が繰り返されることにより、自治が削がれ、中央政府による統制が増してきたことこそが問題の本質であって、かつての藩政村を「自然村」として理想化するのでなく、自治体が新しい共同性を獲得することこそが重要なのだと主張する。

地域再生の中での神社・祭りの展開への含意

こうした村落二重構造論の整理や「自然村」をめぐる議論は、今日、地方再生の中での神社・祭りを理解する上で、大いに示唆的である。

まず、地域住民の結束を象徴し、地域づくりへの住民参加を促すチャネルの一つとして神社や祭りが活用されているかどうか、という変数を設定することが可能となるだろう。

この点について、筆者は、熊本県人吉市の青井阿蘇神社で行われている例大祭「おくんち祭」に注目し、継続的に調査を行ってきた（黒崎 二〇一一）。人吉球磨地域は、球磨川の中流域に位置し、穏やかで豊かな自然資源に恵まれ、また相良氏による約七〇〇年に及ぶ支配の中で様々な文化を継承してきた。しかし、若者人口の流出、中心市街地の空洞化に悩まされてきた。その中で、二〇〇八年の青井阿蘇神社御鎮座一二〇〇年大祭を前に、伝統文化を学ぶことから地域再生を始めようという動きを地元青年層が起こし、おくんち祭を運営してきた年長者の仕事を下働きのように手伝いながら聞き取り、継承していく活動を実行した。そして、祭礼を運営する奉賛会組織に「継承部」という新しい組織が誕生した。ここから、人口減少が止まらない中でもおくんち祭が多くの住民参加により持続可能な道がひらけ、神社の国宝指定や文化庁の「日本遺産」指定にともなう観光開発、厚生労働省のワーク・ライフ・バランス推進事業による「家族の時間づくり」プロジェクトとしての祭礼日（一〇月九日）の有給休暇取得推奨、若手の市長や第三セクター「くま川鉄道」社長の就任などへと、その影響が連鎖している。

一方、地域づくりにおいては住民自身の内発性が強調され、伝統文化との関わりもそこで言及される傾向がある。しかし今日その存立基盤自体が揺らいでいることを念頭に置く必要がある。徳野貞雄が提唱するワークショップ手法「T型集落点検」は、集会所に集まった住民がそれぞれの家族を出郷者も含めて模造紙に書き出し、それを見せあうことで、地域住民とつながりのある地域外の人びとの存在やその理由を具体的に可視化する。そこから活性化のためのヒントを探りあう。このような手法の有効性が認められている（徳野・柏尾 二〇一四）。また、今日の人口減少時代においては、移住人口の奪い合いではなく、交流人口、関係人口を豊かにしていくことに活路を見出していく必要があるとも言われる（田中 二〇一七）。

祭りや芸能の存続自体を求めるのではなく、村で担い手がいなくなるのであればその意義が失われたとして祭りや芸能の継続を断念する村落もあることを植田今日子が報告している（植田 二〇一六）。また、前述したように、東日本大震災の被災地域においても、祭りを再開したり、神社を再建したりすることを控えることを住民の話し合いにより決定した集落があることを滝澤克彦が伝えている（滝澤 二〇一三）。たしかに、そうした内発性にあくまで準拠した事例がある一方で、Ｕターンした女性が地域の神社に伝承される獅子舞の継承に参加したり（田仲 二〇一六）、民俗芸能研究者が積極的に神楽の復活支援に乗り出し、イベントを企画して被災地域への来訪者を増やすことを目指したり（橋本 二〇一五）といった事例もみられた。

そして、平成の大合併によって生まれた大きな自治体で、中山間部の課題解決に市街地の住民を巻き込むような活動の中にも、神社にまつわる文化からのアイデアが顔をのぞかせるケースが見られる。静岡県浜松市では、複数のＮＰＯや市民団体の協力により、中山間部に位置する水窪《みさくぼ》地区の間伐材で作った木札を市街地で販売し、願いごとを書いてもらった木札を水窪に鎮座する神社に奉納する、という試みを行った（黒崎 二〇一一）。ここには、持続可能な地域づくりを支える主体として住民自治組織だけではなくＮＰＯなども加わり、そのネットワークの中に神社も位置づけられるような構造が現出している。

つまり、地域再生に関わる神社と祭りの動きには、自治の再編とリンクした多様なパターンを見出すことができる。それは、「継承」（観光開発や国の政策的事業をも呼び込みつつ地域づくりへの住民参加を促す中に神社や祭りを位置づける）、「発明」（市町村合併を経つつ、新たな自治的結合・交流を、神社にまつわる文化から発想する）、「復活」（衰退の危機にあった神社・祭りの再生を地域再生の呼び水とする）のように集約できるだろう。そして、ムラじまいとともに神社・祭りの記憶・記録をアーカイブする、という方向もあろう。

三　結び

今日の「地域再生」の中での神社や祭りの動向を、過大評価や過小評価、あるいは無視という態度に陥ることなく理解するには、その動向が地域住民の自治の再編にどのようにリンクしているのかを見届ける必要がある。このことを、地域神社の研究視角を振り返り、その前提にある村落二重構造論を、その批判とともに参照しなおすことを通じて論証してきた。

大学でこうした問題について授業で教えている筆者の実感では、こうした領域に関心をもつ人は多くいるように思われるが、いざアプローチしようとしても、取りつく島がないように感じられたり、あるいは神社に関してということで、難しい古文書の解読などの作業を強いられるというイメージもあるようだ。しかし、身近なところで、神社や祭りを支える当事者が、それを通じて地域社会にどのように参加しているのかを聴きとることは、それほど難しい作業ではないと思われる。そこから発展して、近現代の神社をめぐる歴史にも目を向け、さらなる研究が充実していくことを望みたい。

参考文献

畔上直樹 二〇〇九、『「村の鎮守」と戦前日本──国家神道の地域社会史』有志舎。
石井研士 一九九八、『戦後の社会変動と神社神道』大明堂。
石川一三夫 二〇〇二、「村落二重構造論の形成と展開──研究史に関する覚書」『中京法學』三七巻一号。
市川秀之 二〇一一、「肥後和男宮座論の再検討」『国立歴史民俗博物館研究報告』一六一号。
今井照 二〇一七、『地方自治講義』ちくま新書。
植田今日子 二〇一六、『存続の岐路に立つむら──ダム・災害・限界集落の先に』昭和堂。
大原康男・百地章・阪本是丸 一九八九、『国家と宗教の間──政教分離の思想と現実』日本教文社。
大村英昭・西山茂編 一九八八、『現代人の宗教』有斐閣。
小野祖教 一九六二、「神社の地理的社会的環境」『神道宗教』二七号。
河村忠伸 二〇一七、『近現代神道の法制的研究』弘文堂。
木村雅文 二〇〇二、「現代日本人の宗教意識──ＪＧＳＳ-２０００からのデータを中心として」『ＪＧＳＳ研究論文集』一。
黒崎浩行 二〇一一、「宗教文化資源としての地域神社──そのコンテクストの現在」国際宗教研究所編『現代宗教二〇一一　特集　現代文化の中の宗教伝統』秋山書店。
黒崎浩行 二〇一四、「復興の困難さと神社神道」国際宗教研究所編『現代宗教二〇一四』国際宗教研究所。
http://www.iisr.jp/journal/journal2014/Kurosaki.pdf
阪本是丸 一九九四、『国家神道形成過程の研究』岩波書店。
櫻井治男 一九九二、『蘇るムラの神々』大明堂。

櫻井治男 二〇一〇、『地域神社の宗教学』弘文堂。
神社本庁 一九六九、『過密と過疎地帯の神社の実態調査』神社本庁。
神社本庁総合研究所監修、神社新報創刊六十周年記念出版委員会編 二〇一〇、『戦後の神社・神道——歴史と課題』神社新報社。
神社本庁総合研究所 二〇一六、『「神社・神職に関する実態調査」報告書』神社本庁総合研究所。
神社本庁調査部 一九六三、『都市団地と神社——実態調査報告』神社本庁。
神社本庁調査部 一九六四、『神社運営法』第二輯、神社本庁。
新谷尚紀 二〇一七、『氏神さまと鎮守さま——神社の民俗史』(講談社選書メチエ)講談社。
鈴木榮太郎 一九六八、「日本農村社会学原理 上」『鈴木榮太郎著作集』I、未来社。
滝澤克彦 二〇一三、「祭礼の持続と村落のレジリアンス——東日本大震災をめぐる宗教社会学的試論」『宗教と社会』一九号。
田仲桂 二〇一六、「いわき市における無形民俗文化財の継承の取り組み——「三匹獅子舞」の事例より」『地方史研究』三八四号。
田中輝美 二〇一七、『関係人口をつくる——定住でも交流でもないローカルイノベーション』木楽舎。
徳野貞雄・柏尾珠紀 二〇一四、『T型集落点検とライフヒストリーでみえる 家族・集落・女性の底力——限界集落論を超えて』(シリーズ地域の再生一一)農山漁村文化協会。
橋本裕之 二〇一五、『震災と芸能——地域再生の原動力』追手門学院大学出版会。
森岡清美 一九八七、『近代の集落神社と国家統制——明治末期の神社整理』吉川弘文館。
森岡清美・花島政三郎 一九六八、「近郊化による神社信仰の変貌」『國學院大學日本文化研究所紀要』二二号。
柳田國男 一九九九、「新国学談 第三冊 氏神と氏子」『柳田國男全集』一六巻、筑摩書房。
米地実 一九七七、『村落祭祀と国家統制』御茶の水書房。

二　新宗教の現在

【争点2】 オウム真理教事件後、新宗教は衰退したのか？

堀江宗正

オウム真理教事件の余波

現代人が持つ「宗教」へのマイナス・イメージのかなりの部分は「新興宗教」「新宗教」「カルト」に由来する。そう考える人は多いのではないだろうか。中には、強引な布教や突然の選挙協力依頼などを経験した人もいるだろう。かつては駅前で手かざしをしたり、大声で声かけをしたりするなど、部外者から見れば常軌を逸した宣伝や布教も目立っていた。正体を隠蔽・偽装した勧誘をキャンパスで経験した人もいるだろう。「カルト」(熱狂的崇拝を特徴とする逸脱集団)のマインドコントロールの手法も、社会的に問題とされた。これはセミナーや合宿などの隔離状況で偏った情報を示し、段階的に自発的服従を引き出し、自主的に多くの金銭や時間を活動に費やすようしむけ、恐怖の感情や依存の状況によって離脱を食い止める手法である。このような組織的布教・勧誘を警戒する人は多く、それが一般人の「宗教」へのマイナス・イメージにつながっている。

一九九五年のオウム真理教による地下鉄サリン事件を含む一連の凶悪犯罪(以下「オウム事件」と略記)は、イメージの悪化に拍車をかけた。「出家」による教団への財産の寄付、家族との軋轢、教祖への絶対服従、のみならず教団内外の敵対者の殺害、毒ガスによる無差別殺人などは、当時の日本社会を文字通り震撼させた。これらが明るみに出るにつれて、宗教やカルト一般に対する社会の反発は、大いに高まりを見せ、新たな問題も発覚した。それを象徴するものとして、一九九九年末から二〇〇〇年初頭の動きをまとめてみよう。

一九九九年九月二九日に、オウム真理教が対外的な宗教活動を休止し、教団名称の一時停止を発表する。九月末に、宗教法人法改正で義務づけられた書類（役員名簿・財産目録等に関する）を提出しない文部大臣所轄宗教法人に行政罰（過料）が適用される（文化庁文化部宗務課 二〇〇〇）。この改正はオウム事件を受けたものだが、多くの宗教団体が戦前の国家による宗教への干渉を繰り返すものだと反発していた（国際宗教研究所編 一九九六）。一一月一一日には「SPGF（シャクティパットグル・ファンデーション）」（当初、前身のセミナー会社「ライフスペース」として報道）によるミイラ化した遺体の放置が発覚し、警察が捜査に入る。一二月一日には法の華三法行の関連施設で全国一斉に詐欺容疑での家宅捜索が行われる。七日には、オウム真理教対策の法律である「無差別大量殺人行為を行った団体の規制に関する法律」「特定破産法人の破産財団に属すべき財産の回復に関する特別措置法」が公布された。一六日には、霊視商法事件を起こしていた明覚寺への解散命令を文化庁が和歌山地裁に請求した。宗教法人に対する、国として初の解散請求である（一九九五年のオウム真理教の解散請求は東京都による）。明けて二〇〇〇年一月一八日には、オウム真理教が「アレフ」と改称する。一月二〇日には加江田塾でミイラ化した二人の幼児の遺体が発見され、代表らが逮捕される。一月三一日には公安審査委員会がアレフと改称したオウム真理教を観察処分の対象とする。

この短期間の間に、オウム関連の動きだけでなく、二件のミイラ化遺体事件があり、かねてより高額の足裏診断で悪評のあった法の華三法行に捜索の手が入り、さらに霊視商法事件を起こした宗教法人への国として初の解散命令の請求がなされている。いずれもオウムでの信者の死や犯罪行為の記憶が生々しいなかでの出来事である。このあとも二〇〇三年に千乃正法会のパナウェーブ研究所が謎の「白装束集団」として報道され、オウムの初期に似ていると警戒された。過剰報道の問題も指摘されているが（石井 二〇一〇）、いわゆる「カルト」問題は、オウム事件で終わったわけではなく、常に社会のどこかにあるものだと人々の意識に植え付けられたであろう。実際、小さな事件も含めれば、その後も枚挙にいとまがないほど続いている現在進行形の問題なのである。

新宗教・新新宗教とは何だったのか

一方、オウム事件後、目立った成長を遂げた新宗教団体があるかと問われれば、答えに窮する。幸福の科学は選挙活動や芸能人の「出家」や存命する有名人の守護霊の「霊言」など話題に事欠かないが、団体が拡大したのは一九九〇年前後である。

ここで「新宗教」とは何かについて、簡単におさらいしておこう。一般には江戸末期以降に成立した、それ以前の宗教にない独自性を持った教団のことを指す。幕末新宗教とも呼ばれる黒住教（一八一四年—）、天理教（一八三八年—）、金光教（一八五九年—）はいずれも教祖の神がかりや霊能力を求心力として信者を集めた民衆宗教だという共通点を持つ。国家によって神道教派として公認されたため、教派神道（祭祀中心の神社神道と区別される「宗教」として認められた神道）としての性格も持つ。明治期に成立した大本教（正式名称は大本）（一八九九年—）も神がかりを起点とする民衆宗教であり、神道色もあるが、国家からの激しい弾圧を受けた。他に大きなものとしては、戦前に「ひとのみち教団」（一九二四年—）として出発し、やはり弾圧を受けたものの戦後発展を遂げた「パーフェクトリバティ教団（ＰＬ教団）」がある。

仏教系では、法華経を信仰する在家集団として霊友会（一九二四年―）、そこから分かれた立正佼成会（一九三八年―）があり、いずれも先祖供養に力を入れている。日蓮正宗の関連団体として出発した創価教育学会（一九三〇年―）は、戦後は創価学会として最大の新宗教教団に発展する。戦後の新宗教の発展は「神々のラッシュアワー」と呼ばれるほどだったが、新憲法の「信教の自由」と一九五一年に公布された宗教法人法、戦時中の弾圧からの解放が背景にある。さらに、高度経済成長期に都市に流入した人々の受け皿として、現世利益を強調する教団が発展していく。

なお、戦前から研究者によって「新興宗教」という言葉が使われていたが、戦後はマスコミなどでの侮蔑的用例が増えたため、中立的な用語として「新宗教」が使われるようになり、そこに幕末維新期に成立した教派神道系の教団も含められた。

高度経済成長が終わり、オイルショック後、つまり一九七〇年代以降に発展した団体を「新新宗教」と呼ぶこともある。これは、旧「新宗教」より新しいタイプの新宗教という意味である。貧病争よりも人生のむなしさの解消を入信動機とし、現世利益より来世での救いを目標とし、世俗社会における倫理的行動より呪術的実践や神秘体験を実践の中心とするものが典型とされる。しかし、相対的な違いであり、教義の中でどちらも重要だと説いている教団もある。

オウム真理教（一九八四年―）と幸福の科学（一九八六年―）はバブル期前後、つまり一九九〇年前後に発展したが、マスコミで「新新宗教」という言葉が大きく取り上げられたのはこの時期であり、一九七〇年代ではない。つまり八〇年代後半からの、これらの教団の動きをとらえるために、マスコミは「新新

表1　主な教団の公称信者数の推移

（人）

教団名	1995年	2000年	2005年	2010年	2015年	増減(%)
立正佼成会	6,485,912	5,856,939	4,585,652	3,494,205	2,826,297	−56
霊友会	3,072,780	1,754,535	1,605,241	1,516,416	1,340,703	−56
佛所護念会教団	2,190,591	1,659,123	1,543,734	1,348,926	1,167,960	−47
天理教	1,907,022	1,823,456	1,626,719	1,185,123	1,169,744	−39
PL教団	1,215,266	1,133,883	1,063,889	965,569	903,970	−26
妙智會教団	1,017,504	1,070,813	1,082,135	797,199	666,780	−34
生長の家	877,110	857,600	802,721	682,054	521,100	−41
世界救世教	835,756	835,756	835,756	835,756	835,756	0
真如苑	733,191	786,358	836,947	887,702	922,160	26
キリスト教系総数	1,519,396	1,756,583	2,161,707	2,121,956	1,951,381	28
日本の信者数総数	219,838,678	214,028,032	213,826,661	207,304,920	190,219,862	−13

注）文化庁編『宗教年鑑』平成7，12，17，22，27年版による．「増減」は1995年と2015年の比較．

宗教」という言葉に関心を持ったと見られる。

その後、一九九二年の統一教会（現・世界平和統一家庭連合）の合同結婚式に著名人が参加し、後に教団を離れた元体操選手の山崎浩子が「マインドコントロール」を受けていたと振り返ったことで、この言葉が流行する。一九九五年のオウム事件後は、反社会性の強さを含意する「カルト」「カルト教団」という言葉が使われるようになり、「新新宗教」はあまり聞かれなくなった。

数字で見る新宗教衰退のリアリティ

オウム事件後、新しい教団が急激に成長したという話は確かに聞かない。オウム真理教を評価する発言で責任を問われた宗教学者である島田裕巳は新宗教衰退論を繰り返し説いている[1]。島田はPL教団の「教祖祭PL花火芸術」（花火大会）が縮小していると感じたことから、文化庁の『宗教年鑑』を一九九〇年と二〇一二年とで比較し、主な新宗教の（公称）信者数が減少し

表2　国政選挙における比例代表での宗教関連政党の得票数

選挙年・種類	公明党	幸福実現党
1998 参議院	7,748,301	
2000 衆議院	7,762,032	
2001 参議院	8,187,804	
2003 衆議院	8,733,444	
2004 参議院	8,621,265	
2005 衆議院	8,987,620	
2007 参議院	7,765,329	
2009 衆議院	8,054,007	459,387
2010 参議院	7,639,432	229,026
2012 衆議院	7,116,474	216,150
2013 参議院	7,568,082	191,643
2014 衆議院	7,314,236	260,111
2016 参議院	7,572,960	366,815
2017 衆議院	6,977,712	292,084

注）総務省「選挙関連資料」による．

ていると指摘した。増えているのは真如苑くらいだという（島田 二〇一五）。

『宗教年鑑』に記載されているのは公称信者数であり、実際の信者数とは異なる。すべての公称信者数を足すと日本の総人口を上回ってしまう。したがって、この数で教団の実勢力を論じることはできない。だが教団が同じ集計方法を用いていると仮定するなら経時変化を見ることは無意味でない。ここでは、オウム事件のあった一九九五年に出た平成七年版から五年ごとに二〇年間の変化を見てみよう（**表1**）。

抜き出したのは、島田が増加していると指摘した真如苑を含み、一九九五年時点でそれより公称信者数の多い教団（宗教法人）で、幕末期以降に教団の起源が求められるものである。比較のための参考データとして「キリスト教系」と文化庁がまとめている教団の信者数の総数もあげている。また、文化庁がまとめた「我が国の信者数」の総数もあげておいた。

創価学会は信者数ではなく世帯数のみを公表している（八二七万世帯）。そこで、小選挙区比例代表並立制が始まり、公明党（創価学会が支持母体）が新進党から分かれた一九九八年の参院選以降の国政選挙で、比例代表における得票数を見る。また、二〇〇九年に結党して参院選に出た幸福実現党（幸福の科学が支持母体）の比例代表での得票数もまとめた（**表2**）。

表1から分かるのは、ほとんどの教団が縮小しているという事実だ。島田が指摘したＰＬ教団の二六％の減少はこのなかでは良い方である。立正佼成会はマイナス五六％と半減しており、深刻である。世界救世教は信者数が全く変わらないが、内紛のため集計自体が更新されていない。平成二八年版からは変化があり、六〇万九七二二人（二〇一六年）、六〇万四〇一五人（二〇一七年）となっている。この数字を使うなら約二〇年で二八％の減少である。ほとんどすべての新宗教の信者数が減少しているのに、真如苑が二六％も増加しているのは例外的である。(2)

新宗教衰退論の批判的検討

信者数の減少の原因のいくつかは島田によっても指摘されている。経済的要因、メディア環境の変化、高齢化、個人化と先祖供養の後退などである。さらにここで「争点」として取り上げた、オウム事件による反「宗教」感情も仮説としておく。それぞれについて、批判的に検討していこう。

第一は、高度経済成長期に都市に流入した人々を取り込んで新宗教は急成長したのであり、その社会的条件がなくなったので新宗教も流行らなくなったというものである。だが、この種の経済還元主義は、実証しようとすると意外に難しい。そもそも成長期でも、地方で新宗教が発達しなかったわけではないし、現在でも東京一極集中は続いている。

第二は、インターネットやＳＮＳが発達したため、悩み事を抱えていても、宗教の門をたたかず、検索して問題を解消できるというものである。だが、教団がネットに力を入れれば、逆に勧誘の武器や、信者の結束を強める道具になる。それがうまくいっていないのが現実である。やはり、コンテンツ自体に魅力がないと考えるべきだろう。

第三は高齢化が進む一方で、信仰が継承されていないというものである。これは実際に教団の関係者からも聞くし、集会でも観察できる。だが、新宗教だけでなく日本社会全体が、少子化と高齢化の両方に悩んでいることを忘れてはならない。問題はそれより速いスピードで信者が減少しているかである。**表1**を見ると、日本の信者総数はこの二〇年間で一割以上減少している。一方、日本の人口減少は二〇一一年に始まったと言われている(千野 二〇一二)。宗教の信者数の減少は、一六年以上は早い。新宗教の信者の減少は二割以上なのでそれよりも大きい。だが、これが世代継承の失敗によるかを確かめるためには調査が必要である。

高齢化説と関連するのが、第四の個人化と先祖供養の後退である。**表1**に戻ると、ここ二〇年で信者数が半減しているのは立正佼成会、霊友会、佛所護念会教団だが、いずれも先祖供養を重視する教団である。逆に増加しているのは真如苑であるが、真如苑は菩提寺との関係を維持するように信者に指導しており、また日々の供養ではなく、必要に応じて供養をすすめるので、先祖供養の比重は相対的に軽い(真如苑 二〇一八)[3]。また**表2**によれば公明党の得票数からうかがえる創価学会の勢力は二〇〇五年がピークである。つまり、オウム事件後も一〇年間は上昇していた。その後下がっているとは言え、約二〇年間で見ると一割程度の減少であり、これは日本の信者数総数と同程度でしかない。創価学会も右の三団体に比べると先祖供養の位置づけは高くないだろう。さらに、参考にあげたキリスト教系の信者数総数を見ると、二〇〇五年がピークとなっている。一九九五年から見ると四二%の増加となる。これは不思議なほど注目されていないが極めて大きな数字である。この増加も、キリスト教が先祖供養をしないことと関係があるのではないか。

次の争点3で取り上げるが、二〇〇〇年代には教団に属さず個人的に霊や守護霊を信じ、そのメッセージを受け取ろうとする「スピリチュアル・ブーム」が流行した。そこでは先祖の祟りや因縁よりも、自己の前世に現在の問題の原因を探る個人主義的な輪廻思想が受け入れられている(堀江 二〇一〇)。また、現代の若い世代は宗教的信仰の割合が低いが、高齢者よりも霊魂や「あの世」を信じている(第5章)。つまり、若い世代は教団に所属せずスピリチュアルなものに関心を持っている。まとめると、高齢世代が大きな割合を占める先祖供養を重視するタイプの新宗教教団ほど、先祖から前世への転換によって大きな打撃を受けたと推測できる。他方、先祖供養に重きを置いていない教団は二〇〇〇年代でも衰えなかった。だが、巨大組織から離れていく傾向は二〇〇〇年代後半から現れている、と。

こうなると、オウム事件による「新宗教」「カルト」への警戒心のせいで新たに成長する教団が出てこないという仮説も再考を要する。というのも、先祖供養の不人気が新宗教「衰退」の原因なら、それは事件とは関係なく、より大きなイエ意識の変化と関係づけられるからだ。

さらに、「オウム事件後に新宗教は衰退した」と主張することは、事件を完全に過去のものととらえることを意味し、注意が必要である。二〇〇〇年代にもスピリチュアル・ビジネスの被害はあり、さらに「スピリチュアル」さえ警戒された二〇一〇年代には「開運商法」の被害が出てきている(赤旗 二〇一三)。オウム真理教の後継団体であるアレフ(アーレフ、Ａｌｅｐｈなどと改称)は、名前を隠したヨガ教室にＳＮＳで生徒を勧誘し、信者を獲得している(毎日新聞 二〇一八)。資産も年々増え、二〇一七年時点では一〇億円に上るが、ほぼ同額の被害者賠償を滞らせ、提訴されている(日本経済新聞 二〇一八)。

現在では個人化した「見えない宗教」ではなく、小さい組織による「隠された宗教」が多様な展開をしている。勧誘のための偽装、宗教法人と異なる活動のためのNPO(社会貢献活動も含む)、休眠宗教法人の乗っ取りと裏社会とのつながり、ソーシャルメディアでの信者による政治活動などである。「宗教」がマイナス・イメージを持つからこそ、「新宗教」「カルト」的なものは拡散し、隠されるようになったのである。

注

(1) ここでは社会的に多く露出している島田の意見を取り上げているが、より学問的に新宗教の信者数減少を多角的に検討したものとしては塚田(二〇一六)を参照。

(2) これはあくまで文化庁に報告された公称信者数であり、筆者はこれが正しいとも怪しいとも判断できない。真如苑増加に関する考察は、あくまで教団の報告が正しいと仮定した上での話だと理解してほしい。

(3) ただし、インターネット上の多数の投稿から、先祖の因縁を切るための護摩や施餓鬼の実践が重要な位置を占めていることがうかがえる。

参考文献

赤旗 二〇一三、「「開運商法」広告 雑誌2社を初の提訴/対策弁護団〝被害の端緒 野放しできぬ〟」五月二一日、http://www.jcp.or.jp/akahata/aik13/2013-05-21/2013052115_01_1.html。

石井研士 二〇一〇、「白装束集団に対する集中報道はなぜ起こったのか」石井研士編著『バラエティ化する宗教』青弓社。
国際宗教研究所編 一九九六、『宗教法人法はどこが問題か』弘文堂。
島田裕巳 二〇一五、「衰退する日本の新宗教」『アゴラ』二月一六日、http://agora-web.jp/archives/1631970.html。
真如苑 二〇一八、「真如苑のことをお知りになりたい方へ」、https://followers.shinnyo-en.or.jp/sp/about/。
千野雅人 二〇一二追記(元は二〇〇九)、「人口減少社会「元年」は、いつか?」『統計 Today』九号、http://www.stat.go.jp/info/today/009.html。
塚田穂高 二〇一六、「日本の〈新宗教運動＝文化〉研究の課題と展望」『國學院大學研究開発推進機構紀要』第八号。
日本経済新聞 二〇一八、「アレフに一〇億円支払い請求 被害者支援機構が提訴」一月二三日、https://www.nikkei.com/article/DGXMZO27322320T20C18A2CR8000/。
文化庁文化部宗務課 二〇〇〇、「宗教法人審議会(第一三八回)議事録」、http://www.mext.go.jp/b_menu/shingi/shukyo/gijiroku/1329778.htm。
堀江宗正 二〇一〇、「現代の輪廻転生観――輪廻する〈私〉の物語」鶴岡賀雄・深澤英隆編『スピリチュアリティの宗教史【上巻】』リトン。
毎日新聞 二〇一八、「アレフ ヨガ教室装い、SNSで勧誘 マニュアル押収 道警」一月二一日、https://mainichi.jp/articles/20180121/ddr/041/040/003000c。

第3章　民衆宗教としての新宗教

福嶋信吉・堀江宗正

一　はじめに

「新宗教」と聞くと、最近になって成立した宗教だとイメージする読者は多いだろう。しかし、もっとも古い「新宗教」は幕末に登場している。これらの教団はいつまで新宗教と呼ばれるのだろう。そもそも「新宗教」という言葉はいつまで有効なのか。

幕末期に成立した教団はその担い手や指導者が聖職者ではなく、普通の庶民であることから、「民衆宗教」と呼ばれることもある。また、戦後の新聞・雑誌・テレビなどのマスメディアでは「新興宗教」という言葉もよく使われる。かつては宗教制度上の言葉として、神社神道と区別された「宗教」としての「教派神道(神道教派)」や、公認宗教と対比された「類似宗教」などという用語もあった。「教派神道」は、日本史の教科書に黒住教、金光教、天理教などがあげられており、ご存じの方も多いだろう。本章では、その一つである金光教を主な事例として取り上げる。金光教は成立が幕末期と古いため、時代に応じて「教派神道」「新興宗教」「民衆宗教」「新宗教」などと様々な言葉で呼ばれてきた。一五〇年以上の歴史があるにもかかわらず、今日でも「新宗教」にカテゴライズされている。様々な言葉の来歴と教団への影響を考えることで、「新宗教」と呼ばれている「宗教」の見方をより豊かにするのが本章の目標である。

これら「新宗教」にまつわる様々な呼称は、誰が、どのような立場で、何のために使うかによって、異なるニュアンスを帯びる。たとえば、戦後の歴史学（思想史学）では、幕末維新期に発生した宗教を、民衆の自立や主体性の確立を促す「民衆宗教」と呼んできた。一方、国家神道の枠組みが固まった大正、昭和初期に発生・展開した宗教は「新興宗教」と呼ぶこともあった。この「新興宗教」という言葉は世間一般に流通しているが、ネガティヴな意味あいを付与されることが多い。そのため、価値中立を標榜する宗教（社会）学では、「新宗教」を学術用語として用いている。

学術用語であれ、マスメディアに流通するものであれ、新しい宗教現象をカテゴライズする言葉には何らかの力が作用している。制度的に位置づける、好ましいものを選別する、マイナスのレッテルを貼るなど、価値付けが帯びる力である。その言葉を用いる者は、自覚の有無にかかわらず、そうした力の作用と関わることとなる。それは、分類される教団の当事者の自己理解にも、何らかの影響を及ぼすのである。

二　「金光教」と呼ばれる「宗教」をいかに語るか

「金光教」は黒住教や天理教などと同様に、今日でも当事者達の自称として、「お道」として語られることがある。百姓、町人、下層の武士、芸妓、被差別民などの間に波状的に広がったこの「お道」は、近世後期の民衆の神仏習合的な「信心」の世界の中から生まれた。これらの教団(教祖とその周辺の人々)は、示し合わせたわけでもないのに「お道」「信心」を自分たちの実践を指す言葉として用いている。それは民俗宗教の世界に見られない側面があるからである。まず、岡山の農村に生まれた金《こん》光大神《こうだいじん》(一八一四―一八八三年。戸籍名は金光大陣。明治以前は、香取源七→川手文治郎→赤沢文治)という人物のカリスマ、一つの神、不浄やケガレを避ける因習にとらわれないこと、祈念や祈禱ではなく道理の理解を強調することなどである。その独自性ゆえに、一つの体系的な「道」の存在が実感され、人々はその信心を「お道」と呼んで広めた。

そのお道は、教義として知的に理解するより、師匠とともにあるいは、各自の生活の中で「信心の稽古」を繰り返すことで体得されるとされた。日本語で「道」が仏道をはじめ神仏が示した道を指す用例は古く万葉集に遡るが、中世からは広く学問、芸能、武術、技術などの専門を指し、それを体得した人間になることも意味する(『日本国語大辞典』参照)。

普通名詞としての「お道」は、金光教の草創期において誰でも理解しやすい言葉ではあったと考えられるが、特定の文脈で繰り返し当事者達の自称として用いられることで、独特の意味を帯びていった。「お道」の「信心」を生きる人々が増え、講が各地に生まれるなど社会集団としての側面を帯びると、やがて社会的、政治的な承認を得ることが必要となる。明治維新後、近代的な「宗教」制度が形成されるなか、当事者達は「お道」を「神道」として位置づけ、「神道教派(教派神道)」として国家の公認を得る。結果、「お道」は、「金光教」という固有名を有する「教団」としての形を持つことになる。それは同時に、明治に作られた翻訳語としての「宗教」をめぐる議論と関係をもつことでもあった。そもそも、それ以前は「宗教」とすら呼ばれていなかったのである。以後、「宗教」について、行政、マスメディア、世間のほか、宗教学や哲学、社会学、歴史学などの近代的学問が各々に異なる像を描いていく。そして、「お道」の「信心」を生きる人々もその影響を受けるようになるのである。

ここで、宗教学や歴史学における天理教や金光教に関する現代の代表的な議論を一瞥しておこう。これら幕末期の「新宗教」の発生と展開は、宗教（社会）学で次のように説明される。島薗進によれば、中山みき（天理教）や金光大神は、人生の苦難を通して民俗宗教（習合宗教）の世界に親しんでいたが、にもかかわらず家庭生活の不幸や大病などの限界状況に陥った。そうした宗教的に孤独な心理空間の中で、救いを希求する根源的な問いが生じ、神がかり的な「親神」（新たな救済神）との出会いによる救いが体験される。その結果、民俗宗教とは異なる宗教思想が形づくられていく。他方、彼（女）を「生き神」と見る人々は、究極的な救いとその道を開示した「教祖」であると位置づけ、新たな宗教集団を形成する。こうして近代社会における救済宗教としての「（初期）新宗教」が発生したというのである。

ここでいう親神との出会いは、天理教のホームページでは次のように説明されている。

天保九年（一八三八年）一〇月二六日、四一歳のみきは、神の啓示《おつげ》を受けます。みきの体に、世界と人間を創造した神様である親神・天理王命が入《い》り込んだのです（ＵＲＬ①）。

我《われ》は元の神・実の神である。この屋敷にいんねんあり。このたび、世界一れつをたすけるために天降《あまくだ》った。みきを神のやしろに貰《もら》い受けたい(URL②)。

また、金光教のホームページでは次のように説明されている。

子どものころから信仰心に厚く、神仏参りを大切にして暮らしていました。その後、自身の大病やわが子の死など、相次ぐ苦難の中で、天地金乃神と出会い、いっそう信仰を深めていきました。やがて、四六歳の時、天地金乃神から「農業をやめて、難儀な氏子(人間)を取り次ぎ助けてやってくれ」とのお知らせを受け、自宅を広前(参拝者の参り場所)とし、悩みや苦しみを抱えて参拝する人たちを受け入れ、信心して助かる生き方を説き続けました(URL③)。

現代の読者から見ると、教祖を「生き神」と崇める教団は奇妙な狂信的集団だと考えられるかもしれない。しかし、民俗学者の宮田登によれば、「人を神に祀る習俗」は当時の民衆の間では必ずしも珍しいことではなかった。

また、安丸良夫に従って歴史学(民衆思想史)的に説明すると次のようになる。近世の篤実な生活者の一人として、勤勉・倹約・謙譲・正直・孝行などの「通俗道徳」を生きていた人物の中に、その実践の徹底だけでは克服しえない度重なる人生の苦難と直面する人々がいた。彼らはその渦中に新たな救済神と出会い、宗教的な回心を獲得し、その宗教体験を媒介に伝統的なコスモロジーを更新する。それとともに、近代の国民国家・資本主義社会に対峙する宗教的な主体性が確立される。そして、その人物を教祖とする、広範な民衆の多種多様な願望に寄りそう、「民衆の生活に生きる様式・方法を提示する実践運動」としての「民衆宗教」が展開するのである。

このように、当事者達が「お道」として語り、実践している信心の世界は、宗教学や歴史学などの視座から、「新宗教」や「民衆宗教」などとして論究された。他方、当事者の中からも信仰（信心）や「教団」を反省的に思考する人々が登場し、哲学、神学、宗教学、社会学、歴史学、人類学・民俗学を参照しつつ、自己理解を深めていく。

三　「教派神道」として、さらに「新宗教」として

教祖の死後、お道に関わる人々は教派神道として教団を構築した。ここでは、金光教を事例として、「お道」の世界と、「民衆宗教」「教派神道」「新宗教」という用語との関係を概観する。

「教派神道」としての組織化

信心により「おかげを受けた」という噂（主に貧病争などの生活苦の解決）によって、「お道」は波状的に広がっていった。「神のおかげ」を現すとされる人は、世間から「○○（地名）の金神」「生き神」と呼ばれ、「講社」が結ばれることもあった。それに対して、教祖からは誰もが生き神であるという思想も提示された。また、教祖が組織化を志向しなかったこともあり、これらの講社は相互に結びつかず、流動的なものにとどまっていた。教祖の没後は、政府による取り締まりを避けるため、教派神道

の一つである神道事務局（神道本局、現在の神道大教）に所属する「神道金光教会」が設立され、各地の講社を「結収」しつつ一つの教団組織が成立する。以後、お道は教派神道として制度化された。明治三三（一九〇〇）年、神道本局から「金光教」として独立すると、全国各地の教会（もとの講社）を統合する一つの神道教派としてのシステムが整った。教義、儀式、祭祀空間、教師の職級なども、この時期に教派神道の様式や言葉を参照しつつ産出され、それが個々人の信心にも影響を与えた。

「お道」とは何かへの問い

このように、国家神道体制下で教派神道として制度化された金光教団だが、ほどなく二代目信者の青年層に、金光教はいかなる「宗教」「信仰」なのかという問いが生まれた。彼らは大正から昭和初期にかけて、次のような自己理解を構築していった。

金光教とは、備中の篤実な一農民が、安政六（一八五九）年一〇月、神から「立教」の「神伝」を受け、農業を止めて、自宅の神前に終日端座して来訪者の話を一対一で聞き、祈り、神の言葉を聞くことで、人の願いと神の願いを媒介・仲介する（＝取り次ぐ）という、「取次の業」に専念したことに始まった「道」なのだ。金光教は、「取次者」が「お結界」と呼ばれる座に座して行う「結界取次」（あるいは単に「取次」）による救済を本質とする。それは本部にあっては金光宅吉《いえよし》（「二代金光様」）、金光攝胤《せつたね》（「三代金光様」）へと継承され、各地の教会でも教会長、教師によって営まれてきた。金光教の「教団」組織は、各地でなされる取次の実践を支えるために存在する、と。

だが、これは、この時期に教義的に構築された物語であり、実際の生きられた信仰を反映したものではない。「取次」のスタイルも、神がかり的なものから教祖の教えを伝えるものまで様々だった。取次が強調された背景には「昭和九・十年事件」と呼ばれる出来事がある。それは、二代目の管長（太政官布達により公認教団に設けられた役職）である金光家邦が、「取次」に専念する金光攝胤を誹謗する文書を全教に配布し、それに対して全国の教会長、教師、信徒が、家邦管長の退任を求めたというものである。これによって、金光教とは何か、教団とは何かという問いが生まれ、取次が「お道」固有のものと位置づけられた。これを機に「お道としての金光教」と「教派神道としての金光教」との差異が意識されるようになった。

「お道」としての金光教

アジア太平洋戦争が終結し、国民道徳とされた神社神道と、公認宗教としての神道教派、仏教宗派、キリスト教教団が併存するという、終戦前までの「宗教」の制度的な枠組みが解体する。各教団は民主化や近代化に対応することを迫られた。他方、総力戦体制下に抑圧されていた宗教運動や戦後に発生した宗教運動は活性化し、多彩に展開する（「神々のラッシュアワー」などと呼ばれた）。

そのような状況下、天理教は、東京帝国大学で宗教学を修めた中山正善の指導の下、教派神道から脱し、本来は「世界宗教」であると主張して、教祖に回帰する「復元」の運動を展開し、聖典や教義、儀礼などを急速に改革した。昭和二四（一九四九）年には天理大学を創立、天理教学も修められる宗教学科を設立した。

金光教においても、取次が「お道」の中心生命だとされ、「教団」の方向性が模索される。以下は、昭和二九（一九五四）年に施行された金光教教規の「上申書」からの引用である。

教団も社会集団であることに相違ないから、それがもつ人間的な諸要素、諸機能例えば利益、権力等は一般の社会集団と共通のものを内蔵している。しかし、それらが、御取次を中心生命として組織され、御取次によって純化され真実のものとされている時、人間生活の救済に生きた働きを現し得るが、もし教団が自己内部の各部面にわたって、この御取次の働きを十全に浸透徹底させる努力を怠る時には、却って利益や権力等のもたらす弊害に被われ、一般社会にも増して、有害なるものとなりおわる可能性がある。

これは、昭和九・十年事件や国家神道体制下の国家協力など、一人ひとりの「信心」にとって「教団とは何か」への問いが研ぎ澄まされる中で、痛切な反省から導かれた教団批判である。一九四九年には「御取次成就信心生活運動」が始まる。これは「取次」を通して、一人ひとりが生活の万事を神に願い、教えを身に修め、「信心生活」の構えを体得することを目指す運動である。一九五四年には金光教教規が施行され、教団は「取次の道の実現体」と規定された。

この金光教教規によって金光教教学研究所が設置され、自己批判・自己吟味を学的に探求する機関として活動を開始し、「金光教学」を確立していく。そこで蓄積された史料や分析の視座は、金光教を対象とする歴史学や宗教学においても参照された。それに対して、「東京出張所」（戦前は各「公認宗教」に設置を義務づけられていた機関）は所轄官庁や宗教界、学者やジャーナリストとの交際を通じて、宗教に対する社会の意見を集約し、金光教の課題を明らかにするという役割を果たすようになった。

「新宗教」という眼差し

高度経済成長期に入ると、創価学会や立正佼成会などいわゆる「新宗教」教団が急激に拡大した。それらは、中央集権的な教団組織と在家信者による組織的布教によって成功していると言われていた。金光教は伝統仏教の教団と同様に、教会や信奉者の自立性が強く、教師のみが組織の実質的な成員だった。そのため、自分たちは都市化、大衆社会化などの近代的な社会変動から取り残されているという危機感が教団内に醸成された。

六〇年代、伝統仏教では教団の近代化(個々人の問題に答えようとする様々な運動や教団組織の民主化)が試みられるが、その際、井門富二夫や森岡清美など宗教社会学の教団組織論も参照されていた。金光教においても、井門や森岡、丸山照雄(日蓮宗僧侶、宗教評論家)などと議論が重ねられ、現代社会において組織的布教を可能とする体制が模索される。同じ頃、宗教史学者の村上重良が『近代民衆宗教史の研究』(法藏館、一九五七年)や『金光大神の生涯』(講談社、一九七二年)などで、金光大神の信仰思想の「近代性、開明性」の意義を強調した。これは、日柄・方位などの「俗信」の否定や人間の平等観などを指すが、村上はそれを脱呪術化や合理化によるものとした。現在ではこのような見解に疑問が付されているが、当時は村上の影響は強く、教義の近代化、神道形式の祭祀や儀礼からの脱却、組織的布教を展開しうる近代的「新宗教」としての再構築が課題となった。

教祖・教団史研究と「民衆宗教」研究

六〇年代の後半以降、金光教教学研究所において、金光大神の手記や言行録の資料化が進められ、その成果は村上重良などによって一般にも公開され(『金光大神御覚書』〔村上校注 一九七七〕。『金光大神言行録』〔村上・安丸校注 一九七一に一部採録〕)、教団内外で実証的な教祖研究が行われた。また、哲学や宗教学との対話も視野に入れた教義研究が行われた。その結果、教団内で親しまれていた教祖物語が「教祖像」としてとらえ直される。教祖そのものは「他者」であり、謎の部分が残るとされたのである。それはちょうど民衆思想史研究が展開する時期と重なる。とりわけ安丸良夫の研究(安丸 一九七四、一九七七)は、幕末維新期の社会変動と対峙した金光大神の信仰を、実証的、解釈学的に追いかける教学研究者の研究関心と響き合うものであった。

さらに、「生き神」思想の成立と民衆の自己解放、民衆救済の関係を探る小沢浩(小沢 一九八八)や、民俗宗教と連続する金光大神の「信心」を問う桂島宣弘(桂島 一九九二、一九九九)、先行研究を網羅的にふまえた島薗進による天理教、金光教の教祖研究が登場し、教学研究との対話の場が形成されていった。

「新宗教」を志向する教団改革

以上のような動向を背景として、七〇年代後半以降、「教団一新」をスローガンとする教団改革が進められることになる。一九八〇年には組織的な布教を可能とする教規への部分改正がなされた。また一九八三年の「教祖百年祭」を目途に、教派神道の様式を改める儀式改革や、教祖に関わる諸資料を集大成した『金光教教典』の刊行などが実行された。こうして、戦後社会に適合する「新宗教」として金光教を再構築する試みがなされた。

理想の「教団」像

一方、一九八〇年代は、宗教社会学者の西山茂が「新新宗教」や「小さな神々」と呼ぶ教団が注目された時代でもある。教義を重視した「信の宗教」である「新宗教」と異なり、「新新宗教」は呪術的実践に力点を置く「〈霊＝術〉系の新宗教」である。当時は「ポストモダン」（脱近代）が肯定的に語られ、近代的価値観を認める新宗教から、科学や現代社会に疑問を投げかける「ポストモダンの新宗教」に関心が移行していった。この状況は金光教の当事者たちに自分たちのあり方を問い直す契機を与えた。

西山茂を講師として開かれた金光教の研究集会で、参加者の一人は次のような発言をしている（鈴木 一九八八）。

> 今日の世界や社会の問題に応えようとするところに、宗教集団の一つの使命があると思うのですが、新々宗教の多くは、呪術による救済とか、自己満足的な、体験主義的な信仰に終始しているわけですから、社会や世界の様々な問題に対して批判するどころか、かえって現状を肯定していくあり方になってしまっている。〔略〕
> 教団としては布教体制を確立して、社会や世界に向かって積極的に布教活動を展開させていく。

教義や思想をもって発言し、社会批判・社会変革を求めていくことが必要であり、個々の信仰実践としては、〔中略〕めいめいが神をもち、信仰的な主体性、自立性を確立して、取次助けの実践者となって難儀な人を助けていく。他者への向かい方は、共に苦しみ、共に助かり、共に生きるということが大切であると思います。

この発言の前に、西山は「新新宗教」の個人主義を批判し、創価学会や立正佼成会など「旧新宗教」が有する「社会性」を評価していた。そして、信仰的個人主義の色彩が濃い金光教はどう「社会性」へとつなげるのかと問いかけていた。引用部分はそれへの応答ではあるが、当時の教団指導者が共有する理想が表されている。

ここで当事者の語りは、宗教社会学、民衆思想史学、倫理学、哲学の言葉を駆使し、金光教を「近代的な教団宗教」とした上で、「現代社会」における理想像を再構成する語りになっている。このような「新新宗教」批判の言説は、教団運営で影響力を持ち、「ポストモダン」と呼ばれる状況であるにもかかわらず、従来の近代化路線を継続する根拠となった。一九九八年には、組織的な統合性をさらに高め、教団主体の布教に教義上の根拠も与えて、教規の全面的な改正を行うに至った。

こうして、金光教という歴史的社会的な存在としての「教団」には、（a）「お道」としか語り得ない口頭伝承的な「信心」が生みだすもの、（b）「民衆宗教」として語りうる「信心」や実践から生まれるもの、（c）「教派神道」の「教団」となったがゆえに生じるもの、（d）戦後の近代的な「新宗教」となるべく、七〇年代の宗教社会学的な議論の影響を受けつつなされた諸改革による産出物などが、重層し、化合し、あるいは混在している。

そもそも、教派神道も民衆宗教も新宗教も、そして金光教という名前すら、草創期にはなかったレッテルであり、実態を反映していない部分がある。しかし、その言葉が要請された時代において、それらのレッテルは逆に信者たちに影響を与えた。その影響の痕跡が積み重なって今がある。そして、時代に応じて必要とされる側面が再び呼び覚まされることもある。

四　近代化への反省、「お道」や「民衆宗教」の再評価

二一世紀を迎えて、組織的布教を目指した教団改革は、少子高齢化、過疎化、信奉者の減少、信仰の継承の困難さ、教団財政の縮小といった諸課題を前に有効でなかったことが明らかになった。これらの問題は、新霊性運動やスピリチュアリティなどにおける個人化の傾向から予想可能な問題だった。教団宗教になろうとしたが故に、教団宗教に共通の問題をも抱え込むことになった。

他方、前世紀末から今世紀にかけて、「宗教」研究の場では大きな変化が起こった。「religion」の訳語である「宗教」を通して教義に基づく信仰を「宗教」の本質とする主知主義的な宗教観が浸透したことが歴史的に確認されたのである。このことが自覚された結果、「生きられている信仰」や身体や実践が主題化し、「民衆」の「生活」が再び着目されるようになった。

「近代化」ないしは「世俗化」への反省

二〇〇六年、金光教の教務総長に就任した佐藤光俊は、教団や教会の現状を社会学的な問題としてではなく、自らの「信心」への問いとすること、神との関係性において自己を問う契機とすることを課題とした。それは、教団の近代化路線が図らずも加速してしまった「信心」の「世俗化」の問題(経営的発想や組織論や社会的価値観を優先することなど)を問うことでもあった。佐藤は、時代や社会の変化を超えてあらゆる問題に救いの道を開き、生の土台を育むのが信心であり、それを導き育てる取次を充実させるというお道の次元に焦点を当てて、再発見・活性化することこそが最重要課題だとした。

そのことを、二〇〇九年から二〇一三年にかけて刊行された『取次に生きる』(全三冊)という教師を対象とする書籍に注目して見てみよう。

『取次に生きる』は、「本教の中心生命である結界取次の充実と展開を図っていきたい」と願い、教祖以後から現代に至るまでの取次を担った先人たちの生々しく具体的な取次や信心の実例を、各教会の刊行物(教会誌、師伝、布教誌)に探り、整理したものである。霊に関する話や「めぐり」(因縁)などについての見解など、知的な「教義」のなかでは語りにくかった物語的な「教説」も含まれている。

熟達者の語る物語は、読者をその現場に誘うが、理解困難な謎も残す。先人たちは師匠と出会い、取次によって救われたのちも、さらに師匠からの問いに晒され、教え導かれ、稽古を重ねていく。その過程で信心や取次への謎が解かれ、体得される場面が出てくると、読み手もそれを追体験することができる。こうして、自らの世俗的な価値観に気づき、超越的なものへの回路を開くこと、内省によって取次を充実させ、信心を導き育む力を強化することが目指されている。

「民衆宗教」性の再発見

今日、教師や信奉者の間では、現代の「民衆」というべき様々な困難を抱えた人々に向き合おうとする実践が見られる。いわゆる格差社会や「無縁社会」に生きるホームレスや引きこもっている人々に寄り添い、自立や関係性の改善を支援している（渡辺順一らの「支援のまちネットワーク」など）。彼（女）らは金光教の枠にこだわらず、他の宗教者、支援者、研究者たちとも協働している。東北や九州などの被災地での支援活動に継続的に打ち込む教師・信者、また臨床宗教師の資格を取得し、スピリチュアルケアや宗教的ケアに取り組む教師も生まれてきている。根拠とされるのは、「教祖」や「お道」の先人たちが、社会の「底辺」「低み」「凹《くぼ》い所」にある人々の貧窮や差別などの「難儀」に立ち向かったという事蹟であり、これは「民衆宗教」研究が関心を寄せてきた実践である。

また自らも深刻な痛みや生きづらさを抱えてきた教師・信者を中心とする動きがある。彼（女）らは、「取次」によって救われた体験をもち、「取次」の技法や鍛錬に関心をもっている。自らの時間を「難儀な氏子」（金光教では人はみな神のいとしい氏子とする）に捧げる「取次」への専従の重視、ネットやSNSを活用した教団内外の「難儀な氏子」へのアプローチなどが特徴である。さらに、LGBTの当事者を中心とした運動も展開しつつある。二〇一八年には「金光教LGBT会」が金光教本部からの承認を得た。

以上のような、個別的で具体的な「難儀」（問題）との取り組みは、民衆宗教論で語られてきた民衆救済の歴史と重ねて語られる。言うまでもなく、このような動向は、他の伝統仏教教団、新宗教教団にも見られるものであり、そのことは民衆宗教研究の再考を促す契機ともなっていると言える（磯前・島薗・安丸、近刊）。

「教派神道」であることの積極的な表明

また、現代に特徴的な動向としては、日本内外に広がる「神道」や「神社」への好意的な関心に呼応する動きがある。例えば、金光教の教会であることを前面に出さず、教会長が宮司を名乗り、メディアにも積極的に出て、注目を集めている教会がある（黄 二〇一一、九五―一一八頁）。かつては国家神道体制下での「教派神道」のあり方に対する否定的なまなざしがあったが、むしろ「神道」としての金光教を打ち出そうとする動きである。さらにアニメなどを通して日本文化に興味を抱いた国外の人々が、Shinto としての Konkokyo に関心を抱き、教団に接近する事例もある。

五　おわりに

金光教は、戦後社会に適応するために中央集権化と組織的布教によって「新宗教」として成功することを一時期は目指した。だが少子高齢化が進み、金光教に限らず、新宗教自体がオウム真理教事件以後はその勢いが頭打ちとなっている。このような状況において、格差と孤立に苦しむ個人に手を差し伸べる「民衆宗教」の側面が、金光教という一宗教を超えて活性化しつつある。一方、伝統回帰の流れで、金光教の「神道」としての側面に関心を持つ人も出てきている。

政治的に見ると、「民衆宗教」の側面は、かつてマルクス主義的な歴史家たちが反権力の運動として評価したという経緯があり、いわば「左派」的な教団イメージである。もう一方の「神道」は日本人の民族性の基盤ととらえられており、神社本庁の改憲運動に見られるように、政治的には「右派」的なポジションに配置される。「反権力の民衆宗教」という知識人の評価も、好意的なようでいて、実は教団を一定の方向に導く権力作用があったことは否めない。そもそも、宗教教団は、その内部において信者に対して強い権力を持つものであり、権力作用からは逃れられない。もとより、「宗教」が一切の権威を放棄することなどできないだろう。というのも、首尾一貫した教えによって導かれたいと願う人々は存在し、同じような道をたどってきた人であればそれを教えによって導きたいと思うのは自然なことだからだ。また、一般のボランティアが行っているような支援の実践だけでは、救済の担い手としての宗教の存在意義を失うのではないかと自問する宗教者は多い。

さらに複雑なのは、小さな政府を目指す新自由主義社会において、宗教者の支援は、国家が果たすべき福祉の肩代わりを期待されているということだ。宗教側が自らの安全性（テロ集団のような危険性がないという意味で）や有用性・公益性を示すために「民衆宗教」になろうとすることは、今日では左派的な反権力のポジションではなく、右派的な権力補完のポジションに絡め取られかねない。

教団が持ってしまう権力作用、教団を取り巻く権力作用を自覚しつつ、人々と神的なものとの相互の関わり合いという本来の理想とそれに至る「道」を探求するところに、古くて新しい宗教――旧新宗教として、あるいは古代から時代に応じて常に様々な形を取ってきた宗教の一つとして――の課題があると言えるだろう。

参考文献

磯前順一・島薗進・安丸良夫 近刊、『民衆宗教論』東京大学出版会。
井上順孝 一九九一、『教派神道の形成』弘文堂。
桂島宣弘 一九九二、『幕末民衆思想の研究――幕末国学と民衆宗教』文理閣。
桂島宣弘 一九九九、『思想史の十九世紀――「他者」としての徳川日本』ぺりかん社。
桂島宣弘 二〇〇二、「民衆宗教研究・研究史雑考」『日本思想史学』三四。
小沢浩 一九八八、『生き神の思想史――日本の近代化と民衆宗教』岩波書店。
澤井治郎 二〇一五、「「おふでさき」における「このみち」に関する一考察」『天理大学おやさと研究所年報』二一。
島薗進 一九九二、『現代救済宗教論』青弓社。
島薗進 一九九五、「民衆宗教か、新宗教か」『江戸の思想』一、ぺりかん社。
鈴木甫 一九八八、「本教は現代に何を布教するのか」『読信』三九、金光教本部教庁。
永岡崇 二〇一五、『新宗教と総力戦――教祖以後を生きる』名古屋大学出版会。
永岡崇 二〇一七、「民衆宗教研究の現在――ナラティヴの解体にむきあう」『日本思想史学』四九。
黄緑萍 二〇一一、「インターネット時代の流行神」『東北宗教学』七巻。
藤井麻央 二〇一五、「制度化過程の初期新宗教」『國學院雑誌』第一一六巻一一号。
藤井麻央 二〇一六、「「近代教団」としての金光教の形成」寺田喜朗・塚田穂高・川又俊則・小島伸之編著『近現代日本の宗教変動――実証的宗教社会学の視座から』ハーベスト社。
福嶋信吉 一九九四、「死んだと思うて欲を放して神を助けてくれ――金光教における教団論の形成と宗教伝統の革新」島薗進編著『何のための〈宗教〉か――現代宗教の抑圧と自由』青弓社。
福嶋信吉 二〇〇四、「〈お道〉として語られる〈宗教〉世界」島薗進・鶴岡賀雄編著『〈宗教〉再考』ぺりかん社。
村上重良校注 一九七七、『金光大神覚　民衆宗教の聖典・金光教』東洋文庫三〇四、平凡社。
村上重良・安丸良夫校注 一九七一、『民衆宗教の思想』「日本思想大系」六七、岩波書店。
安丸良夫 一九七四、『日本の近代化と民衆思想』青木書店。
安丸良夫 一九七七、『出口なお』朝日新聞社。
安丸良夫 二〇一三、『宗教とコスモロジー』「安丸良夫集」三、岩波書店。
渡辺順一 二〇〇七、「民衆宗教運動の再発見――歴史資料からのアプローチ」宗教社会学の会編『宗教を理解すること』創元社。
渡辺順一 二〇〇九、「民衆宗教運動の再発見――被差別部落史との接続から」『明日を拓く』七七・七八。
URL① http://www.tenrikyo.or.jp/jpn/tenri/foundation/#bio03
URL② http://www.tenrikyo.or.jp/yoboku/oshie/rikkyo/
URL③ http://web-konkokyo.info/konkokyo/info/index_html

第4章　模索する新新宗教——聖地と墓地をめぐって

松岡秀明

一　はじめに

本章ではGLA(God Light Association)という教団を取り上げ、かつて「新新宗教」と呼ばれたこの教団がオウム真理教事件から二〇年以上が経過した現在において、どのような展開を模索しているかを見てゆきたい。この教団は、高橋信次(一九二七—七六)が一九六八年に立ち上げた「神理の会」が、六九年に「大宇宙神光会」と改名し、さらに七〇年にこの名称に改めて現在に至る新宗教教団である(1)。高橋信次が逝去した一九七六年に、長女の高橋佳子(一九五六—、以下高橋)が主宰者となり現在にいたっている。総合本部が東京都台東区浅草にある他に、北海道、東北、東京、北陸、中京、近畿、中国四国、九州の名を冠した本部がある。教団によれば、二〇一七年一〇月現在の会員数(GLAでは、信者を「会員」と呼ぶ)は四万三三二八人である。

一九七〇年代後半から、宗教研究者のなかに「新新宗教」という概念を用いる者が現われた。「新新宗教」の意味については、最後の節で改めて振り返るが、ひとまず一九七〇年代以降に発展した宗教教団の意味で用いると、GLAは新新宗教のカテゴリーに入る(2)。これまで何人かの研究者たちがこの概念を用いてGLAを論じてきたが（たとえば、西山 一九七九、三三―三七頁。沼田 一九九五、島薗 一九九二、渡邉 二〇一一、四三―五九頁）、本章ではこれまでまとまって論じられていないGLAの聖地「いのちの里」を検討する。

GLAは一九八四年以降八ヶ岳の麓の山梨県北杜市に「八ヶ岳いのちの里」（以下、「いのちの里」）を運営している。「いのちの里」は、二〇一二年六月の「人生祈念館」の竣工をもって聖地としての位置を確立したと捉えることができる。新宗教の聖地は教団の世界観や教義を表象する場合があるが（五十嵐 二〇〇一、松岡 二〇〇四、Matsuoka 2005）、「いのちの里」にもそれは該当する。本章では、GLAの教義と実践を検討したうえで、「いのちの里」の中心となる「人生祈念館」に焦点を合わせつつ、「いのちの里」がどのようにつくられ、いかにGLAの世界観を表しているかを検討する。

二　GLAの教義――輪廻転生と心理主義

GLAの教義は、「人間と世界を貫く真理＝神理の体系」で「魂の学」と呼ばれる。「魂の学」の重要な主張の一つは「円環的人生観」である。それは「永遠の生命観」であり、次のように説かれている。

人間は魂存在であり、あの世（実在界）からこの世（現象界）に生まれ、人生に生きてあの世に還り、やがてまたこの世に生を享けるときを迎える。〔中略〕この人生観は、生まれて始まり、死んで終わる直線的な人生観からは決して見えてこない新しい人生観――『円環的人生観』です（GLA 二〇一六c、六四―六五頁）。

後に見るように、この輪廻転生の生命観は「人生祈念館」にも表現されているとされる。

このことは後に検討することとして、ここでは「魂の学」のもう一つの中心的な考え方を検討していきたい。

それは、「今私たちが生きようとする現実が、実は私たちの心の反映であるばかりか、その奥にある魂の反映」（高橋 二〇〇五、一四頁）とする「魂の因果律」である。この原理に従えば、心が変化すれば現実も変化するということになる。以下に見るように、この「魂の因果律」はGLAの実践に反映されている。

新入会員が「魂の学」を学ぶためには、（一）高橋の著書、講演記録（DVD、CDなど）から学ぶ、（二）月刊誌『G.』を読む、（三）「四聖日の集い」（後述）や高橋の講演会などの集まりに参加する、（四）さまざまな研鑽の集いに参加するといった方法がある[3]。

高橋の講演のDVDを集団で視聴することはあるにせよ、（一）、（二）は「魂の学」を個人で学ぶ方法である。それに対して、（三）と（四）は集団で学ぶ営為である。「四聖日の集い」とは、一月の「新年の集い」、四月の「善友の集い」、六月の「現世の集い」、一二月の「感謝の集い」で、会員はこれらに参加することを要請される。また、高橋の誕生日を祝う集い（一〇月）や、大晦日から元旦にかけて行なわれる新年の祈りの集いもある。これらの集いとは別に、小学校三年生から六五歳までの参加者を五つの年齢別のグループに分けた年齢層別の研鑽が行なわれている。また、「ネクステージシリーズセミナー」と呼ばれる、経営、医療、教育などの専門職のための二日間のセミナーも用意されており、二〇一七年度には三回開かれている。

三　GLAの実践――心のコントロール

GLAの実践では祈りが重視されている。祈りは、「私たちの周囲に満ち満ちる神仏への気配に自ら自身を委ねることから始まる、人と神との至高の対話」、「宇宙に遍く存在している光を導く、指導原理の流れに托身すること」とされる（高橋 二〇〇六、三頁）。また、祈りを通じ、日常意識を超え出たり、神仏の次元に触れたりすることによって、自分のものの感じ方や考え方を大きく変貌させる、とも説かれている（同書、四頁）。

では、GLAにおいて実際の祈りはどのようなものだろうか。高橋には著書が三〇冊以上あるが、現在のGLAで最も重要な教典と考えられるのは、会員が集う場には必ず持参することとされている『新・祈りのみち』である。『新・祈りのみち』には、「こころに祈る」、「機会に祈る」、「みちに祈る」の三つの章に分けられ、それぞれ五二、五一、五〇のさまざまな状況についての高橋のコメントと会員が唱えるべき祈りが収められている。祈りの一つの例として、「こころに祈る」のなかの「嫉妬を感じるとき」をあげてみよう。タイトルの後のコメントには、次のように記されている（高橋 二〇〇

六、二三四―二三五頁）。

それはまず、「反感」として始まります。〔以下、原文での改行を／で示す〕／相手の成功を喜べず、相手が認められたり評価されたりすることが面白くない。〔中略〕／そして、「自らの人生を天地いっぱいに生きる」という一大事をすっかり忘れてしまう――。

その後に、次の祈りが示されている。

わたくしは今／「すべてを大切に」という呼びかけを聴きました。〔中略〕／わたくしがいつも／傲りのまなざしを離れ／優位の想いを砕くことができますように〔後略〕（同書、二四五頁）。

会員の集いの際には、『新・祈りのみち』の「機会に祈る」に入っている「集いのための祈り」と「感謝の祈り」をそれぞれ開始時と終了時に参加者全員で朗唱する。しかし、これはむしろ例外で、『新・祈りのみち』の多くの祈りは会員が一人で祈るためのものである。[4] 祈りとは、一般的には神や霊といった超越的存在に対して行なわれる行為だが、GLAでは「神仏を特定の像に表現して本尊とし、崇拝や祈りの対象とすること」はしていない（GLA 二〇一六c、三五頁）。すなわち、GLAにおける祈りは、個人的な状況に対してある祈りを選択し、それを唱えることによって自分の心をコントロールし安定させようとする行為と考えることができる。

心のコントロールは個人的な祈りだけでなく、集団での実践でも重視されている。新入会員向けのパンフレット「入会したら、まずは「生活実践」へ！」(二〇一六年発行)によれば、「生活実践」は、原則として月二回、数名のグループにより「魂の学」を学び合う二年間一シリーズの「研鑽」で、高橋によれば「魂」の中に眠っている自分自身も知らない「私」を探す場である。「生活実践」には、二〇一六年五月現在、全国で一万二〇〇〇名の会員が参加しているとされる。

「生活実践」の一環として、「止観シート」が用いられる。B5版(表の面のみ使用)の「止観シート」は、「心を心で摑み、その傾向を発見して、心と現実を同時に変革してゆくためのシート」で(GLA二〇一六a、四頁)、一九九四年に高橋が発案し用いられるようになった。この「止観シート」は一人だけで「心の傾向」を把握するために用いられるだけでなく、それぞれのシートを「生活実践」に参加している会員同士が「分かち合い、語り合うことによって、お互いの違いがわかり、深い人間理解へとつながる」とされる(GLA二〇一六b、五頁)。

「ネクステージシリーズセミナー」にも、自らの心を把握するプログラムが組み込まれている。「神理実践報告」がそれで、会員が体験談を報告し高橋が語り掛けるという構成をとる。筆者が参与観察を行なった二〇一七年のあるセミナーでは、一人の女性会員がステージ上に呼ばれ職場での人間関係がうまくいかなかった過去を話し、高橋が受容的な語りかけを行なうことによって彼女の問題点を確認していった。彼女は、GLAに入会し教義を学び実践を行なうことで、次第に自らを客観的に見つめることができるようになった。その結果、職場における問題は解決し現在にいたったことが、最後には泣き出してしまった女性と高橋とによって参加者に示された。

ここまでにみてきた祈り、生活実践、そして神理実践報告は、自らの心を自分自身あるいは他者の発言に耳を傾けながら客観的に捉えることに焦点を合わせている。島薗進は、日本の新宗教教団にひろく認められる特徴として「心なおし」をあげている。「心なおし」とは、「心の持ち方を改め、他者につねに善意と感謝の念をもって対するようにすること」である（島薗 一九九二、一二三頁）。そして島薗は、宗教で信者の集団より個人としての信者が重視されるようになると、「心なおし」は他者との関係を良いものにしようとする方向から、個人が自らの心をいかにうまく制御するかという方向にシフトすると主張し、このような変化を「心なおしの心理技術化」と呼んでいる。それは昭和初期にすでにひとのみちや生長の家で認められるが、一九八〇年代にＧＬＡや幸福の科学で強まったとされる（島薗 一九九二）。

四　「いのちの里」の展開

以下の節で「いのちの里」について検討していくが、まず二〇一七年一〇月現在の「いのちの里」全体像を把握しておきたい。「いのちの里」は、南から北へと上るなだらかな斜面の細長い敷地にあり、その中心となる「人生祈念館」は「いのちの里」の北端、すなわち「いのちの里」で最も高い場所にある。「いのちの里」には、二つの講堂、会員が宿泊するためのバンガロー、研修センターなどの施設がある。

「いのちの里」は一度に現在の形に造られたのではなく、漸次新しく整備されていった。そして、

「いのちの里」は最初から聖地であった訳ではない。教団誌『G.』の二〇一七年四月号に掲載されている「GLA八ヶ岳いのちの里」(四八―五五頁)や教団幹部へのインタビューにもとづいて、この聖地が整備されていった経緯をみていこう。

一九八四年、会員が「自然の中で「魂の学」(神理)を学び、心を見つめ、人生を振り返る場」として、高橋は八ヶ岳を望む山梨県北巨摩郡高根町(現在は北杜市高根町)に施設を造ることを決定する。八五年から、会員が所有していた近隣の山荘に、ボランティア(GLAでは、プロジェクトと呼ばれる)が週末に宿泊し、当時桑畑だった土地を開墾することから「いのちの里」の造営は始まった。「作業研鑽」と呼ばれたこの作業のために、多い時には五〇名乗りのバス三台で現地に向かうこともあったという。

図1 「いのちの里」の「人生祈念館」(GLA 提供)

八七年に宿泊棟、食堂棟を含む八ヶ岳研修センターが竣工し、五〇人ほどが宿泊研修を行なうことができるようになった。研修センターのなかに聖堂も完成している。いずれも設計はプロの建築士が行ない木造部分は工務店が担当したが、それ以外は土台から内装まですべて会員によって造られたという。九〇年には、研修センターの北にやはりボランティアの手で一〇棟のバンガローが建てられるとともに、建設業者によって四〇〇名を収容する講堂棟（現在の南講堂）が完成し、「いのちの里」は拡充されていった。二〇〇二年には、さらにその北に一八〇〇人を収容できる大講堂が竣工し、高橋の講演やさまざまな集まりが行なわれるようになる。

五　「いのちの里」の中心としての「人生祈念館」

左に研修棟を見て「いのちの里」を南北に走る「中央通り」をさらに北へ上っていくと、「人生祈念館」へと導く四〇段ほどの緩やかな階段に至る。階段の左手には「刻銘碑」と呼ばれる碑があるが、これについては後に述べる。階段を上ると、その中心に十字がある直径一五メートルの円のモザイク「地上の星」と、「人生祈念館」の前に広がる半円形の芝生の広場「太陽の広場」が現われる。「地上の星」は、自然の中での祈りの場とされる。そしてその先に、あたかもオフィスビルのような外観を持つガラス張りの「人生祈念館」が建っている。

建築家の槇文彦や仏文学者の多田道太郎が指摘するように、日本の伝統的な宗教施設は奥へ奥へと向かう空間構造を持っている（槇　一九八〇、一九七―二三〇頁。多田　一九八三、四二三―四三四頁）。「いのちの里」には、山門から参道といったような訪れる人が進む道筋を示す指標はないが、「いのちの里」の南端からなだらかな斜面を上っていった場合、最後に「人生祈念館」が現われることになる。そして、このように進んだ場合、それは奥へ奥へと入り込む道程であり、「いのちの里」が日本の伝統的な宗教施設の空間構造を踏襲していると考えることができる。

「人生祈念館」の一階には聖堂がある。入り口から螺旋状の回廊を通って聖堂へと至るのだが、この螺旋がＧＬＡの説く「円環的人生観」を象徴しているとされる。聖堂に入ると正面に、「天上の星」と呼ばれる十字がある。これは、人間が見ることができない光の姿を、高橋が「大いなる存在との縦の絆」、「永遠の生命との横の絆」で表わしたものとされ、「ビッグクロス」とも呼ばれている。「天上の星」の前方には、天井にある円形の窓から光が差しこんでくる。

六　聖地をつくる——建築家の立場から

建築史家の五十嵐太郎は、新宗教の建築について、「建築化の過程には、創造的な教義の解釈を必要とする」と述べている（五十嵐 二〇〇一、二二頁）。「人生祈念館」もまた、設計に携わった者たちがＧＬＡの教義をどのように把握したかを反映している。ある設計事務所の設計チームの責任者成田治氏（以下敬称略）に対してのインタビュー[5]および彼らが作成した計画書（ただし、葬送にかかわる「人生祈念館」の地階については記載はない）から、彼らがどのようにＧＬＡの思想を解釈し、それを具体的な空間として提示したかを検証する。

コンペの結果、成田が勤務する設計事務所が「人生祈念館」の設計と「いのちの里」の全体のランドスケープのデザインを担当することになったのは二〇〇八年で、事務所のスタッフと外部からの専門家で一〇人ほどのチームがこのプロジェクトのために結成された。「心を見つめる」、「心を磨く」、「心を伝える」の三つが「設計に臨むにあたってのイメージコンセプト」として設定されたことは、この教団が心を重視していることを設計チームが認識していたことを示している。一方、設計チームは、「いのちの里」のある地点と浅草の総合本部を結ぶ線が、その地点と佐久の教祖高橋信次の生家を結ぶ線とほぼ直交していることを発見し、(6) この地点に「人生祈念館」の聖堂を配置することにした。計画書には、「螺旋の起点となる聖堂、方位の中心に位置する聖堂」と記されているが、それはこの事実に依拠している。

このチームは二〇一二年六月に竣工した浅草のGLA総合本部の設計も手掛けることになるが、成田は「人生祈念館」と総合本部の差異を次のように語る。周囲をビルで囲まれた浅草の総合本部は空とつながり、「人生祈念館」は三面ガラスの開口部によって八ヶ岳の自然環境とつながる、と。ガラスとそれを支える細いスチールのフラットバーだけからなる南のファサード、東、西の壁面もガラスが大きな割合を占める「人生祈念館」からは、周囲の景観を眺望することができ、たしかに外部との連続性が感じられる。さらに、設計チームは「いのちの里」全体を「自然と響きあう祈りの場」と考えた。次節で検討するように、新宗教の聖地では自然との連続性が強調される場合があるが、「いのちの里」もまたそのような空間である。

七　「分離された聖地」と自然

大阪府富田林市に三〇〇万平方メートルもの聖地を有するPL教団をはじめとして、広大な聖地を所有する新宗教教団は数多く存在する。そして、そのような大きな聖地のなかには美しい景観を誇るものも多い。景観は建造物や庭園といった聖地の敷地内の施設にとどまらず、海や山や森林といった周囲の景観を巧みに活用している場合も少なくない。

　中国や日本には、敷地の外部に存在する山や海を、敷地の景観に取り込む借景という手法がある。借景について、フランスの建築家ジャン・ヌーヴェルは、日本の庭園はどこまで続いているのかがはっきりしないという趣旨の発言をしているが（ボードリヤール、ヌーヴェル 二〇〇五、一九頁）、たしかに日本庭園は自然景観を借景として活用してきた。そして、日本の神社や寺も古くから周囲の自然を織り込んだ景観を提供してきた。換言すれば、自然を巧みに用いてきたのである。

　新宗教教団のいくつかは、この伝統を継承している。伊豆天城の世界真光文明教団の「主座《ス》」、やはり伊豆の達磨山にある修養団捧誠会の「悠久世界平和郷・神里」は、彼方に望む富士山を聖地の特色と謳っている。世界救世教には三つの聖地があるが、(7) その一つ熱海瑞雲郷は駿河湾を望む丘のうえに位置している。森林に囲まれ、「八ヶ岳山麓の大自然に抱かれた、魂の故郷」と教団が位置づける「いのちの里」も（ＧＬＡ 二〇一五、頁番号なし）、敷地内外の自然を活用している聖地のカテゴリーのなかに入れることができる。

　新宗教教団のなかには、教団運営を行なう事務部門の中枢が置かれる施設で主要な宗教行事を行ない、そこを聖地としている教団がある。例として、天理市の「親里・ぢば」を聖地とする天理教、先に示したＰＬ教団と世界真光文明教団があげられる。

　一方、宗教行事を行なう場であるとともに、教団運営を司る部門が置かれる場としての施設（たとえば「本部」と呼ばれる）を都市に置く一方、自然豊かな環境に聖地と捉えられる施設を設置することをいくつかの新宗教教団が行なっている。こうした自然のなかの聖地を、「分離された聖地」と呼ぶことにする。それは、教団運営といったいわば世俗的領域や都市という環境から分離され、自然のなかに置かれているという意味である。

「分離された聖地」を持つ教団の例を二つあげてみる。霊友会は東京都心の港区に「釈迦殿」を持つ一方、東伊豆の天城連山の一つ遠笠山の中腹に「弥勒山」と呼ばれる施設も有している。また、修養団捧誠会は東京都板橋区に本部を置くとともに伊豆に先述の聖地「悠久世界平和郷・神里」を持つ。

GLAの総合本部は浅草にあり、「いのちの里」は「分離された聖地」と考えることができる。高橋は、「いのちの里」で二〇一一年に開催された「伝道者研鑽セミナー」で、「いのちの里」が「天と地が開かれた、あらゆるいのちをつなぐ宇宙との響働の場所になりますように、神よ、どうぞ光を、宇宙の智慧と力をこの場に注ぎ給え」と、「大いなる存在・神」に祈ったとされる(同書、頁番号なし)。この発言から明らかなように、教主である高橋は、「いのちの里」を超越的なるものと人間が交流する場、すなわち聖地となることを期していた。

「いのちの里」は、教義の学習や実践を通しては超越的な存在とは何かがやや分かりにくいGLAの会員たちに、超越的な存在を意識させる自然のなかの空間を提供することになった。換言すれば、それは心のコントロールを強調する教義や実践を補完する機能を持つということができる。

八　墓地としての聖地

教団発行のA4版カラーのパンフレットには、「人生祈念館」は「二つの重心を体現する」とある。

一つは祈りの場としての重心、もう一つは「人生祈念」の場としての重心である。「人生祈念」とは、死後会員が「肉体の形見」である遺骨と人生の足跡である「人生記録」を「人生祈念館」に奉納することができることを指す。聖地の中心である「人生祈念館」は、会員の墓地としての性格も持っているのである。

大本、ＰＬ、修養団捧誠会のように、いくつかの新宗教教団は聖地のなかに教祖の墓を持つ。また、大本、創価学会、国柱会のように墓地を所有している新宗教教団もある。しかし、聖地のなかに一般信者の納骨堂を持つ新宗教教団は管見の限りではＧＬＡだけである。

「人生祈念館」の地階には、「人生記録出会室」と「納骨堂」がある。「人生祈念館」を墓としたい会員は、先に見た「刻銘碑」に死後その名前が刻まれるとともに、会員の生きた証として「人生記録」が「人生記録出会室」に奉納される。「人生記録」は、「プロフィール」（所定の用紙に記入する略歴）、一五校までの写真、「人生回帰の書」（自分の人生の記録）、そして「人生の栞」（子孫や後世の人々へのメッセージ）からなる。この「人生記録」は一五分程度に映像化され、この部屋で視聴することができる。さらに、希望する場合は「納骨堂」で高さ八・五センチの骨壺に入れた遺骨を預かってくれる。遺骨は三〇年間保管された後、散骨されることになっている。「人生祈念館」に遺骨と「人生記録」を奉納する場合は、ＧＬＡの葬祭が行なわれる(8)。

これまで示してきたように、ＧＬＡは「円環的人生観」を説く。設計事務所の計画書もＧＬＡ発行のパンフレットも、人生祈念館の入口から聖堂へと導く曲線の回廊はそれを表現しているとする。しかし、人生祈念館における死者の追悼の仕方、すなわち死をもって個人の完成（ＧＬＡの言葉を用いるなら「人生史」の完成）と捉えることとは、円環的というよりもむしろ直線的な人生観にもとづいているように思われる。すなわち、人生祈念館の構造は教団の説く「円環的人生観」を表現しているが、個人の死にかんしてそこで行なわれていることは教義では説明できない側面を持つ。筆者はこのことを批判しているのではない。宗教の教義は、多くの場合矛盾と思われるような内容を含んでいる。そして、むしろそのことが宗教に奥行きを与えている場合が少なくないのである。

オランダの宗教学者W・ハーネフラーフは、ニューエイジにおいては自己責任が重視されるとともに（Hanegraaff 1998, pp. 233–237）[9]、輪廻転生が信じられていると指摘している（*ibid.*, pp. 262–275, pp. 475–479）。霊は輪廻転生を通して進化（*evolution*）し、輪廻のなかの一回の人生において自己の責任で霊魂を進化させることが要請されていると論じている。

高橋は「永遠の旅路の中で、人は魂として何度も人生を経験しながら、深化成長」を続けていくとし、その理由を次のように説明している。

永遠の旅路の中で、人は魂として何度も人生を経験しながら、深化成長を続けてゆきます。では私たちの魂は、なぜ転生を繰り返し、成長を続けようとするのでしょうか。／それは一度だけの人生ではとうてい果たすことのできないほどの強い願い、何度生まれ変わっても魂が変わることなく抱き続けている「永遠の願い」を果たすためです（高橋 二〇一〇、二三五頁）。

教義としてはこのように説かれているものの、GLAの実践においては現世における自己実現が強調されており、死をもって自分の物語を完結させる個人主義が際立っている。

九　心のコントロールを重視する教団における聖地の意味

「新新宗教」が何を意味しその特徴がなにかは、それを用いる者によってかなりの幅があるが、「はじめに」で示したように、一九七〇年代以降に発展した宗教教団という点ではコンセンサスが得られていると思われる。

島薗は新新宗教をその教団の「緊密さの度合い」を基準として、(一)教団内の人間関係が一般社会のそれとは大きく異なり、教団が閉鎖的な「隔離型」、(二)信者を束縛せず、個々人の判断でかかわればよい「個人参加型」、(三)その中間の「中間型」の三つに分けている(島薗 二〇〇一、二九頁)。島薗は、一九七六年までのGLAを「初期GLA」と呼び、それは中間型であるが個人参加型に近いとしたうえで、心理主義的な傾向を見てとっている(同書、四九―五〇頁)。また、島薗は「初期GLA」にはそれまでの新宗教で主流だった現世よりも「実在界」と呼ばれるあの世を重視する「脱現世志向」が見てとれるとする(同書、二二一頁)。一方、西山茂は新新宗教教団を、その教義と実践から(一)終末論的な根本主義をかかげる教団、(二)呪術色の濃い神秘主義をかかげる教団の二つに大別し、GLAは後者であるとした(西山 一九七九、三六―三七頁)。

現在のGLAでは、脱現世志向や呪術的な神秘主義は後退している。この点で、GLAと教義の連続性が指摘される幸福の科学との差異が顕著となった。GLAでは、このような変化と並行して心理主義的な傾向が強くなり、心をコントロールすることを「研鑽」として重視する教団となっている。つまり、島薗が右のような論議を行なった後に、渡邉典子が指摘しているような個人主義的な傾向が強くなり(渡邉 二〇一二)、島薗の分類に従えば個人参加型になったと考えることができる。この変化は、宗教の個人主義化が進みつつある状況に対応していると思われる。

「いのちの里」は、教義や実践では漠然としている超越者を会員に示す場所である。一方で、二〇一四年六月から行なわれるようになった会員の「人生祈念館」への遺骨や「人生記録」の奉納は、個人主義的傾向そして現世志向をさらに推し進めていると捉えることができる。

注

(1) 本章では、「新宗教」を近代日本に出現した宗教の意味で用いる。
(2) 「新新宗教」については、これを積極的に用いた島薗進が示す概論(島薗 二〇〇一、序章)と、批判した井上順孝の論議(井上 一九九七)を参照のこと。
(3) GLAでしばしば用いられる「研鑽」については最終節で触れる。
(4) 「祈り」は声に出しても出さなくてもよいとされているが、ある教団幹部によれば、声に出して読むと心により深く刻印されることがあり、周囲に影響がなければ一人でも声に出して朗唱する会員も多いという。
(5) 二〇一〇年六月にこのチームが教団に提出した「基本設計　二次提案」を指す。
(6) 教団幹部によれば、教団はこのことを設計事務所に指摘されるまで認識していなかったという。
(7) 現在、世界救世教は世界救世教いづのめ教団・東方之光・主之光《すのひかり》教団の三教派を包括している。
(8) 費用は、遺骨奉納と供養一式で五〇万円とされる。

(9)「ニューエイジ」は、一九七〇年代以降英米に現われた霊についての教義を重視するさまざまな宗教の意味で用いられている。

参考文献

五十嵐太郎　二〇〇一、『新宗教と巨大建築』講談社。

井上順孝　一九九七、「〈新新宗教〉概念の学術的有効性について」『宗教と社会』第三巻第〇号。

ＧＬＡ　二〇一五、『人生祈念館――奉納のご案内』ＧＬＡ総合本部。

ＧＬＡ　二〇一六ａ、『はじめてのＧＬＡガイド』ＧＬＡ総合本部出版局。

ＧＬＡ　二〇一六ｂ、『入会したら、まずは「生活実践」へ』ＧＬＡ総合本部出版局。

ＧＬＡ　二〇一六ｃ、『ようこそＧＬＡへ』第四版、ＧＬＡ総合本部出版局。

島薗進　一九九二、『新新宗教と宗教ブーム』岩波書店。

島薗進　二〇〇一、『ポストモダンの新宗教』東京堂出版。

高橋佳子　二〇〇五、『あなたが生まれてきた理由《わけ》』三宝出版。

高橋佳子　二〇〇六、『新・祈りのみち』三宝出版。

高橋佳子　二〇一〇、『魂の冒険』三宝出版。

多田道太郎　一九八三、「奥の感覚」上田篤・多田道太郎・中岡義介編『空間の原型』筑摩書房。

西山茂　一九七九、「新宗教の現状」『歴史公論』第五巻第七号。

沼田健哉　一九九五、『宗教と科学のネオパラダイム』創元社。

ボードリヤール、ジャン、ヌーヴェル、ジャン　二〇〇五、塚原史訳『建築と哲学』鹿島出版会。

槇文彦　一九八〇、「奥の思想」槇文彦・若月幸敏・大野秀敏・高谷時彦『見えがくれする都市』鹿島出版会。

松岡秀明　二〇〇四、『ブラジル人と日本宗教』弘文堂。

渡邉典子　二〇一一、「「心理学主義化」する新新宗教の教説――ＧＬＡを事例に」『一神教世界』第二号。

Hanegraaff, W. 1996, *New Age Religion and Western Culture*, E. J. Brill.
Matsuoka, H. 2005, "Landscape as Doctrinal Representation: The Sacred Place of Shūyōdan Hōseikai," *Japanese Journal of Religious Studies* 32(2): 319–339.

三　現代人のスピリチュアリティ

【争点3】 スピリチュアル・ブームは一過性のものだったのか？

堀江宗正

ブームのその後

スピリチュアル・ブームというものがあったのを覚えているだろうか。いや、そもそもご存じだろうか。簡単に定義すると、「霊界の実在と霊からのメッセージを伝えるスピリチュアリズムの思想を、明るく日常に応用できるような形にして、テレビや雑誌などで伝えるという二〇〇〇年代に盛り上がりを見せたメディア上の流行」である。

当時「スピリチュアル・カウンセラー」を名乗っていた江原啓之が、テレビ番組などに出演し、芸能人のオーラや前世や守護霊など、普通の人が見えないもの、知り得ないものについて話していたのを記憶している人もいるだろう。[1] また、亡くなった最愛の人の想いを江原が手紙で伝える特別番組をお盆近くに見てつい涙ぐんでしまったという人もいるのではないか。[2] 逆に、出演者のプライベートな過去を、報道機関にあるまじき霊視という非科学的な方法で公開すること、しかもそれを見たくない人も見てしまいがちなゴールデンタイムに堂々と放送したことを苦々しく思っていた人もいるだろう。

このブームは江原がテレビ出演を控えたことで急速に衰退したように思われている。しかし、彼自身は書籍の執筆や講演活動を精力的におこなっており、ファンへの影響力は衰えていない。

もう一つ重要なのはスピリチュアルな見本市の存在、そこから推測できる実際の市場の存在である

（有元 二〇一二）。とくに「癒しフェア」は、東京ビッグサイトを会場とする大きなもので、「癒し」に絡めて、リラクセーションのための製品、美容関係の商品やサービス、健康グッズや健康食品、オーガニックな食品からエコロジーを意識した製品など幅広い。その中に、「スピリチュアル」というカテゴリーがあり、占いも含め、通常では知り得ないスピリチュアルな存在からのメッセージを来場者に伝える実践がなされている。また、「ヒーリング」というカテゴリーの出展者は、手を来場者の身体に当ててエネルギーを伝えている。その他、ヨーガや瞑想を含むワークショップなども、「スピリチュアル」な要素を含んでいると言えるだろう。浄化や開運の力を持つとされるパワーストーンも市場の重要な一角を占める。「癒しフェア二〇一八 in TOKYO」の場合、四〇〇近いグループが出展し、一〇〇近くの講演やワークショップが催され、相当な規模を保っている。[3] 出展者は小さなブースで自分たちの思想や実践を紹介し、低額でサービスを提供し、その後の来客につなげる。筆者の調査では、一〇年前のブーム時だとライトなサービス（占いやヒーリング）は一〇分一〇〇〇円、より価値をつけたサービス（スピリチュアル・カウンセリング）は一〇分二〇〇〇円だった。しかし、二〇一六年の調査では、下限は一〇分あたり一〇〇〇円のままだが、二〇〇〇円近くのものはあまり見られない。提供時間の平均は一五分で、価格の平均は一八〇〇円という結果だった。一〇分あたりに換算すると一二〇〇円で価格は下落している。二〇〇〇年代のスピリチュアル・ブームが始まる前に、「霊能者」の相談料を調査した際には、一件五万円が相場であった。それに比べれば、格安になった感がある。出展者は主催者に出展料を支払えば、誰でも参入できるので、提供者と消費者との境が曖昧で相互の交流が目的となっている面もある（橋迫 二〇〇八）。

「スピリチュアル」という言葉を避ける傾向

しかし、ほぼ毎年観察していて気がつくのは、「スピリチュアル」という言葉を看板に掲げる人が少なくなってきたことである。ネットでも占いや霊視をおこなう人たちが、自分たちは「スピリチュアル」ではないと断言しているのを見かける。固有名を伏せてツイッターから二つの例を引用しよう（二〇一八年八月三日検索）。

〇〇はスピリチュアルではありません。自身のエネルギー界を変化させて、自身の未来、過去を変える方法です。

私はスピリチュアルを今も疑いの目で見ていますが、〇〇と、過去生や未来世を含めた守護霊軍団は本物と確信してます。

目に見えないエネルギーや霊的存在、生まれ変わりを信じているなら「スピリチュアル」と言っても良さそうだが、「〇〇」に入る固有名の思想やテクニックを宣伝する上で、「スピリチュアル」という言葉はマイナスになるようだ。

「霊的」という言葉を「スピリチュアル」と呼ぶ流れは、二〇〇〇年前後から急速に強まった。一般的には「スピリチュアル」をタイトルに掲げる本を多数出版した江原啓之の影響が大きい。これとは全く関係なく、宗教学関連領域でも、「霊性」を「スピリチュアリティ」と呼ぶ流れが同時に起こっている。いずれの場合も「霊」という言葉が持つおどろおどろしさを、カタカナ語によって払拭することを狙っている(堀江 二〇〇七)。その背景には一九九五年のオウム真理教事件や九〇年代を通して問題となっていた統一教会の霊感商法への批判があると思われる。

ところが、一般に「スピリチュアル」という言葉を広めた江原啓之が「スピリチュアル・カウンセラー」という呼称をやめて「スピリチュアリスト」と名乗るようになる。彼は元々、「スピリチュアリズム」は「米」で「スピリチュアル」は「おかゆ」「おもゆ」だとたとえ、難解なスピリチュアリズムを人々が咀嚼できるようにかみ砕いて発信するのが「スピリチュアル」だと説明していた(江原 二〇〇三)。

しかし、二〇一一年の東日本大震災の直後に「スピリチュアル・カウンセラー」という呼称を捨て、「スピリチュアリスト」であると宣言する。

残念ながら現在では、雨後の筍のようにあちらこちらに「スピリチュアル・カウンセラー」が存在し、その多くが、本来の意味である〝霊的な視点で答えるカウンセラー〟とは言い難いのが実情です。/とはいえ、その現状を嘆きはしません。スピリチュアリズム普及の草分けとして歩んできた江原啓之自らが「スピリチュアル・カウンセラー」の肩書を潔く捨て去り、誇りを持って、「スピリチュアリスト」として新たに歩む決意をいたしました(江原 二〇一一)。

江原のフォロワーであった「スピリチュアル・カウンセラー」たちの問題点として別の本では、「スピリチュアリズム」を継承せず、福祉の視点に立たずに自分のことばかり考えていると述べている。また、癒すのではなく、病気を治そうとするヒーラー（医療を否定するもの）は現代日本でもっとも危険だと厳しく批判している（江原 二〇〇九）。要するに、先ほど紹介した、スピリチュアル市場などに出展して、報酬を受け取ってサービスを提供していた「スピリチュアル・カウンセラー」や「ヒーラー」を、江原自身は「スピリチュアリズム」とは異なると批判しているのである。

脱物質主義的価値観の台頭

江原は「スピリチュアル・カウンセラー」という呼称を使い始めたとき、従来の「霊能力者」のように物質主義的価値観にもとづいて現世利益を追求するのではなく、霊的世界の情報を伝えることで霊的価値観を与えると説明していた。その霊的価値観とは、人はみな霊的存在として大霊に近づこうと浄化向上しており、小我にとらわれず、大我としての自覚を持って愛を与えることで幸福になろうとするべきだという教えである。人生において起こる様々な問題は、因果の法則や波長の法則（類は友を呼ぶ）によって分析することで、個人の責任で変えていけるし、そうとらえることで責任主体として人生を送ることができる。したがって、自らの霊性を高めず、スピリチュアル・カウンセラーやヒーラーに頼るだけなら、あるいはクライエントを自分に頼らせようとするなら、それはスピリチュアリズムとはかけ離れたものになる。以上は、江原が「スピリチュアル・カウンセラー」として「霊能力者」を批判していたときの議論を応用したものである。現世利益中心の霊能力者から脱却することを目指してスピリチュアル・カウンセラーを名乗り始めたのに、それが売れると分かると霊能力者もスピリチュアル・カウンセラーの看板をかかげるようになった、そこで新たにスピリチュアリストを名乗ることにした、という解釈である。

筆者は「スピリチュアル」なものに関心があると自ら認める人を対象としたインタビュー調査を二〇〇〇年代からおこなっている。報酬を取らず、組織(思想の普及や利益の拡大を目指す)に所属しない人、つまり「普通の人」に限定している。彼らは江原啓之の影響を受けている人が多く、また「スピリチュアル」をビジネスにすることに批判的な人も多い(堀江 二〇一一)。

東日本大震災後は、原発推進に見られるような物質主義的な価値観に違和感を持っている人々が、原発関連情報を通じてSNS上でつながった。彼らは当然、「スピリチュアル」をビジネスにすることに批判的な人が多く、その裾野が広いことを確認した(堀江 二〇一三)。「スピリチュアル」でビジネスや金儲けをすること、いわばマテリアルなものを追求することへの違和感、組織的なものや政治的なもの全般への疑いが共有されている。そのような人々が「スピリチュアル」という言葉そのものから離れつつある。

これは大きく見れば先進国に共通する脱物質主義的価値観の台頭という現象である。つまり、経済的成長や国力の増強に重きを置かず、所得の上昇よりも安全を求め、身近な人間関係や環境問題などに関心を寄せる傾向である(イングルハート 一九九〇、Norris and Inglehart 2004、日本に関しては本書序論)。

漢字への回帰

一方、現世利益を売りにする人はカタカナ語を使わず、ずばり「開運」という言葉を掲げるようになった。全国霊感商法対策弁護士連絡会も一時期はスピリチュアル・ビジネスを警戒していたが、やがて

「開運商法」へと注意を移していった(4)。

以下は、芸能人の家に押しかけて霊視をするというバラエティ番組(5)に出演していたＣＨＩＥ（当時は「スピリチュアル女子大生ＣＨＩＥ」）のブログからの引用である（改行を省き、句読点を補った）。

みんな（友人たち）の会話を聞くと、「神様」とか「御神託」とか普通に使うようになったんですよね。スピリチュアルよりも霊能力、オーラよりも波動。一〇年以上前、それまでの怪しいイメージを払拭するために、スピリチュアル業界には横文字ブームがありました。アセンションとか、ハイヤーセルフとか、ワンネスとか、ノンデュアリティ。より世間に浸透しやすいように、外来語の新しい言葉でＰＯＰなイメージを付けようとした。なーのーに、今や横文字のほうが怪しまれてる。笑「霊能力」「神様」「波動」「子宮」という単語の（方）がよっぽど怪しいのに、こっちの方が今のニーズに合う様子。本もこういうわかりやすいワードを使うと売れるみたい（ＣＨＩＥ 二〇一六）。

ＣＨＩＥは番組内では宝くじが当たる神社を紹介するなど物質的な「開運」を強調するタレントである。ここでも横文字を使わない方が「売れる」とマーケティングを意識している。だが、そのような態度への忌避感が、漢字回帰の背景にあることに気づいていない。

学識経験者も本のタイトルで漢字の「霊性」を使う例が出てきた。内田樹・釈徹宗『現代霊性論』（二〇一〇年）、同著者による『日本霊性論』（二〇一四年）、樫尾直樹編『文化と霊性』（二〇一二年）、若松英輔『霊性の哲学』（二〇一五年）、金菱清（ゼミナール）編『呼び覚まされる霊性の震災学』（二〇一六年）などである。これらはそれぞれ異なるアプローチと内容の本ではあるが、カタカナで語られる「スピリチュアル」を意識しつつ、震災後において立ち返るべき「日本人の霊性」を、ポップにではなく、真面目に語ろうという態度が共通している。

虚偽・詐欺・軽信への嫌悪感——カルトの投影

ここで改めて、「スピリチュアル」という言葉にどのようなマイナスイメージがあるかを確認したい。方法としては、(一)ツイッターで「スピリチュアル　マイナスイメージ」で過去一年のツイートを検索、(二)批判の際に使われている言葉を抽出、(三)さらにその言葉と「スピリチュアル」を合わせて、同様に過去一年分のツイートを検索、(四)似たものをグループ分け、(五)グーグルのサイト内検索を用いてツイッター内のヒット件数を記録する。検索式は「site: twitter.com　スピリチュアル〈検索語〉」で、調査日は二〇一八年八月一日である。

大きく分けて虚偽・詐欺・軽信という三つの項目が浮かび上がる。以下、「スピリチュアル」との抱き合わせ検索でツイッター内のヒット件数三〇〇以上のものをあげる(語句のあとの数字は件数)。

虚偽：あやしい1350(怪しい1230)、トンデモ1340、いんちき494(インチキ408)、うさんくさい388(胡散臭い356)

詐欺：自己啓発1530、詐欺1500、マルチ商法1010、商売689

軽信：ハマる695、エゴ544、影響されやすい345、逃避340

基本的に「スピリチュアル」が批判される際には、詐欺として批判されていることが分かる。その主張は信頼できない虚偽なのに、影響されやすい人が現実逃避したくて軽々しく信じるという見方である。これは、従来「宗教」や「カルト」に向けられていたイメージに近い。実際、オウム真理教事件に言及して「今ならスピリチュアルだ」とする意見も見られる。

それに対して、すでに見たように一般の関心層は「スピリチュアル」という言葉自体を忌避する。とくに組織嫌いの個人志向、物質主義批判の傾向がある人ほど、カルトと同一視されたくないという気持ちが強い。

結果として、二〇〇〇年代のスピリチュアル・ブームのなかで人々の関心を集めてきたものを総称する言葉がなくなった。現在は細分化し、それぞれの分野に固有の言葉を使っているという状況である。占い、魔術、オカルト、癒し、ヒーリング、ヨーガなどで、そこに争点1でも示したように、神社めぐりや座禅・瞑想など伝統宗教への個人主義的な回帰が加わる。今は、これらの現象に関わる実践者を総合的にカテゴライズする言葉が見当たらない状況である。

半世紀にわたる「ブーム」の歴史

「スピリチュアル・ブーム」は二〇〇〇年代を中心とするが、この時期に限らず類似の「ブーム」は度々マスコミに取り上げられてきた。それらは次のような特徴を持つ。(一)当事者が「宗教」とは思わないし、呼ばれたくないと思っている、(二)固定的な教義、排他的で拘束的な組織、特定の指導者の崇拝がない、(三)個人主義的であるが、類似した関心を持つ人々が情報や消費を介してつながって突発的にブームを作る。そのようなものが、とりわけ一九七〇年代以降、断続的に起こっている。それぞれは、異なる現象なのだが、言葉が変わっただけで、大きな流れは、脱物質主義的価値観の純化といってよい。つまり、「虚偽・詐欺・軽信」の要素から脱却しようと、新たな現象に飛びつくが、そこにも「虚偽・詐欺・軽信」の要素が入り込み、言葉自体がマイナスイメージを帯びると捨てられるということの繰り返しである。半世紀にわたる「ブーム」の歴史を、担い手の世代に注意しながら簡単に追っていこう。

まず、一九六七年頃から日本でもヒッピーが活動を始めている。担い手は団塊の世代とそれより上の世代である。ヒッピーとは、六〇年代後半の米国西海岸の対抗文化(カウンターカルチャー)の価値観を持つ、社会に背を向けた若者たちで、長髪で色鮮やかな服をまとって、バックパッカーとしてインドを放浪したりコミューンを形成したりする人を指すことが多い。今日の反原発運動に至るまで、この運動の影響は世代を超えて続いているが、日本では大衆レベルの社会現象とまでは評価されていない。

それよりも第一次石油危機の頃から、テレビを含んだマスコミで起きたオカルト・ブームの方が大衆への影響は大きい。一九七三年からお盆を含む夏休みの時期に日本テレビ系列で「怪奇特集!!あなたの知らない世界」という番組が放送開始され、これは一九九七年まで続く。この番組では、幽霊にまつわる怪談、心霊写真などが取り上げられる。一九七三年には、五島勉の『ノストラダムスの大予言』が出版され、一九九九年に終末が来るという解釈が出される。この本の続巻は息が長く、一九九九年に至るまで、類似の終末予言がマスコミで盛んに取り上げられる。後にノストラダムスを取り上げた幸福の科学やオウム真理教の信者にも大きく影響したと考えられる。一九七四年には、ユリ・ゲラーが日本のテレビに出演し始め、超能力やスプーン曲げがブームとなる。この年には、中岡俊哉編著『恐怖の心霊写真集』が出版され、この本も数々の続巻を通して若年層に影響を与えた。これらのブームの担い手は、七〇年代後半に小中学生だとすると、一九六〇年代後半の生まれということになる。

一九七八年に紀伊國屋書店の新宿本店で「インドネパール精神世界の本」というブックフェアーが開催され、「精神世界」というカテゴリーが定着する。島薗(二〇〇七b)によれば、この時期の精神世界の本は、インドを中心とした宗教、瞑想に関するものを核とし、幻想的な文学や哲学・思想を含んでいた。これはオカルト・ブームと関連がなく、ヒッピー世代の関心に近いだろう。

そこにマリリン・ファーガソンの『アクエリアン革命』の原著が米国で一九八〇年、邦訳は一九八一年に刊行され、個人の意識の進化が人類の意識の進化につながり、新しい時代＝ニューエイジがやって来るという見方が広がってくる。それが古い時代の、闘争と支配に満ちた文明や排他的な宗教(キリスト教)に取って代わると考えられている。この「ニューエイジ」という言葉は、「精神世界」と並んで、八〇年代にまとまったジャンルを形成する。前出の島薗によれば、九〇年代の「精神世界」フェアのブックリストを見ると、文学・哲学・思想などいわゆる教養思想は大幅に後退し、かわって心理学・ニューサイエンス(宗教と科学の一致を唱えるような科学理論)が大きな位置を占め、そこに神秘主義やオカルトが付け加わる形となっている。この時点で、脱物質主義的なヒッピーと米国ニューエイジと大衆的オカルトが「精神世界」というくくりで合流している。

一方、スピリチュアリズム系の宗教団体であるＧＬＡの影響を受けた平井和正の『幻魔大戦』(小説決定版は一九七九―八三年)は、前世から関係を持つ超能力者たちが悪の勢力と戦うというストーリーで、一九八三年にはアニメ映画化されている。雑誌『ムー』には、前世の記憶を共有するものを読者投稿欄で探す投書がこの年から掲載され始めるが、これらの動きが「前世ブーム」とされる。筆者がピーク時の投稿者の平均年齢を調べたところ、一九八五年は一六・七歳、一九八六年は一七・三歳で女子は八割であった。つまり一九七〇年前後に生まれ、物心ついた頃からオカルト関連情報を浴び続けたネイティブ世代である。米国では一九八三年に女優シャーリー・マクレーンが輪廻を信じるに至る経緯をつづった『アウト・オン・ア・リム』が出版され、輪廻思想が広まる。日本の前世ブームも実は伝統的な輪廻観とは異質なものであった。イエを基盤とした生まれ変わりでもなく、そこから解脱するべき六道輪廻とも異なり、個人を基盤とした成長志向の輪廻が特徴で、むしろマクレーンの輪廻思想に近い。日米とも小説の影響が大きいが、「個人化」の波が背景にあると考えるべきだろう(堀江 二〇一〇、本書第5章)。

バブル期にメディアで「新新宗教」が大きく取り上げられた一九九〇年頃に「オカルト—前世ブーム」世代は二〇代、先行する「精神世界=ニューエイジ」世代は三〇—四〇代だが、この時期までは新しい時代のための社会変革の運動に参画するという意識が青年から中年まで残っており、新しい宗教運動を支えたと見ることができる。しかし、一九九五年のオウム真理教事件以後は、個人化の志向が強まり、新しい宗教運動が急激に勢力を拡大することはなくなる(争点2参照)。

対照的に、一九九七年には阪神・淡路大震災やオウム真理教事件との関連で「トラウマ」という概念が注目され、「癒しブーム」が起こる。その力点は、意識の進化向上よりも、あるがままの本来の自分を取り戻すことに置かれている。しかし、結局はリラクセーションに関わる商品やサービスの消費に終わった。

そして、すでに述べてきたように、スピリチュアル・ブームが二〇〇〇年代に展開する。その担い手は三〇―四〇代の女性と言われるが（有元 二〇一一）、先ほど見た前世ブームの担い手がちょうどそれに当たる。つまり、一九六〇年代後半から七〇年代前半に生まれたバブル世代・団塊ジュニア世代が、「オカルト―前世―スピリチュアル」ブームを牽引してきたことになる。スピリチュアル・ブームは二〇〇七年をピークとするが、二〇〇九年にはパワースポット・ブームと仏像ブームが起こる（争点1）。

東日本大震災の翌年、二〇一二年に地球の意識が次元上昇するアセンションが起こると言われ、震災はその一貫として解釈され、終末論的な意識は消えていないことが分かった。このアセンション思想は日本だけでなく欧米でも信じられた。二〇一二年を過ぎたあとも、紛争や異常気象による災害は絶えず、転換は起こり続けていると信じられている（堀江 二〇一二）。この年は反原発運動が高まりを見せるが、その端緒を開いたのはヒッピーの子ども世代であった（堀江 二〇一三）。また、争点1でも見たように二〇一二年に仏教ブーム、二〇一三年に神社ブーム、二〇一四年には御朱印ブームと、伝統宗教への個人主義的な参与が小さなブームを作り出してゆく。

このように振り返ると、本来は「急激な流行」を意味するブームという言葉がインフレを起こしているようだ。むしろ、一九七〇年代以降、長く大きな変化が生じているととらえた方がよい。大衆文化のなかで、従来の宗教とは異なる形で、何か通常ではとらえがたい次元への関心が高まっている、それはオウム真理教事件や震災を経て、脱物質主義の傾向を純化させつつある、と。それは担い手となる世代が成熟し、社会の様々な分野の中核を担ってゆくこととも並行している。

宗教学では、こうした一連の流れを「霊性＝スピリチュアリティ」ととらえてテーマ化し、研究を進めてきた。日本の場合、島薗進（二〇〇七a、二〇〇七b）が「新霊性運動」「新霊性文化」「新しいスピリチュアリティ」などという言葉で、宗教との違いを意識した国内外のスピリチュアリティへの関心を研究してきた。

「スピリチュアリティ」という用語の必要性

スピリチュアリティ（霊性）とは、個々人が聖なるものを経験したり、聖なるものとの関わりを生きたりすること、また人間のそのような働きを指す。それはまた、個々人の生活においていのちの原動力と感じられたり、生きる力の源泉と感じられたりするような経験や能力を指している。従来は特定宗教の枠内で一定の規範にのっとって経験され、生きられるものであったスピリチュアリティが、特定宗教の枠を超え、個々人が自由に探求し、身につけることができるようなものと考えられるようになってきた。世界の先進国では、今や新しいタイプのスピリチュアリティが広範に形成されてきていると思われる（島薗 二〇〇七a、v頁）。

欧米、とくに英国では「ニューエイジ」研究が盛んにおこなわれているが、「ニューエイジ」はキリスト教との違いを強く意識させるため受容層は限られ、世界宗教以前の土着の信仰を再評価するペイガニズムよりも未来志向である。また地球外生命体とのチャネリングなど一部の人にしか共有されない信念を含む。島薗はニューエイジ周辺領域も包括でき、グローバルに起きている現象の比較文化的な分析にも耐えうるものとして「新しいスピリチュアリティ」の方が適切だと考えている。

英語の「スピリチュアリティ spirituality」はもともとキリスト教に由来するが、筆者の米国議会図書館データベースの調査によれば、一九六〇年代頃から他宗教との共通性やキリスト教内の霊的体験をとらえるために使われるようになる。九〇年代頃から心理学的議論が増え始め、二〇〇〇年代には宗教心理学と宗教社会学の概説書のタイトルにも含まれるようになる(6)。こうして、個人の神秘体験と呼ばれるような体験に根ざしていて、それぞれの宗教の中核にあり、かつ組織宗教の外でも探求されるものとして「スピリチュアリティ」概念が構築されてきた。

筆者は、心理学関係の学術論文のデータベースであるPsycINFOと一般的な学術情報のデータベースであるGoogleScholarを用い、「スピリチュアリティの定義 definition of spirituality」という語句で検索し、全文アクセスができ、かつ被引用数が多く、実際にスピリチュアリティの定義について議論している論文を選び、次のような意味で「スピリチュアリティ」という言葉が使われていることを確認した(7)。

(1)非物質的なスピリチュアルなもの(a生きる意味や目的、b他者や自然とのつながり、cより高い神的な力)への気づきや探求のプロセスにあることを指し、(2)宗教の核心部分に当たるが、宗教組織では形骸化されやすいもので、(3)個人でも直接的に心身の全体で感じ取ることができるもの。

日本では「スピリチュアリティ」という言葉自体が一般に浸透していないが、竹田・太湯(二〇〇六)

らの先行研究の概観を見ると、上で言う「スピリチュアルなもの」に先祖との関係が含まれる。しかし、これは対象が高齢者であるためで、若年層になると先祖に限らず「死者」とのつながりがあげられるかもしれない。これまで見てきた限りでも、日本の場合、死者の霊魂とのコミュニケーションを重視するスピリチュアリズムの影響が大きい(第5章参照)。

日本でも欧米でも、戦後の経済復興が一段落する一九七〇年代頃から、物質的ではないものの価値が再発見されたが、日本の場合、もともと民俗宗教では重要だった死者とのつながりが大きな役割を果たしたのであろう。そのニーズには新宗教も対応してきた。だが、「宗教」に対して嫌悪感を持ち、「無宗教」であろうとする人々にとっては、宗教らしくない「精神世界」「ニューエイジ」「スピリチュアル」などの方が魅力的に映っただろう。とはいえ、それは関心がない人から見れば「宗教」「カルト」と同様に虚偽・詐欺・軽信という否定的要素を持つものとして見られがちである。実際、現世利益中心の職業的実践者とその支持者にはこれらの要素がある。そのため、近年では、より信頼感のあるものとして伝統宗教に回帰する傾向が見られる。しかし、それは「宗教復興」ではなく、個人化した伝統回帰であり、関与している人は自分が「宗教」にコミットしているとは考えていない。

制度化するスピリチュアリティ

これが可能になるのは、伝統宗教側もスピリチュアリティを取り入れ、それを求めるニーズに応えようと間口を広げているからである(争点1)。神社や寺院は世襲の後継者も多く、また高齢化のため、継承するまでの期間が長く、若い時期に何らかの形で新しいスピリチュアリティに触れている人は少なくない。とくに東日本大震災以後は、宗教者が「ケア」という実践を通して、宗派を超えたスピリチュアリティにコミットする段階に入っている(第2巻第5章)。

それと同様の現象は、宗教を超えた学問領域や社会制度にも及んでいる。医療・福祉・心理領域における「スピリチュアル・ケア」(第7章)、教育における死の教育や「いのち」の教育(第6章)、経営学での職場スピリチュアリティ研究(堀江 二〇一七)、環境・農業などに関わるエコロジー思想である。これは、新しいスピリチュアリティに関心を寄せる世代が十分に成熟し、様々な制度の中枢を担うようになってきたことと関係があるだろう。その場合、スピリチュアリティを単に世俗化の一形態である宗教の私事化、「見えない宗教」(ルックマン 一九六七)、「拡散した宗教」(Cipriani 2017)などととらえるだけでは、「宗教」との違いを出そうとする契機が見えないだけでなく、宗教や公的制度に取り入れられ、再可視化しつつあるという新しい局面がとらえられない(第2巻の第二部と第三部も参照)。

しかし、もともと社会の周縁に位置するオルタナティブな運動や、主流文化と対峙する対抗文化から発し、大衆文化や若者文化として興隆し、個人的価値観として共有されてきたのがスピリチュアリティである。それは、社会の誰もが賛同する普遍性を持つに至っていない。主流文化ではないことが強みとなって、批判力や革新性を持ち得たものである。既成宗教や新しい学問分野や制度に取り入れられることで、それは賛同しない人を巻き込むような権力を発動する可能性がある。とくに医療や教育や政治での影響は大きいだろう。制度的スピリチュアリティに関して、極端な賛美にも非難にも陥らず、オープンに議論する端緒を開くことが、本書の第6章と第7章の目指すところである。

注

（1）「国分太一・美輪明宏・江原啓之のオーラの泉」テレビ朝日、二〇〇五—〇九年。

（2）「江原啓之スペシャル　天国からの手紙」フジテレビ、二〇〇四—〇七年。

（3）「癒しフェア二〇一八　in　TOKYO」、http://a-advice.com/tokyo_2018/、二〇一八年八月二日アクセス。

（4）「開運のために「除霊」するから金払え——悪質な「開運商法」の被害が増加中」『弁護士ドットコム』二〇一五年三月一八日、https://www.bengo4.com/c_8/c_1186/n_2828/。

（5）「おしかけスピリチュアル」テレビ東京系、二〇一三—一四年。

（6）米国議会図書館 Library of Congress でタイトルに「spirituality」を含むカタログの年代別の件数を調べると、一九四〇年代までの合計でも一〇件以下だが、一九五〇年代が四三件、六〇年代が九六件となる。関連度上位の文献を見ると、spirituality の前に時代や地域が頭につくものが出てくる。つまり、スピリチュアリティは時代や地域によって様々であるという考えである。七〇年代には一五八件となり、キリスト教以外の宗教のスピリチュアリティも散見される。八〇年代は四五五件と飛躍的に増加するが、全体的にはキリスト教関係の文献が多い。一九九〇年代に九四一件と倍増するが、とくに一九九一年から急に心理学関係の文献が増え、テーマの多様化も進む。そのなかでもユング心理学関係とニューエイジ的なものが目立つ。二〇〇〇年代も倍増して二〇七八件となり、関連度上位に上ってくる文献に、宗教心理学と宗教社会学の研究書が目立ってくる。とは言え、キリスト教関係の文献は大きな位置を占めている。以上から、spirituality という言葉はキリスト教でもそれ以外の宗教や学問によっても使われる用語であり、また個人主義的なニューエイジとも関係が深い言葉として発展してきたといえる（二〇一八年四月一四日検索）。

（7）PsycINFO ではデータベース内の被引用数が九以上の八論文（検索日は二〇一八年四月八日）、

GoogleScholarでは被引用数が一〇〇〇以上の四論文を参照した（検索日は二〇一八年四月一一日）。

参考文献

有元裕美子 二〇一一、『スピリチュアル市場の研究――データで読む急拡大マーケットの真実』東洋経済新報社。
イングルハート、R 一九九〇（原著）、村山皓・富沢克・武重雅文訳 一九九三、『カルチャーシフトと政治変動』東洋経済新報社。
江原啓之 二〇〇三、『スピリチュアルな人生に目覚めるために――心に「人生の地図」を持つ』新潮文庫。
江原啓之 二〇〇九、『スピリチュアリズムを語る』パルコ。
江原啓之 二〇一一、「江原啓之「スピリチュアリスト」宣言」一般財団法人日本スピリチュアリズム協会、四月一五日、http://spiritualism.or.jp/news/301/。
島薗進 二〇〇七a、『スピリチュアリティの興隆――新霊性文化とその周辺』岩波書店。
島薗進 二〇〇七b、『精神世界のゆくえ』秋山書店。
竹田恵子・太湯好子 二〇〇六、「日本人高齢者のスピリチュアリティ概念構造の検討」『川崎医療福祉学会誌』第一六巻一号。
CHIE 二〇一六、「最近のスピリチュアル事情。パワースポットはもう古い？」『スピリチュアル観察日記』九月七日、https://ameblo.jp/chie-sp-we/。
橋迫瑞穂 二〇〇八、「「聖なるもの」の安全装置――「すぴこん」の事例から」『年報社会学論集』二一号。
堀江宗正 二〇〇七、「日本のスピリチュアリティ言説の状況」日本トランスパーソナル心理学・精神医学会編『スピリチュアリティの心理学』せせらぎ出版。
堀江宗正 二〇一〇、「現代の輪廻転生観――輪廻する〈私〉の物語」鶴岡賀雄・深澤英隆編『スピリチュアリティの宗教史【上巻】』リトン。
堀江宗正 二〇一一、『スピリチュアリティのゆくえ（若者の気分）』岩波書店。
堀江宗正 二〇一二、「予言が当たったとき――アセンション信奉者の震災後の態度」『宗教研究』第八五巻四輯。
堀江宗正 二〇一三、「脱/反原発運動のスピリチュアリティ――アンケートとインタビューから浮かび上がる生命主義」『現代宗教2013』秋山書店。
堀江宗正 二〇一七、「職場スピリチュアリティとは何か――その理論的展開と歴史的意義」『宗教研究』第九一巻二輯。
ルックマン、T 一九六七（原著）、赤池憲昭・スィンゲドー、J訳 一九七六、『見えない宗教――現代宗教社会学入門』ヨルダン社。
Cipriani, R. 2017, *Diffused Religion: Beyond Secularization*, Springer.
Norris, P. and Inglehart, R. 2004, *Sacred and Secular: Religion and Politics Worldwide*, Cambridge University Press.

第５章　死後はどう語られているか
――スピリチュアリズム的死生観の台頭

堀江宗正

少子高齢化の進展とともに、死と生に対する関心は高まりを見せている。その関心は様々だが、各種調査から「あの世」や「霊魂」を肯定する死生観と否定する死生観がせめぎ合っている状況が見えてくる。本章では、死生観や宗教意識に関わる世論調査を見ながら、宗教的ではないが死後の魂の存続を肯定し、死者に対して強い愛着を抱く世代が台頭しつつあることを示す。

一　世代で異なる日本人の死生観

一般的に「宗教を信じる」と答える人の割合は、年齢が上がるほど高くなると言われる。しかし、「霊魂」や「あの世を信じる」人の割合は、現代では高齢世代の方が低い。このことを二〇一〇年実施の朝日新聞の死生観調査から確認しておこう。(1) **図1**にまとめたように、「宗教は大切」と答える人の割合は、二〇代が一割しかいないのに、七〇歳以上では六割に迫る。一方、「霊魂は残る」と答える人の割合は、二〇代から四〇代までが過半数であるのに対し、五〇代以上は四割台、三割台と落ち

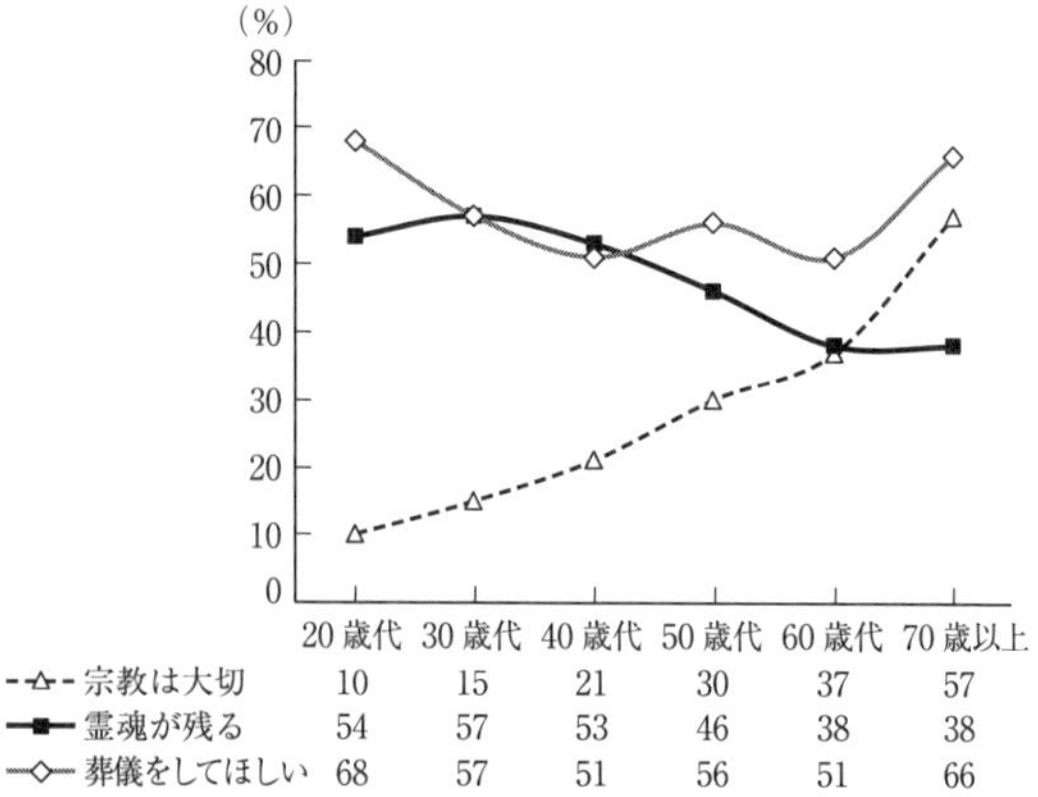

図 1　年齢別の宗教重視度，霊魂観，葬儀の希望の割合：2010 年調査
出典：朝日新聞の死生観調査

込んでいく。つまり、高齢者の方が宗教を重視し、若者の方が死後も霊魂は残ると考えている。

　興味深いのは、「自分の葬儀をしてほしい」という人の割合が、谷型のカーブを描いていて、二〇代と七〇歳以上で六割を超えるのに対し、他の年齢区分では五割台にとどまるという結果である。またグラフにはないが、両親や祖父母の墓を守るのは子どもの義務だと思う割合は全世代で七割以上だが、なかでも二〇代は七七％と七〇歳以上の八〇％に次ぐ高さである。

　しかし、若年世代と高齢者の間には大きな違いもある。「宗教色を抜いた形式にしてほしい」という希望は、二〇代で五七％、三〇代で五六％と高く、七〇歳以上は二九％しかない。また、墓地に埋葬せず、山や海に遺灰を撒く「自然葬」に関心がある人は、二〇代で五四％だが七〇歳以上は二五％しかない。どちらも約二倍の開きがある。若者の宗教を重視しない傾向と、宗教色のある葬儀にこだわらず、自然葬に関心を抱く傾向には関係があるだろう。

　さらに統計数理研究所による「日本人の国民性調査」を見てみよう(2)。**図2**のように、二〇一三年の

「宗教を信じる」人の割合は、二〇代が一割ほどしかいないのに七〇歳以上では半数に迫る。一方、「あの世を信じる」人の割合は、二〇代から五〇代までが四割台なのに、六〇代以上は三割台である。この質問は一九五八年と二〇〇八年と二〇一三年に設けられている。一九五八年と二〇〇八年とを比べてみると(図3)、一九五八年の時点では高齢者ほどあの世を信じていたことが分かる。このとき二

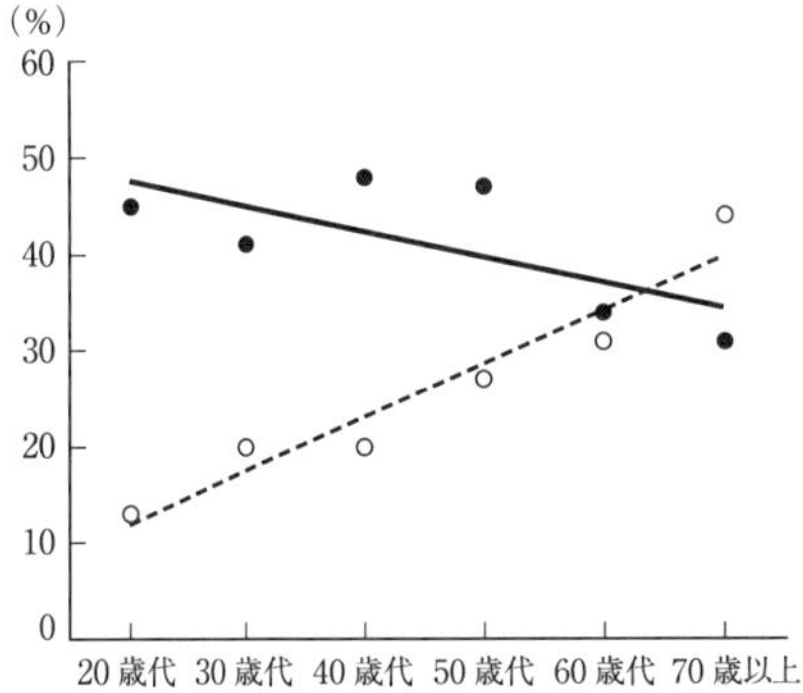

	20歳代	30歳代	40歳代	50歳代	60歳代	70歳以上
○宗教を信じる	13	20	20	27	31	44
●あの世を信じる	45	41	48	47	34	31

図2 年齢別に見た宗教とあの世を信じる割合：2013年調査
出典：日本人の国民性調査

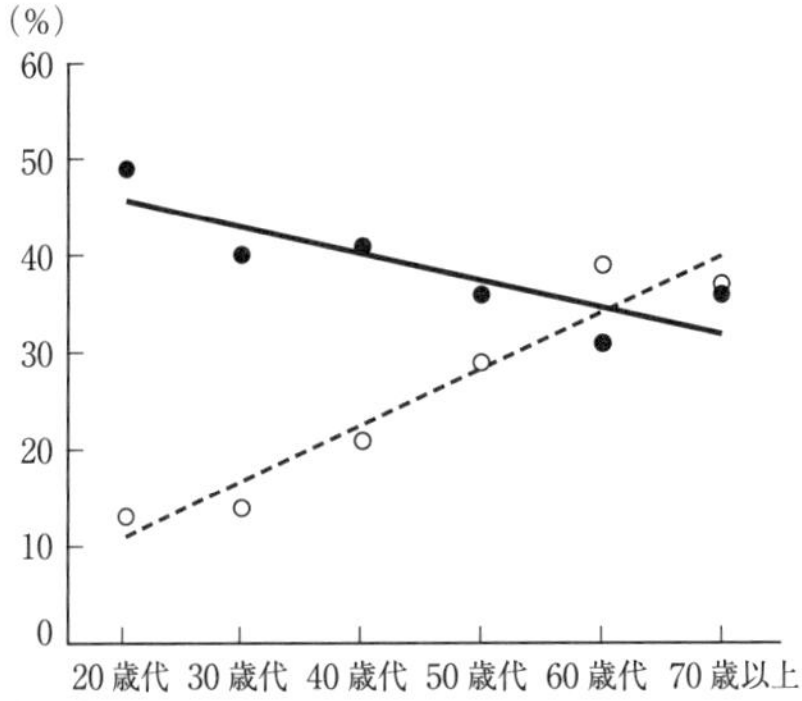

	20歳代	30歳代	40歳代	50歳代	60歳代	70歳以上
○あの世を信じる(1958)	13	14	21	29	39	37
●あの世を信じる(2008)	49	40	41	36	31	36

図3 年齢別のあの世を信じる割合：1958年調査，2008年調査
出典：日本人の国民性調査

○代だった若者は二〇〇八年時点では七〇歳以上となる。これを同一コーホート（ある時代に同じ年齢層に属していた人口集団）とすると、あの世の場合、一三％から三七％へと約三倍の数字に上がっており、加齢効果であの世を信じるようになったことが分かる。だが、それでも現代の若者の四九％に及ばない。彼らは死別経験を積んできた高齢者以上にあの世を信じる。しかも、**図1**で見たように他世代よりも葬儀の希望が高い。「非宗教的霊肯定だが葬儀重視」という極めて特徴的な世代が登場してきているのである。(3)

特定教団の調査であるが、二〇一二年の曹洞宗檀信徒意識調査報告書から高齢者の状況を推測しよう（曹洞宗宗勢総合調査委員会編 二〇一四）。調査対象者は檀信徒という自覚があるので、「宗教的な人」と見てよい。平均年齢は五七・二歳で中央値は六〇歳なので、高齢者の状況を見るのに都合が良い（この数字自体が既成仏教の信徒の高齢化を表し、衝撃的ですらある）。彼らのうち、「死者の居場所」について複数回答で「あの世（天国・地獄・極楽浄土）」と答えたのは六六・六％で、「どこにもいない」と答えた人は五・三％だった。死者の完全消滅は一割未満という結果だが、複数回答可なので敢えて選んだ人はかなり確信的に死後生を否定する人たちである。それよりも複数回答なので、「あの世」の消極的否定派は三分の一という点に注目したい。つまり高齢者で宗教的と言える檀信徒の三分の一が消極的な霊否定派という結果なのである。

高齢者との比較で若者に多く見られる態度は非宗教的霊肯定だが葬儀重視の態度であり、若者との比較で高齢者に多く見られる態度は宗教的霊否定かつ葬儀重視の態度だとして、両者を対比させたい。そして、葬儀軽視の世代を間に挟みつつ後者から前者への移り変わりが生じているという仮説を提示したい。以下、前者の態度を「スピリチュアリズム的死生観」と呼び、直接の影響がなくてもパターンとしてはスピリチュアリズムに近いことを指摘する。また、宗教的霊否定派かつ葬儀重視を包摂する態度を「葬式仏教的死生観」と呼ぶ。

二　葬式仏教的死生観と生命主義

死者を霊として弔う、あるいは先祖・ホトケとして祀るという葬式、またそのあとに続く年忌法要は、必ずしも霊肯定派ばかりが参加するわけではない。霊否定派も参加する。そのような儀式を司る僧侶ですら、霊魂の存在を信じているとは限らない。信じていなくても、儀式を司ることは可能である。二〇〇一年の曹洞宗僧侶に対する調査では、「魂は存在する」と答える僧侶は四七・六％しかいなかった。逆にそう答えない僧侶が過半数だということである。また、「魂のゆくえ」を尋ねる質問で「仏の子として成仏」すると答えた僧侶は四六・一％、そして「仏国土へ行った」と答えた僧侶は四四・九％しかいなかった。それぞれ過半数は成仏しない、仏国土に行かないと思っていることになる（奈良 二〇〇三、三九一―三九二頁）。死者の霊を弔い、成仏するのを助けるはずの僧侶の回答がこのように肯定と否定に二分されるのは、一般人から見たら奇妙である。そのようなことがどうして可能になるのだろうか。

まず、教学の立場からの正当化がある。現代の既成仏教教団は霊魂を肯定する教団と否定する教団とに二分されている。詳しくは、筆者の論文「霊といのち」で各教団の見解をまとめているので参照してほしい（堀江 二〇一五）。曹洞宗はどちらかと言えば霊否定派で、近年はそれを見直し、道元は輪廻（生まれ変わり）や「中有」（死んでから次の状態になるまでのあり方）を認めていたと指摘する動きもある（奈良前掲書、第一章第二節）。現在、比較的大きな既成仏教の宗派で、明確に霊魂を否定しているのは、浄土真宗本願寺派、真宗大谷派、臨済宗妙心寺派、そして今見た曹洞宗である。逆に、曹洞宗僧侶の半分近くが魂は存在すると答えた方が、宗派内では驚きだっただろう。教義で霊魂を否定していない教団としては、天台宗、高野山真言宗、浄土宗、日蓮宗などがある。

仏教教団で霊魂否定の根拠になる教説は様々だが、無我説がもっとも有力である。つまり、あらゆる存在に固有の本性はなく、それがあると思う迷いにとらわれてはいけないという、仏教の根本教義である。したがって、身体と明確に切り離される実体としての霊魂をも肯定することはできない。だが、霊魂を肯定する宗派も、固定的な実体としての霊魂を信じているわけではない。様々に変わりゆき、輪廻し、成仏する存在の一局面、つまり死んでから次の存在になるまでの状態をとらえて「霊魂」と呼ぶことを認めているに過ぎない。

霊魂を否定する教団は、葬式を執り行う際に「死者のゆくえ」をどうイメージしているのだろうか。浄土への往生を中心教義とする浄土真宗本願寺派の場合、まず無量寿仏（量りきれない寿命を持つもの）とされる阿弥陀如来を無限の「いのち」ととらえる。そして、その無限のいのちの浄土は通常の認識では到達できない悟りの世界だが、その仏の願いによって念仏をさせられる私は生前から浄土に往生していると言える。ある種の心理的状態としての浄土である。では、死んだらどうなるかというと、死んでもその人の行いは未来に続いていくという意味で、「いのち」に終わりはないという。あらゆるものは「いのち」であり、生まれて死んでゆくものも「いのち」のなかにあるというイメージである。真宗大谷派は、浄土をともに生かし合っていく共生《ともいき》の世界ととらえ、それと切り離して個人の霊魂をとらえるのは、いのちの私有化に過ぎないという。

他の宗派に関する細かい説明は、筆者の前掲論文を参照してほしいが、個人を超えた全体のいのちという考えは、霊魂を認める宗派でもよく引き合いに出される。その場合の「いのち」の教義的根拠は、阿弥陀如来に限らず、大いなる仏のいのちであり、人間を含めてあらゆるものに、そのいのちは宿っていると考えられている。日本で独特な発展を遂げた本覚《ほんがく》思想（あらゆるものは本来悟りの知恵を宿しているとする思想）とも関係があるが、現在ではアニミズムに近いと解する人もいるだろう。個人の自我は、実は大いなるいのちから出てきて、またそれをうちに宿し、死後どこか別の場所に行くのではなく、全体的ないのちに溶け込んでいくというイメージである。

この生命主義と言ってもよいイメージは、「死後どうなるか」についての様々な見解を包摂する。霊魂を信じる人は、仏の世界に行くという表現を「あの世」に行くことだと了解するだろう。葬式や先祖供養の意味に疑問を持つ人は、儀礼を通して個人を超えたいのちのつながりに感謝し、自分もその一部だと確認できると教えられ、儀礼に納得することができる。大いなるものから生まれ、大いなるものに帰って行くと考える生命主義は、実は唯物論的な世界観と相性が良い。例えば人は歴史によって作られ、歴史を作り、歴史に何らかの影響を残しつつ死ぬという弁証法的な歴史観と構造上は類似している。また、自分を形作ってきた遺伝子が、次世代に引き継がれるとか、肉体はこの世界に分散していき、他の生命の一部になるなどという生物学的な唯物論との折り合いもつくだろう。葬式の法話などで僧侶が「いのちから生まれ、いのちへ帰って行く」というイメージを語ってくれれば、唯物論的な世界観を持つ人々でも「いのち」という言葉をそれぞれの流儀で解釈し、「死んでも終わりではない」「死んだら終わりだが別の何かになる」などと考えることができる。

葬送儀礼は宗派によって異なるが、それにまつわる伝統的な風習は地域によっても異なる。お盆やお彼岸などの死者の霊が帰ってくるのを迎えるという儀礼を理解するためには、仏教の教学だけでなく歴史学や民俗学の視点を借りる必要もある。仏教は輪廻、つまり生まれ変わりを基本とし、そこから解脱することで仏になると説く。一方、輪廻と先祖祭祀は本来的に異なる死生観である。子孫は先祖の祭祀を永続的におこなう義務を負う。それができなくなるということは、家の断絶を意味する。だが、先祖が別の人物に生まれ変わると祭祀の意味がなくなってしまう。この潜在的な矛盾を、日本仏教は仏になるまでの期間を大幅に短縮することで解消している。浄土真宗系の場合、死者はすぐに浄土に往生するので、仏と一体のものとして扱われる。それ以外の宗派でも、四十九日を一つの目安として死者は仏として扱われる。日常語では「ホトケ」という言葉が単に「死者またはその霊」(『広辞苑』より)を意味することもある。さらに、三三年で弔い上げになるとホトケは個性を無くし、「先祖」や「神」として祀られる。死者はホトケ＝仏になったのだから、輪廻を脱して先祖であり続けることになる。新たに生まれる生命は、いったん先祖となった祖霊のなかから生まれてくると考えられる。このような、先祖祭祀と生まれ変わりの観念が融合した死生観は、柳田國男の『先祖の話』などでまとめられている(柳田 一九四六)。だが、江戸時代の寺請制度によって家と寺の関係が深まり、さらに明治期民法の家制度によって「イエ」を基本とする先祖祭祀が強まったという歴史的背景がある。

このような死生観は日本古来のものというより、柳田が資料を収集した時代に定着していたイエ中心の死生観と見るべきだろう。

家の先祖として正式に祀られるのは仏ということになるが、この場合の「仏」は仏教本来の「悟った存在」という意味が薄い。僧侶は、亡くなった方が仏弟子として戒名をいただいて仏になって、さらに衆生救済のための修行を積んでいるなどと説くかもしれない。だが、「ホトケサマ」という言葉を聞いた人の多くは、死者あるいは「先祖」を指す言葉としてとらえるだろう。地域によっては土地の神として近くの山や海などの他界にいて、決められた時間、決められた場所に戻ってくるとされる。それを招き寄せ、迎え入れる祭りに共同で参加することが、地域や「家」の成員として一体であることの証となる。都市への人口流入が進んだあとも、盆や正月の帰省のために人々が大移動するのは、こうした先祖祭祀が背景にある。

このような先祖祭祀と霊、霊魂、幽霊は、光と影のような関係にある。死後三三年を経て先祖として適切に祀られていれば問題はないが、何らかの理由で家の先祖のなかに入れられない死者の存在、恨みや未練を残して「成仏できない」存在が「幽霊」として出てくることがある。また、家が途絶えるなどして墓が守られず無縁仏とされる死者、飢饉などで死に、餓鬼道にいるとされる死者のために、特別の供養が必要となる。お盆の際には家の仏壇に「ホトケサマ」を迎え入れるだけでなく、それとは別に施餓鬼棚を用意したり、先祖と明確に分けて軒先に供物を用意したりして、二重の供養が施される。

この場合の「霊」は先祖になれない未浄化の存在である。霊は適切に祀らないと恐ろしい祟りを引き起こすとされる。家の中に起こる様々な問題は、成仏していない、浄化していない霊が引き起こしたものであるとも考えられる。既成仏教では死霊を十分に成仏させられないと不安に思う人も出てくる。その解決を請け負うのが、先祖供養に力を入れる様々な教団や民間の霊能者たちである。しかし、不安につけ込んで高額の布施を出させる団体や個人もいて、詐欺的な霊感商法だと批判されることがある。そしてそれを助長するのが霊信仰であると批判されることもある(後述)。

このように、「霊」的な存在は、既成仏教からは教義的に否定されるものとして、民俗仏教からは先祖よりも下位の存在として、世俗的な市民社会からは非科学的な詐欺的商法の根拠として、軽蔑され、否定されてきた。

三　スピリチュアリズム的死生観の台頭

前述のように、戦後の一九五八年の二〇代、つまり二〇〇八年の七〇代以上、さらに二〇一三年でも六〇代以上の高齢者はあの世を信じる人が少なかった。特に第一次ベビーブーム世代、いわゆる団塊の世代(一九四七―九年生まれ)は、戦後の高度経済成長期に育ち、激しい受験競争のなか科学的教育をたたき込まれ、やがて労働運動や学生運動にもまれ、マルクス主義などの唯物論思想に触れ、世代全体が「あの世」や「霊魂」を信じない雰囲気だったのだろう。この世代の、特にスピリチュアルなものに関心があると自認する男性のなかには、「職場の同僚にスピリチュアルを信じていることは話さない、男性社会では恥ずかしいことだから」と証言する人もいる(筆者インタビュー調査より)。

この世代と著しいコントラストをなすのが、本書の争点3「スピリチュアル・ブームは一過性のものだったのか?」で見たように、一九六〇年代後半から七〇年代前半に生まれたバブル世代・団塊ジュニア世代である。この五〇―六〇代より以前の世代と七〇代近い団塊の世代との間には著しい価値観のギャップがあると考えられる。

前出の朝日新聞死生観調査によれば、「あの世」があると思う四九%の人にそのイメージを尋ねたところ、「生まれ変わり」(一六%)と「やすらぎ」(一四%)が高かった。年齢別では、三〇―四〇代が特に生まれ変わりをイメージし、二〇代が安らぎをイメージした。五〇代以上でもこの二つは一〇%以上なのだが、相対的には低い。高齢者において上昇するのは「永遠」というイメージである(七〇歳以上で一〇%)。つまり、若年から中年にかけて「あの世」は「生まれ変わる前に一時的に休息する場所」というイメージが明瞭で、高齢者は永遠にそこにいるというイメージが若年世代よりも強い。

やまだ他(二〇一〇)は、大学生に、この世とあの世と魂のイメージを描かせるという興味深い調査をおこなっている。それによると、この世は都会的な暗いイメージで、あの世は空の上にある明るい自然の楽園として描かれる。魂は足、身体の順に無くなり、輪郭も希薄になり、軽くなって上昇してゆく。これを、やまだ他は「気体化」と呼ぶ。それに対して、鬼や妖怪や化け物などのように見える「異形化」は見られない。また、約七割が「死後はある」と答えるのに、天国があると答えるのは約五割、地獄は約四割にとどまる。

以上のことから、死後の世界は現世よりも明るく、地獄イメージは弱く、死ぬと多くは浄化コースをたどり、十分に休息を取ってから先祖にはならずに生まれ変わるというイメージが、若年から中年世代で有力であることが示唆される。

「霊」の受容の内容的変化についても見てゆこう。もっとも大きい変化は科学的否定的態度の後退と霊の心理化、あるいは個人的物語としての受容である。オカルト・ブーム以後、ショーアップされた霊視能力の真偽についての論争は絶えず、懐疑派の科学者による霊能者批判もあった(大槻 一九九三)。二〇〇〇年代に至っても、全国霊感商法対策弁護士連絡会(二〇〇七)が、「霊魂観や死後の世界についての特有の考え方を断定的に述べ」るテレビ番組が、霊感商法やカルトの被害や自殺の原因となっているとし、行き過ぎを是正するよう求めている。一方、弁連が念頭に置いていると思われる江原啓之の番組に対する、ファンの好意的評価を筆者がまとめたところ、次のようなものであった。まず「霊的なことは自分には分からない／あまり信じていない／霊視の真偽は別として」と留保する。その上で、「霊の有無にこだわらず、やさしい口調で現実的問題に答えて、自己反省・感謝・愛の重要性に気づかせてくれる」ととらえるものが目立つ(堀江 二〇一〇a)。いわば不可知論的なプラグマティズムが評価の基準である。

このような傾向がはっきり現れたのは、「NHKスペシャル　東日本大震災　亡き人との〝再会〟～被災地　三度目の夏に～」というテレビ番組(二〇一三年八月二三日放送)への感想である。これは被災者が亡き人の霊にまつわる不思議な体験を語るドキュメンタリー風の番組である。寝ていると行方不明の人が透明な姿で現れ、後日遺体で発見されたときの写真でこのときと同じような表情をしていたなど、夢に類似した体験が二例と、外出先の靴箱のなかに白い花が入っていて、後日発見されたときに遺体に供えられた花と同じだったなど、当人には偶然と思えない体験が二例、紹介されていた(4)。

ツイッター上では、すぐに「ＮＨＫがオカルトに走り出した」という否定的意見が出たものの、それは一部にとどまった。圧倒的多数は、身近な人を突然亡くした被災者にとって、亡き人は「幽霊」などではないというものであった(5)。

もう怪異現象でもなかったもんなぁ　震災の個人にふりかかる悲劇が悲しすぎるために　こういうことあるだろうなぁと誰もが共鳴できること @kotatrix

私は怖いオバケを見た事は無いけれど、懐かしい(亡くなった)血縁の人を感じた事はあるので、これらは本当にある事なのじゃないかと思う。@Shanti_Puspita

亡き人の「気配」ってよく分かる。自分もそういう体験に戸惑ったことあるから。いや、幽霊ちゃうよ(笑)@akiratv

(傍線は筆者、以下同様)

「誰もが共鳴できる」とは特異な現象ではないこと、〈好奇〉の対象ではないことを意味する。「怪異現象」でもないとは、当事者にとっては怪しむようなものではない、つまり〈懐疑〉の対象ではないということである。「懐かしい(亡くなった)血縁の人」や亡き人の「気配」は怖くないので「オバケ」や「幽霊」とは明確に区別され、〈恐怖〉の対象ではない。これらのコメントから、〈恐怖〉〈懐疑〉〈好奇〉の対象としての「幽霊」ではなく、あくまで身近な死者の個人的に実感される気配で、普通の体験だと考えられていることが分かる。ここでは先祖と幽霊の対比が、「身近な人」と幽霊の対比に置き換わっている。この世に現れる未浄化な幽霊ではなく、生者と密接に結びついていて、生者を支える存在である。その支える力によって当人が死者の臨在を確信しているのを、他者がとやかく言うものではないと考えられている。

大きく傷ついた心を立ち直さ〔ら〕せるには、たとえ「正しくない」としても、そんな力が必要になるんじゃないだろうか。@taro_amani

大切なのは、この再会が遺された人々の再起の切っ掛けになっていること。@24hitomi

突然として津波にのまれた人たちは、残された、生きる人たちの心のケアをしてくれている。決してそんな簡単なことではない、単純なことでもない、そこに至るまでどれほどの苦しみがあったか。私は非科学的な話としてではなく、死者の力を信じる。@o_coma_34

科学的に「正しい」と証明されていなくても、あるいは「非科学的」な意味で死者が何かをしているとあえて主張しなくても、「死者の力」が「再起の切っ掛け」として「必要」だという。これは番組のなかで、精神科医が自分たちより「死者の力」の方が遺族を「ケア」していると言ったことから来ている感想だと思われる。

また、ツイッター上でも最先端の生命医療の研究者である高橋淳が、「霊の存在は別にして、生死の境に携わる仕事をしてきた経験から言うと、亡き人が人の心の中に行〔生〕き続けること、亡き人が今を生きる人の「生」を支えることはあり得ると思う」(@juntakajun)と述べている。また、生命論や死生学に関連する発言を精力的に続けている哲学者の森岡正博は、「私の『生者と死者をつなぐ』のメッセージ〔生者が生きている根本に死者の存在がある〕をそのまま映像化してくれたような番組だった」と述べている(@Sukuitohananika)。ジャーナリストの佐々木俊尚は、「亡くなった人が現れた、と証言する人々。その体験を科学的に説明してしまわず、個人的な物語として尊重し映像証言として伝えた」と紹介する(二〇一四年九月一一日、@sasakitoshinao)。演劇研究者でオカルト芸術論を大学で講じる岡室美奈子は「超常現象や錯覚などと言って片づけず、震災で亡くなった人たちと再会したという被災地の人々の不思議な体験に丁寧に耳を傾ける。大切なことだと思う」(@mokamuro)と述べている。このように科学的には証明されない「幽霊」のようなものとしてではなく、またそれを精神病理などとして科学的に説明するのでもなく、死別を体験した人が生きる支えとする「死者の力」を個人的な物語として尊重し、傾聴するという態度が、番組を見た一般の視聴者からも、ツイッター上で影響力のある知識人からも表明された。

このことを、震災前のスピリチュアル・ブームと異なる変化が起きているととらえる人も複数いた。

震災前だったら『霊現象』の一言で括られていたはず。@gururukun

スピリチュアルな事象は胡散臭さがつきまとうが、オレはこれに関しては信じたい。@rooney-wm

怪談専門誌『幽』の東雅夫編集長(当時)は、次のように述べている。「こんなにも自然体で、夾雑物なしに、怪異現象と虚心かつ真摯に向き合ったテレビ番組は、前代未聞かと。日本怪談史の観点からも、今後のメルクマールとなること必定でしょう」(@kwaidan_yoo)。これまで見てきたように、〈恐怖〉〈懐疑〉〈好奇〉の対象としての幽霊が引き起こす「胡散臭い」「霊現象」とは異なるという認識をする人が多いので、この「日本怪談史」上の「メルクマール」とは、怪談そのものの変質を伴うことになるだろう。

筆者自身は被災地での霊的体験を調査した結果、霊をめぐって二種類の物語があることを発見した。一つは、地域の外から来た人が、見知らぬ霊について体験したものである。典型的なのは、タクシー運転手の報告する「消えた乗客」などである。もう一つは、被災者が亡き家族などの気配を感じるといった心温まる物語である。これらは「未知の霊」と「身近な霊」の体験として区別される。被災者が「未知の霊」を語ることもあるが、被災地域から離れざるを得ず、浸水域には未浄化な幽霊が未だに漂っていると観念している場合などである。その語り方は恐怖・好奇の念を伝える。他方、語りたがらない人は調査自体を拒絶した。しかし、被災後も共同体が浸水域の近くで比較的まとまっている場合は、調査への拒絶は少なく、多くの人が「身近な霊」の話をしてくれた(Horie 2016)。

葬式仏教的死生観においては、供養を経て、ホトケとなり、さらに浄化され、個性を無くして先祖や土地の神となるのが、死者のたどるべき正常なコースだった。そこから外れて生者に悪い影響をもたらす存在が「幽霊」「霊」などとして恐れられてきた。しかし、戦後は供養や思慕の範囲が、顔を知らぬ代々の先祖ではなく、生前の記憶がある身近な死者に限られる傾向があり、これをメモリアリズムと呼ぶこともある(スミス 一九七四)。あるいは、生者と死者の情緒的交流が普通のものととらえられ、幅広い共感が寄せられ、祟りの面が著しく後退していることから、これをスピリチュアリズム的死生観と呼ぶこともできるだろう。

スピリチュアリズムとは、生者と死者の交流が可能であると信じ、それを実践することである。降霊会などで広まったが、葬式仏教とは異なり、個性を持った霊の死後存続が信じられている。死後の霊の個性は特定の日数や年数で無くなっていくのではなく、生前の個性を保ったまま生者と関係を持ち続ける（三浦 二〇〇八）。死者はやがて生まれ変わると考えられているが、生まれ変わったあとでも特に縁の深いもの同士は再び恋人や家族になる（ソウルメイト）と信じられている。それは家全体の転生ではなく、情緒的に深い関係を持つもの同士に限られる（堀江 二〇一〇b）。かつては憑依型の霊媒が死者の言葉を伝えるのが目立っていたが、通常の意識のもとでの直観型に変わってきている（筆者の英国や日本での観察による）。霊魂を信じ、死者を身近に感じる人が全員、スピリチュアリズム特有の守護霊や霊界の階層構造までセットで信じているとは思われない。だが、死者が生者のなかで生きており、死者の力が生者を支えているという、親密な一体感は、幽霊を下位の存在と見なす葬式仏教よりも、霊との交流を肯定的にとらえるスピリチュアリズムと相性がいい。

四　二つの死生観の融合

今回の考察で明らかになったのは、現代における生者と身近な死者との親密さ、「継続する絆」(Klass, et al.(eds.)1996)である。すでに見たように、現代の若者の霊肯定度は高齢者より高い。これをメディアの影響だと見る向きもあるが、霊現象や超常現象に関する情報の流通量は一九七〇年代の爆発的なブームと比べると減っており、テレビ番組もオカルト雑誌も減少してきた。

それよりも日本人の死亡率が上昇し、多死社会に入ったことと関連しているのではないか。厚生労働省の「平成二八年(二〇一六)人口動態統計(確定数)の概況」によれば、人口一〇〇〇人に対する死亡率は、一九七九年と一九八二年が六・〇と最低だった。明確に上昇に転じるのは一九九〇年の六・七から で、二〇一六年は一〇・五と倍近くになった。今後も上昇し、やがて一九四〇年代の戦後の死亡率に戻るだろう。この死亡率の上昇のなかを現代の青年たちは成長している。当然、身近な人の死を経験している割合は前の世代より多くなっている。

身近な人の霊を内面において生き生きと感じるスピリチュアリズム的死生観は、やがて葬式仏教的死生観に取って代わるのだろうか。この二つは「核家族―個人」の意識と拡張家族を含んだイエ意識に対応している。葬式仏教は高度成長期の核家族化を経てもなお持続してきた。しかし、総世帯数に対する単身世帯の割合は九〇年代から上昇し、二〇一五年には三四・五%と三分の一以上を占めるようになり、やがて半数に迫るという情勢である(藤森 二〇一七)。経済的格差が拡大し、家族を作れる人と作れない人が日本社会を二分する。葬式仏教的死生観を単身世帯が永続的に担うことは難しい。したがって、本章で取り上げた二つの死生観は日本社会を二分しながらしばらくは拮抗する。しかし、次第に両者は、死者のリアリティを重視する新たな宗教文化へと融合していくのではないかと筆者は予想している。というのも、経済的に比較的余裕のある人が子どもを育てる極端な少子化社会では、家族意識を強く持つ保守的な若者が育ちやすいからだ。一九九五年から二〇一五年までおこなわれた井上順孝らを中心とする「学生宗教意識調査」によれば、前年のお盆に墓参りに行った学生の割合は、一九九五年が四五・八%だったのに二〇一五年には五六・四%まで上昇している。希望する葬式の形態については、一九九九年に仏教式が二九・七%だったのが二〇一二年に三九・四%まで上がっている。先祖の見守りについては一九九八年の六四・五%から二〇〇五年の七二・一%へと上がっている(國學院大學日本文化研究所編 二〇一七)。サンプルが宗教学関連授業の受講生だというバイアスがあるものの、若年世代の亡き人の霊への思いを受け止めてくれるのは、当分は仏教であり続けるだろう。

このような情勢のなかで、既成仏教の教条的に霊魂否定を掲げる教団も、やがては現代人の霊魂観や家族観や輪廻観にあわせて、教義を再編することになるのではないか。逆に、スピリチュアリズム的な「身近な霊」への愛着が、新たな葬送文化の隆盛に息を吹き込んでいく可能性もある。一方、第1章と第2章で見た少子化と伝統宗教の困難、孤立する人々への対応、第8章以降で見る外国人の宗教をも見据えて、個人化の次の局面――孤立なき個人化や社会による弔い――を展望する必要も出てくるだろう。

注

(1) データは下記の報告による。「朝日新聞全国世論調査詳報――二〇一〇年九～一〇月郵送調査(日本人の死生観)」『ジャーナリズム』二四八号、二〇一一年一月号。

(2) データは下記のサイトで年齢別や年代別などを指定して表示されたものによる。統計数理研究所「国民性の研究」、http://www.ism.ac.jp/kokuminsei/table/index.htm、二〇一八年七月一六日アクセス。

(3) 以下、死後も霊魂が残り、あの世へ行くと信じる傾向を「霊肯定的」、逆の傾向は「霊否定的」と表現し、宗教を信じ、大切に思う傾向を「宗教的」、逆の傾向は「非宗教的」と表現する。
（4）番組の内容を文字で要約したものとしては、gooテレビ番組の番組情報「NHKスペシャル　映像詩　死者との対話～被災地〝命の物語〟～」「亡き人との〝再会〟～被災地　三度目の夏に～」、https://tvtopic.goo.ne.jp/program/nhk/1009/664020/、二〇一八年七月一四日アクセス。
（5）以下、断りがない限り、二〇一三年八月二三日夜から二四日にかけての投稿で、二〇一八年七月一四日現在でアクセス可能なものである。

参考文献

大槻義彦　一九九三、『疑惑の霊能者　宜保愛子の謎』悠飛社。
國學院大學日本文化研究所編　二〇一七、『学生宗教意識調査総合報告書』
スミス、R　一九七四(原著)、前山隆訳　一九九六、『現代日本の祖先崇拝』御茶の水書房。
全国霊感商法対策弁護士連絡会　二〇〇七、「要望書　日本民間放送連盟、日本放送協会…スピリチュアル番組の是正」二月二一日、https://www.stopreikan.com/kogi_moshiire/shiryo_20070221.htm。
曹洞宗宗勢総合調査委員会編　二〇一四、『二〇一二年(平成二四)曹洞宗檀信徒意識調査報告書』曹洞宗宗務庁。
奈良康明　二〇〇三、『葬祭――現代的意義と課題』曹洞宗総合研究センター。
藤森克彦　二〇一七、「単身急増社会を考える」『生活協同組合研究』三月号、https://www.mizuho-ir.co.jp/publication/contribution/2017/seikyo1703_01.html。
堀江宗正　二〇一〇a、「スピリチュアルとそのアンチ――江原番組の受容をめぐって」石井研士編著『バラエティ化する宗教』青弓社。
堀江宗正　二〇一〇b、「現代の輪廻転生観――輪廻する〈私〉の物語」鶴岡賀雄・深澤英隆編『スピリチュアリティの宗教史【上巻】』リトン。

堀江宗正 二〇一五、「霊といのち――現代日本仏教における霊魂観と生命主義」『死生学・応用倫理研究』第二〇号。
三浦清宏 二〇〇八、『近代スピリチュアリズムの歴史――心霊研究から超心理学へ』講談社。
柳田國男 一九四六、『先祖の話』、『柳田國男全集一五』筑摩書房、一九九八年。
やまだようこ・加藤義信・戸田有一・伊藤哲司 二〇一〇、『この世とあの世のイメージ』新曜社。
山本功・堀江宗正 二〇一六、「自殺許容に関する調査報告――一般的信頼、宗教観・死生観との関係」『死生学・応用倫理研究』二一号。
Horie, Norichika 2016, “Continuing Bonds in the Tōhoku Disaster Area: Locating the Destination of Spirits,” *Journal of Religion in Japan* 5.
Klass, D. et al.(eds.)1996, *Continuing Bonds: New Understandings of Grief*, Routledge.

第6章　スピリチュアリティといのちの教育

弓山達也

一　いのちの教育の二つの方向性

一九九八年に二つの研究会ができるまで

自分の生命だけでなく、他者や広くこの世に生を受けてきたもの全ての生命を尊重するという意味での「いのちの教育」の必要性が叫ばれるようになったのはいつからだろうか。少なくとも一八九〇年の教育勅語には「命」「生命」の文字はない。学校教育に「生命尊重」の文言が登場するのは、一九五八年の学校教育法施行規則を改正して「道徳の時間」が設置されてからであり、二〇〇六年の教育基本法改正に際しては教育の目的に明確に「生命を尊ぶ態度を養う」が盛り込まれた。

本章は、いのちの教育に関わる学説や実践・教材の検討を通して、いのちの教育におけるスピリチュアリティの次元を明らかにすることを目的とする。同時にこうした次元が根底にあることを明確にすることによって、いのちの教育の深みや拡がりを示すことを企図している。

中村一基(二〇〇二、一二七頁)は「死への準備教育」(デス・エデュケーション)のエポックメーキングになった出来事を一九八六年のアルフォンス・デーケンほか編『死への準備教育』全三巻刊行と翌年の深澤久の「命の授業」の研究授業開始に見ている。もしこれに加えるならば一九八九年から翌年にかけて金森俊朗がいのちの教育を開始したこともあげられよう。だが、デーケン、深澤、金森の研究や実践は先駆的なもので、いのちの教育が社会にとって喫緊の課題と認識されるようになるのは一九九〇年代末である。

当初、いのちの教育は「こころの教育」の一角に位置づけられていた。一九九八年の中央教育審議会答申「新しい時代を拓く心を育てるために——次世代を育てる心を失う危機」では、「生きる力」路線が強く打ち出された。その内容には、「柔らかな感性」「正義感や公正さを重んじる心」「社会貢献」などと並んで「生命を大切にし、人権を尊重する心などの基本的な倫理観」があげられている。この背景には、九〇年代後半の風潮として社会全体のモラルの低下、量的にも質的にも深刻化した少年非行、家庭や子どもたちを取り巻く環境の変化があると指摘。さらに同答申は、学校教育における道徳の時間について「授業時間が十分に確保されていない」「心に響かない形式化した指導」をあげている。

こうした中、一九九八年にいのちの教育に関わる二つの研究会が発足することになった。一つはデス・エデュケーションに関心を抱いた小児科医で、日本女子大学家政学部教授であった中村博志による「死を通して生を考える教育研究会」である。もう一つは『「さようなら」っていわせて』(大修館書店、一九九七年)の著者ジム&ジョアン・ボウルディン夫妻の来日をきっかけに、講演会主催者の一人で健康教育学・臨床心理学が専門で、東海大学健康科学部助教授であった近藤卓による「子どもといのちの教育研究会」である。

中村博志と近藤卓

中村と近藤の研究会名が奇しくも示唆するように、いのちの教育には、〝死から「いのち」を考える〟方向性と、〝誕生し・成長する生命(子ども)を通して「いのち」を考える〟方向性の二通りが見られる。いのちの教育がデス・エデュケーションをひな型に日本的に展開する中で「死」(death)を焦点化した「死への準備教育」から、生命(life)に重きを置く「いのちの教育」と呼称されるようになったことも、この中村と近藤の対比から見えてくるといえる。ここで中村と近藤の論拠を探りつつ、両者の方向性をより明確にしていこう。

中村博志がこの問題に行き当たったのは、偶然に見たデス・エデュケーションのTV番組や、こうした番組を教材とした際に受講者が「いかに死の問題に遠いか」(中村編 二〇〇三、二頁)を知ったことが背景にあった。そして「多くの残虐な事件の背景にある要因の一つとして、「死」を考えるようになり、これからの社会を担う多くの若者たちに、〝死を通して生を考える教育〟を行うことの重要性を感じるようになった」(同前、一頁)という。

一方、近藤卓は死の準備教育は死をめぐる不安や混乱を静めるために必要とし、狭義のいのちの教育をデス・エデュケーションと重なり合う部分が大きいとする。それは「死や命と直接結びついた領域について、その知識や考え方や態度などについて、ともに考える教育」(近藤 二〇〇二、九七頁)だとする。だが近藤の特徴は、小学校高学年において生や死に対する意識が高まることを受け、この時期のいのちの教育の課題を「不安、恐れ、孤独、悲しさを共有し、「棚上げ」を学ぶこと」(同前、一〇一頁)とするところにある。生は誕生から死までであり、死をめぐる諸問題を仮に棚上げすることによって、よりよい生を目指す。近藤は「私自身にとって死後の生というものは、まったく存在しないものである。〔略〕死への準備教育ではなく、今のこの生をよりよく生きるためのいのちの教育なのである」(近藤編 二〇〇三、九頁)とする。[1]

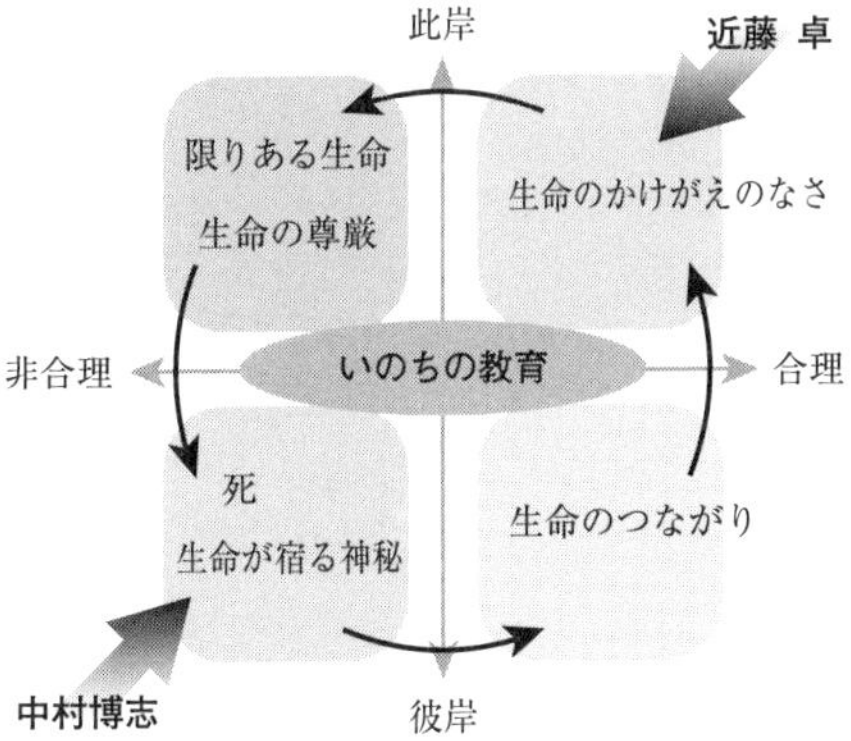

図1 いのちの教育の4領域と2つの方向性

いのちの教育の四領域と二つの方向性

障害児施設に勤務していた中村と中高生のカウンセリングに関わってきた近藤との「いのちの教育」観にはかなり違いがあるものの、それぞれいのちの教育の重要な領域を示している。『小学校学習指導要領解説 特別の教科 道徳編』(文部科学省、二〇一七年七月)の「生命の尊さ」では、小学校一—四年生では、生きることの素晴らしさや生命の尊さを知り、生命尊重を学ぶと記され、五・六年生で「生命が多くの生命のつながりの中にあるかけがえのないものであること」、中学生では「連続性や有限性」を理解することが追記される。

五・六年生の解説を使って単純化すると、近藤は「生命の誕生から死に至るまで」の「生命のかけがえのなさ」に注目していると言える。それに対して、中村は「限りある生命」(有限性)や「生死や生き方に関わる生命の尊厳」、そして「死」から「生命が宿る神秘」を経て、「生命のつながり」にアプローチしている。これらを図1のように、この世(此岸)かあの世(彼岸)か、合理的に受け取れるか、非合理なものとされるかで整理してみる。生命を此岸で合理的にとらえうる第一象限(右上の領域)は、近藤の考えるいのちの教育の領域に当たる。それに対して、中村が受け持つのは、此岸において老いや病いや障害などに直面する合理的にはとらえづらい第二象限、死や神秘といった非合理かつ彼岸の第三象限、そして生命のつながりという、彼岸とも関わるが比較的わかりやすいという意味で合理的な第四象限である。そして、次節で明らかにするように、実際の教育現場で行われているいのちの教育の多くは、この第一象限に収めることができる。

二　特色ある「いのちの教育」

児童生徒の心に響く道徳教育推進事業

文部科学省は一九九八年の教育課程審議会答申を受けるかたちで、二〇〇二年から二年サイクルで「児童生徒の心に響く道徳教育推進事業」(後に「道徳教育実践研究事業」と改称)、いわゆる道徳教育モデル校事業を展開してきた。二〇一〇年に文科省としての事業は終了するが、その後も都道府県等に引き継がれ、その内容を膨らましつつモデル校事業が続いてきた。モデル校では資料集・報告書・教材群が作成・開発され、研究集会ではまとめて関係者に配布されている。

筆者は共同研究で東京・京都・沖縄のモデル校に問い合わせや訪問をし、資料収集につとめた（科研費「地域文化を「いのち」「こころ」の教育に活かすための基礎的研究」挑戦的萌芽研究、滝沢和彦代表、二〇〇九—一一年）。特に二〇〇五・〇六年度にはいのちの教育に特化したモデル校が七三校（複数校協働事業は一校と換算）採択されており、筆者らはその報告書を文科省初等中等教育局教育課程課にて閲覧および複写（PDF化）した。(2) 具体的内容の紹介は割愛するが、(3) 報告書は、都道府県ごとの実績報告書とモデル校の実績報告書と児童生徒と担任の意識等調査報告書から構成されている。報告書の分量に多寡はあるものの、二年間にわたってモデル校で模索された研究テーマ、試みられた実践、選択・開発された教材、地域や保護者との連携、それらの成果や自己評価のおおよそを知ることができる。

いのちの教育の実践と教材

上記のいのちの教育モデル校七三の小中高等学校のうち、小学校四六校を選び、さらに四—六年生（全学年も含む）のプログラムの特色が明確にわかる三八校を対象として、そこでの教材や活動などのキーワードを整理したのが、**表1**と**図2**である。四—六年生に学年を絞ったのは、生命尊重の取り組みがより具体化するためである。

表1はいのちの教育に関するキーワードを、道徳教育の内容項目の四つの視点、つまり自己、他者、集団や社会、生命・自然・崇高なものに分類したものである。第一の自己の視点にあたるキーワードを見ると、「いのち」が心身の成長（酒田市立松山小学校など二校）や生きがい（藤岡町立の四つの小学校）と関連づけられていることがわかる。「表現力」にあたるのは、神戸市立向洋小学校の実践で「表現力

表1　いのちの教育の広がり

自己	他者	集団・社会	生命・自然・崇高なもの
自分の成長	縦割班	愛校心	自然
心の成長	親子関係	地域	命のアサガオ
からだのはたらき	保育所交流	郷土	命の連鎖
生きがい	高齢者交流	環境	人権
二分の一成人式	障害者交流		闘病
表現力	奉仕		
	思いやり／親切		

を高め、人間関係力を育てる」として、ミュージカルや地域芸能を通じて人間関係力を育むことを指し、第二の他者との関わりともつながっている。この他者との関わりにおいて「いのち」は、学年を越えた活動、校外でのさまざまな人々との交流(いわき市立平第四小学校など一三校)や奉仕活動(浜松市立富塚西小学校など三校)、そこで育まれる思いやりや親切心などとして主題化されている。第三の集団・社会にあたるものとしては、全校あげての活動・運動(いわき市立好間第二小学校など三校)に始まり、地域(高山村立高山小学校など一〇校)・郷土(関市立上之保小学校など三校)・環境(岩出市立上岩出小学校など三校)の中で「いのち」に気づいていく仕組みがある。第四の生命・自然・崇高なものとの関わりでは、動植物の栽培や飼育、さらに農作業(いわき市立平第四小学校など二校)などを通して「いのち」のつながりや連鎖を考えさせるもの、闘病や亡くなった方のエピソードから死をみつめることなどが含まれる。また「命のアサガオ」のエピソードがいわき市立好間第二小学校など三校で用いられているのも特徴的といえよう。

いのちの教育とスピリチュアリティの布置

「いのち」は抽象的な主題であるが、各校の教育実践から、「いの

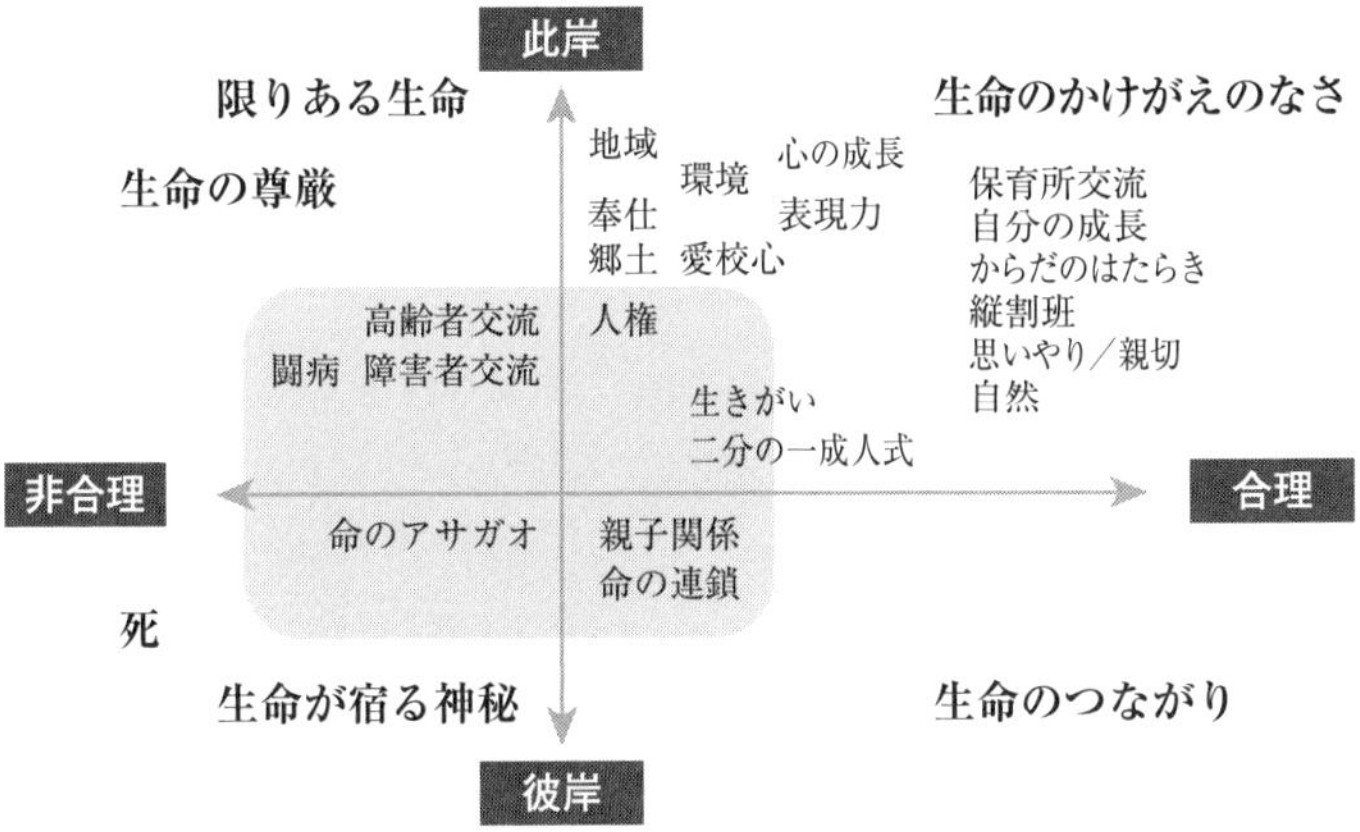

図2　いのちの教育とスピリチュアリティの布置

ち」とは無関係に見える「何か」（例えば文化財や自然現象等）を通しても、児童は生命尊重の態度を学べることがわかる。また表1では十分に拾うことはできなかったが、各校の取り組みからは、いのちの教育の地方色（学校の置かれた地域やその歴史やイベント）についても気づかされる。同時に後述するように、いのちの教育に隣接する地域・環境・平和等の教育との連携も、今後、模索する必要があるだろう。

さて各校のいのちの教育を別の角度から検討したい。それは一節で触れた此岸—彼岸、合理的—非合理的で区分されたいのちの教育の四領域である。この四象限にキーワードを配置したのが図2である。先の人間のライフサイクルに再びなぞらえると、「生命の誕生から死に至るまで」の「生命のかけがえのなさ」を注視する第一象限にほとんどのキーワードが含まれよう。「限りある生命」（有限性）や「生死や生き方に関わる生命の尊厳」の第二象限には、高齢者や障害者との交流や闘病が、そして「死」から「生命が宿る神秘」の第三象限には命のアサガオが、「生命のつながり」の第四象限には親子関係と命の連鎖が、それぞれ配置されよう。そして後述するように、四角く囲った部分がスピリチュアリティの関わる領域と考えられる。

先にも述べたように『小学校学習指導要領解説　特別の教科　道徳編』では、「生命のかけがえのなさ」を基調に、「自分の生命は、遠い先代から受け継がれてきたものであるという不思議さや雄大さ」(三・四年生)、「生死や生き方に関わる生命の尊厳など、生命に対する畏敬の念」(五・六年生)、そして「有限性」(中学生)が出てくるが、基本は此岸における生きることの素晴らしさや生命の尊さに主眼があることは間違いない。また教育現場では、老いや病いや死、障害、生命の神秘は教師にとって扱いづらいテーマだという。こうした点から第一象限(此岸かつ合理的)に各校のいのちの教育のキーワードが集中し、彼岸であり非合理的な死を扱う第三象限が希薄になることは自然なことといえよう。

ではスピリチュアリティの観点からはどうであろうか。今、スピリチュアリティを窪寺俊之(二〇〇〇、一三頁)に従って「人生の危機に直面して生きる拠り所が揺れ動き、あるいは見失われてしまったとき、その危機状況で生きる力や、希望を見つけ出そうとして、自分の外の大きなものに新たな拠り所を求める機能のことであり、また、危機の中で失われた生きる意味や目的を自己の内面に新たに見つけ出そうとする機能」としてみよう。生きづらさに煩悶し、老いや病いを目の当たりにし、死に思いを凝らすいのちの教育の領域はスピリチュアリティとの関わりが極めて深い。それは前述の中村博志が死から生を考えるといった方向性と重なり、同時に近藤卓が棚上げするといった内容でもある。

そもそも島薗進(二〇〇七、三九頁)が指摘するように、誕生から死までに閉ざされた「生命」と、先祖や自然との連続性を意識させる「いのち」(開かれた連続する生命)を分けるとすると、スピリチュアリティは後者と親和性がある。しかし実際のいのちの教育の多くは前者で、せいぜい将来を見据える範囲に限られがちで、死をめぐるさまざまな人生のイベントにはアプローチしづらい。図2で四角く囲ったスピリチュアリティの領域から多くのキーワードははずれているとも言える。しかしスピリチュアリティを除いていのちの教育は成り立つのだろうか。次節では具体的ないのちの教育の教材から、そのことを考えてみたい。

三　スピリチュアリティの次元からいのちの教育を考える

「命のアサガオ」とスピリチュアリティ

いのちの教育で積極的に用いられる教材に「命のアサガオ」という実話がある。これは白血病の小学校一年生(光祐君)が闘病のすえ短い生涯を終え、彼の育てた朝顔がやがて実を結び、母親が骨髄バンク運動でその種を配り始めるという内容である。文溪堂『5年生の道徳』(四八―五一頁)には、このエピソードの最後に「1　心を動かされたのはどの場面ですか。それは、なぜですか。」と「2　今までに「せいいっぱい生きている。」と感じたことはありますか。」の問いが付されている。この教材をもとに、どう生命尊重を児童に伝えることができるだろうか。

この副読本の教師向けマニュアルである同書用『教師用指導書』(一一六―一二二頁)では1の問いに

は「つらくても頑張っているから」「お母さんが光祐君を大切に思っているから」と、「希望・勇気・努力」や「家族愛」など「いろいろな価値を含む発言が出てくることも考えられるが、ねらいは3―(1)生命尊重であることを忘れず」と「指導の工夫」が記されている。教材の「ねらい」は「かけがえのない生命を大切にし、精いっぱい生きようとする心情を育てる」ところにある。その意味で、主人公の病いや死を扱いつつも、それとは対照的な頑張り、そして母親の気持ちにフォーカスする内容といえよう。またここでは「受け継がれ」「はぐくまれていく」命に気づくことも「ねらいとする価値」にあげられており、教師用マニュアルでは、「板書例」に「光祐はいなくなっても花は生きている。」という母親の吹き出しが書かれ、失われていく命とアサガオの種(新しい命)、その広がりを体現する母親の活動にも目を向けるよう注意が喚起されている(4)。

先の窪寺の定義に従えば、スピリチュアリティは「危機状況で生きる力や、希望を見つけ出そう」とするときに重要な働きをなす。スピリチュアリティは病いや死といった危機状況を越えて、「アサガオの種」に亡くなった子どもの命と母親の思いや希望が託されていることを児童は学ぶに違いない。では病いや死のエピソードがなければ、スピリチュアリティとの関係は生まれないのだろうか。

道徳教育とスピリチュアリティ

ここでは病いや死が登場してこない道徳教材を取り上げ、そこでどのようにスピリチュアリティが関わりうるかを検討してみよう。

「思いやり・親切」を学ぶ「くずれ落ちただんボール箱」という教材(東京書籍『道徳5　希望をもっ

て』一二二―一二五頁)がある。スーパーで孫が崩した段ボール箱を片付けようとしていた祖母の手伝いをしていた小学生が、店員に叱責されてしまうが、後日、祖母の連絡によって誤解に気づいた店員からの謝罪とお礼の手紙が始業式で紹介されるという内容だ。困っている人の立場にたって親切にする態度を養うことが教材のねらいである。教師向けマニュアル（同書用『教師用指導書』一一〇―一一一頁）には、親切を進んで行わざるを得ない「内面からの強い感性を高める」ところが目指されるべき価値とされている。確かに主人公の内発的な行為が報われるところに教材の読みどころはある。しかし教材の心を打つ箇所は、スピリチュアリティの観点から換言すると、無私の親切心が無理解や叱責を招いてしまうという危機状況が、落胆に流されない心の働きや目に見えないつながりによって、ポジティブに回復するところにある。本人の動機や目に見える人間関係を越えた大きな計らいや働きが示唆される点が、いわゆる「スピリチュアル」なところであろう。

もう一つの事例として「愛校心」を学ぶ「せんぱいの心を受けついで」という教材（東京書籍『道徳６　明日をめざして』八六―九〇頁）がある。学校行事の菊づくりに気乗りしない主人公が、肥料を臭がる一年生とペアになる。しかし、過去の菊づくりの記録の中に近所の米屋店主（卒業生）の思いが綴られているのを発見し、さらに自分が修学旅行で不在中に一年生が立派に菊の手入れをしているのを発見し、徐々に気持ちが変わっていき、菊まつりを迎えるというストーリーだ。教師向けマニュアル（同書用『教師用指導書』八八―八九頁）には「りっぱな学校をつくろうとする態度を養う」というねらいと、実際の自分の学校に目を向ける促しが書かれている。スピリチュアリティの観点から物語を読み替えると、学校行事に後ろ向きなペアの負の連鎖が、主人公、下級生、卒業生の目に見えない思いの共鳴によって好転するところに注目すべきである。愛校心という、どちらかというと内向きともとらえられがちな価値が、世代や学校を越えた価値に包み込まれる物語だ。

スピリチュアリティの次元

このように死や病いがなくても、道徳教育にはスピリチュアリティを踏まえたアプローチが可能と言える。同じことはいのちの教育についても言える。**図2**のようないのちの教育のさまざまな領域にスピリチュアリティの次元があると考えた方が自然であろう。

図3は、図2で平面的にスピリチュアリティの布置をとらえていたものを、立体的に組み直したものである。従来は、ある教材に触れ、知識を得る、例えば「命のアサガオ」の物語を知識として知って、そこから希望・勇気・努力を持って生きていく態度や心情を養い、行動できるようになることが目指された。スピリチュアリティをより深い次元のものとして措定することで、以前とは異なる角度から、この教材の物語とスピリチュアリティとの関係が明確になる。つまり子どもたちは主人公の死から、それがアサガオの種として引き継がれていく命の循環、生命の神秘を感じとるスピリチュアリティの次元にまで降りていく。そこから「かけがえのない生命を大切にし、精いっぱい生きよ

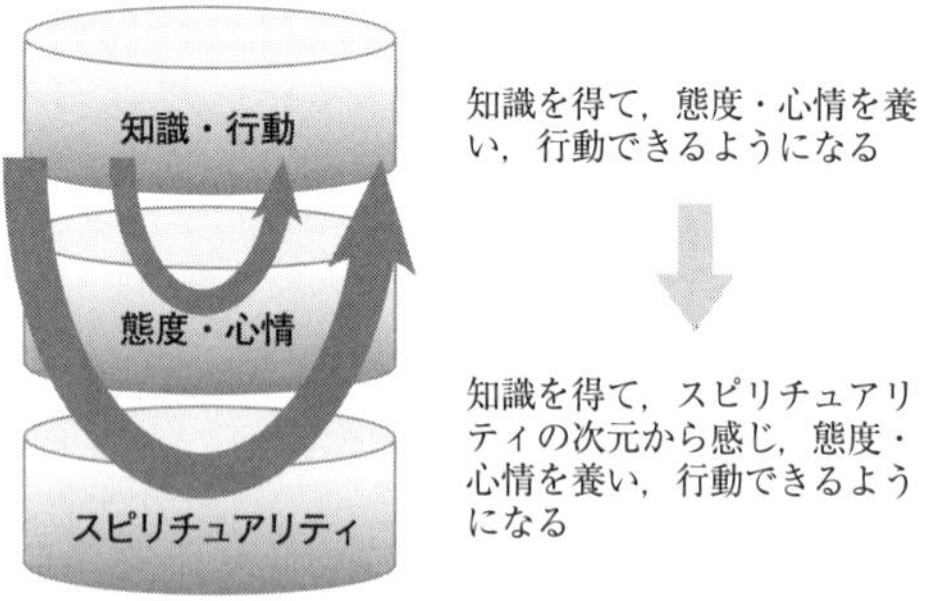
知識・行動
態度・心情
スピリチュアリティ
知識を得て，態度・心情を養い，行動できるようになる
知識を得て，スピリチュアリティの次元から感じ，態度・心情を養い，行動できるようになる

図3　スピリチュアリティの次元からとらえる

うとする心情」を育み、行動できるようになるという一層深い角度からの学びのイメージである。こうしたスピリチュアリティの次元は、これまで検討してきたように、いのちの教育だけではなく、道徳教育一般においても発見するように導くことは可能である。

四　いのちの教育の深まりと拡がり

本章ではいのちの教育が提唱された一九九〇年代末からの主要な論客である中村博志と近藤卓に焦点を当てて、前者が彼岸・非合理的、いわば死から「いのち」にアプローチするのに対して、後者が此岸・合理的な、つまりこの世での生から「いのち」をとらえようとしていることを確認してきた。そして、いのちの教育のモデル校の教材や実践を検討すると、近藤が志向する此岸・合理的な領域が中心であることがわかった。しかし、「いのち」を考えるならば、生命の有限性(死を意識した生き方)、生命の尊厳、生命の神秘・つながりといった、必ずしも此岸・合理的にとらえることのできない視点を避けることはできない。

一方、本章ではスピリチュアリティを、死を極北とする彼岸・非合理的領域に拡がるものと理解するのではなく、いのちの教育全体に通底する次元ととらえた。さらに、スピリチュアリティの次元は、この世の生のありよう全般にも横たわり、いのちの教育だけでなく、広く道徳教育全般においても発見されるものであることを確認してきた。思いやり・親切や愛校心といった極めて此岸・合理的な領域にもスピリチュアリティの次元が働きうるのは、前節で見てきた通りである。

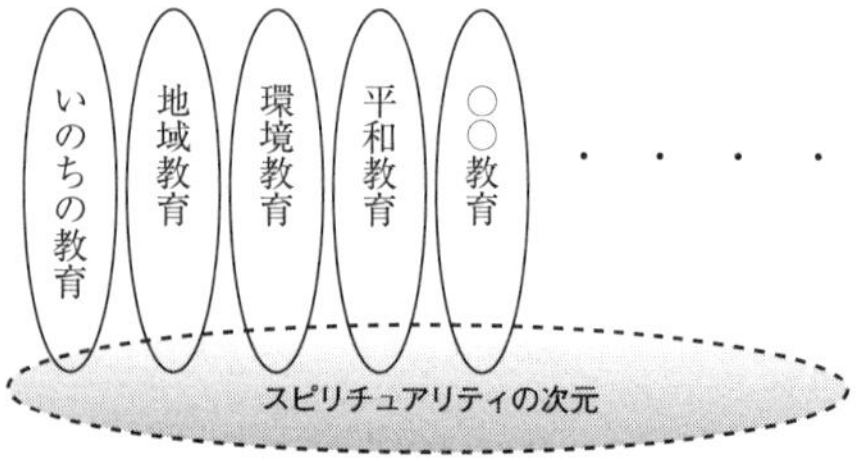

図4　教育におけるスピリチュアリティの次元

スピリチュアリティの次元は狭い意味での道徳教育に留まらない。例えばグラスビー（二〇〇五、六二頁）は、スピリチュアリティを「つながりを実現するための理念」とする。その場合のつながりとは、人々、生態系、機械の部位をも含み、意味ある全体を形づくり、「持続可能な開発のための教育（ESD）」にとって重要なものであるという。地域や環境や平和など、個人の内面に関わりつつ個人を越えた価値を子どもたちに伝えようとする時には、このようなスピリチュアリティの次元を無視することができない（図4）[5]。

いのちの教育は、「いのち」を抽象的な主題として扱うと難しくなりがちである。地域や環境や平和といった、子どもたちが「いのち」を具体的にとらえたり、感じたりすることのできる「何か」を通しての方が学びやすい。いのちの教育の場合でも、地域・環境・平和の教育の場合でも、スピリチュアリティの次元を措定することは可能である。いのちの教育と地域・環境・平和の教育に共有できる土台を見出すことにより、広い意味での「いのち」に関わるさまざまな教育の連携が容易になる。人間の理解や力を越えた大いなる存在やその働きというスピリチュアリティの次元を踏まえることで、いのちの教育は、地域、環境、平和をも含むより豊かな内容を持つものとして理解することが可能となるであろう。

注

(1) 近藤の「棚上げ」概念は、放棄するといった言葉のニュアンスを持つものだという誤解を招きやすい。小池孝範(二〇一〇、二四頁)は、「教師と生徒が「死」という荷物の中身を確認し整理し〔略〕、その上で、棚に上げる、座席の傍らに置く、足元に置く、あるいは、人の手を借りて棚に上げる等々といった様々な可能性をふまえつつ〔略〕、その都度選択していくこと」と再定義している。この方がより適切に近藤の意図を説明している。

(2) 複写には齋藤知明氏(大正大学大学院生(当時)・現在、同大学専任講師)に協力をいただいた。

(3) モデル校の中で小学校四―六年生に関して特色ある教育を整理・検討した資料の抄録紹介として拙稿(二〇一八)があるので、本章とあわせて参照されたい。

(4) しかし、子どもの死というエピソードを扱いながら、その理不尽さ、無念、悲しみは後方に追いやられていることにも留意したい。もっとも筆者はこの教材を用いた授業をモデル校の一つである西東京市立向台小学校で視察したことがある。授業の最後には実際に「命のアサガオ」の種が児童一人ひとりに手渡された。それによって、これが創作された「お話」ではなくて実話であること、母親やその支援者やこの種を託された児童の気持ちが伝わってくる感動的な内容であった。

(5) 伊藤雅之(二〇〇三、一五六―一五八頁)が提唱する「よこ割の宗教社会学」の図を参考とした。

参考文献

伊藤雅之 二〇〇三、『現代社会とスピリチュアリティ』溪水社。
窪寺俊之 二〇〇〇、『スピリチュアルケア入門』三輪書店。
グラスビー、ピーター 二〇〇五、「スピリチュアリティと「持続可能な開発のための教育」の関係」教育改革国際シンポジウム実行委員会編『「持続可能な開発」と二一世紀の教育』国立教育政策研究所。

小池孝範 二〇一〇、「教育において「死」を扱う意義――「デス・エデュケーション」再考」『秋田県立大学総合科学研究彙報』一一。
近藤卓 二〇〇二、『いのちを学ぶ・いのちを教える』大修館書店。
近藤卓編 二〇〇三、『いのちの教育――はじめる・深める授業のてびき』実業之日本社。
島薗進 二〇〇七、『スピリチュアリティの興隆――新霊性文化とその周辺』岩波書店。
デーケン、アルフォンス、メヂカルフレンド社編集部編 一九八六、『叢書 死への準備教育』全三巻、メヂカルフレンド社。
中村一基 二〇〇二、「「死への準備教育」の動向――教育現場で実践できるカリキュラムを求めて」『岩手大学教育学部附属教育実践総合センター研究紀要』一。
中村博志編 二〇〇三、『死を通して生を考える教育――子供たちの健やかな未来をめざして』川島書店。
ボウルディン、ジム&ジョアン 一九九七、北山秋雄訳『「さようなら」っていわせて』大修館書店。
弓山達也 二〇一八、「いのちの教育モデル校の情報集約と公開・活用に向けて」『いのちの教育』三。

第7章　現代日本社会での傾聴のにない手たち
――医療・福祉・心理分野のスピリチュアルケア

葛西賢太

一　序　わざわざ傾聴をする専門家たち

親しい人からの相談事のみならず、初対面の他人の、予想もつかない話をわざわざ傾聴する専門家とは、どんな人なのだろう。善意の素人と専門家の聴き方は、どう違うのだろうか。また、専門家はどのように養成されるのだろうか。

そのような専門職のひとつは、チャプレンと呼ばれる。チャプレンはもともとさまざまな施設、たとえば個人の家や大学の礼拝場(チャペル)、病院、刑務所、軍隊などの、施設に所属する牧師をさす。彼らはキリスト教に由来する傾聴者(牧者 pastor)であり、彼らの傾聴を牧会 pastoral care と呼び、米国で臨床牧会教育 Clinical Pastoral Education という養成制度が生まれた。牧会とは、迷える羊たちを導く、という、キリスト教色の濃い言葉なので、特定宗教や宗教の有無に執《と》われないという意味で pastoral を spiritual に置き換え、諸宗教や無宗教のチャプレンがそれぞれ行う傾聴をスピリチュアルケアと呼ぶようになった。日本語でスピリチュアルというと否定的なニュアンスもあるが、ここではキリスト教中心主義からは一線を引くことの明確な意思表示のためにこの言葉が使われている。宗教伝統に生きることは、訓練を経れば、傾聴の場を怖れない強みにもなりうる。

近年公開されたドキュメンタリー映画『チャプレンズ』(Doblmeier 2016)には、病院や軍隊のほか、精肉会社やレース場、米国議会などさまざまな場所で傾聴するチャプレンが登場する。彼らは、重病や生命にかかわる重大事以外にも夫婦や家族の問題を聴いたり、高い緊張を要求される専門家を支えたり、職場での対人関係や少数派の人々の孤立感を解きほぐしたりする。個人の思いだけでなく、雇用条件などをめぐる混乱した気持ちを仲介したり交渉を支えたりするコーディネータとなることもある。「語り手の弱みにつけこんで布教」はしない(柴田・深谷 二〇一二)が、宗教の話題を避けたり無視したりもしない(カンダ、ファーマン 二〇一四、三二一—三二二頁)。

キリスト教に触発されたスピリチュアルケアの傾聴者が、現代では医療・福祉・心理などの諸制度に組み込まれている。以下、傾聴者の実践と養成の制度の実際をみる。次節で傾聴の技術面について、第三節で傾聴の必要性を切実に感じ早くから取り組んできた医療分野での傾聴実践に触れ、第四節では傾聴者養成のキリスト教由来とキリスト教からの離陸、第五節でもう一つの重要な「当事者が聴きあう伝統」に注目しつつ、終節にかけて、傾聴がスピリチュアルケアの名で呼ばれる現状が日本でどうあるかを確認する。

二　傾聴というスキル

傾聴をするためのアドバイスとしてよく耳にする「オウム返し」(語り手の言葉をまとめ、聞き返すこと)は、現代のカウンセリングに大きな影響を及ぼしたカール・ロジャーズの方法だとされる。「オウム返し」は、形式的機械的にも見えるが、心をこめて用いられるなら、傾聴を豊かにする。つらいことを思いだして眠れない、という語りをしっかり受け止め、味わってから「それは眠れないですね」と確認する。確認自体は相手への関心を示す「治療的」な態度だが、返す語調や表情によっては、語り手が反論したり怒ったり、あきらめて黙ってしまったりもする。相手の価値観を探ってそれを活かす慎重さも欠かせない。

「吐き出す」ことは万能薬ではない、と知っておくことは大切だろう。たとえば、消防士や医療者などが大事故や大災害の救援活動を経て経験した「惨事ストレス」の手当として、間をおかずに経験を共有する場をもつことが有効であると知られている。それはスタッフ一人ひとりの状況を気にかけています、という組織の態度表明にもなる。だが災害後に被災者にたいするケアとして絵画やインタビューによる再現を求めたこと(デブリーフィング)は、一般の被災者にとっては苦痛を再体験させ、また回復を長引かせることもあると明らかにされており、現在では行われていない(明石・藤井・加藤 二〇〇八、一七頁)。

傾聴という現象に実際に取り組み、また少し距離をおいて眺めると、聴き手は白紙ではなく、聴き手のなかにもさまざまな反応や変化が起こることがわかる。励ましや助言を与えたり、説教をしたいという欲望も生じる。自分の心にはどのような湖面がもともと広がり、そこにどのような波が立ったのか、ありのままに見くらべてみることがすすめられる。

聴き手である自分自身を知る、ということはどういうことだろうか。そもそも聴き手になろうと志すような奇特な人は、他人に聴いてもらえた、あるいは聴いてもらいたかった、何らかの苦しい出来事を経ていたりする。経験は他人の苦しみを理解するのに役立つかもしれないけれども、理解したつもりの勘違いになってしまうことも、また自分の解決法を押しつけてしまう危うさもある。またかつての苦しみが鮮烈に甦ってしまう(フラッシュバック)こともあり、慎重にそっと入っていくのがよい。いっぽう、語り手が聴き手とはまったく違う価値観や生き方(宗教観、道徳観、家族観、性愛観など)をもつ場合、傾聴しながら抵抗や反発がわくことも。それらを頭から否定してかかるのは論外だが、反発心を抑えようとして焦ったり、ふっと揶揄の言葉や見下した行動が漏れ出たり、やさしい言葉を発しながら顔がにやけていたり……、などと思いがけない反応を身体はする。聴き手は白紙にはなれないが、自分自身のありようを知り、多少鎮めることはできる。鼓膜やマイクが自ら振動することで音を拾うように、聴き手も静かに揺れることでかすかな声を拾える。傾聴者の訓練で自分自身を知ることが重要な理由だ。

三　傾聴者と医療

現代の日本で傾聴が行われている場所として浮かんでくるのは、終末期医療の現場、精神科の診察室やカウンセリングルーム、「いのちの電話」のような電話相談、あるいは教育や福祉に関わる相談の現場などだ。過去においても、人生経験が豊かで優れた傾聴実践者は宗教者以外にも無数にいたはずだ。たとえば、鎌倉時代から室町時代に移行する混乱の時期には、時宗の僧侶が従軍チャプレンのように主君に付き従うよう任じられ、侍衆の心をなぐさめていたことが知られる（Thornton 1995, pp. 441–444）。

刑務所で入所者の話を聞き宗教儀礼や法話を提供する教誨《きょうかい》は、真宗大谷派の僧侶がそれぞれ名古屋と巣鴨で一八七二年に始めたとされる。二〇一八年一月現在では一八四八名の国内諸宗教の教誨師が活動している（全国教誨師連盟）。教誨師は、篤志無償のボランティア・一宗教者として刑務所に赴く。一定・共通の養成・訓練・試験を経た資格・実践ではなく、各教誨師が熟考の上に実践内容を工夫している（ライオンズ 二〇一七、二二〇―二七八頁）。臨床牧会教育が輸入・体系化される前からの、私的な努力と献身の結晶である。

一定の規格を満たす傾聴者をわざわざ訓練・養成しようという試み・制度はいつはじまったのだろうか。訓練を体系化したひとつの伝統といえるのは精神分析で、その治療・探究・心理学の体系を作り上げたＳ・フロイトの傾聴の方法は次のようなものである。

患者（語り手）は寝椅子に横たわって、「精神活動に注意を集中するのを妨げるおそれのある筋肉の緊張や、あらゆる感覚的な印象の干渉から免れ」て、重要でないとか関係ないとか、話すのが恥ずかしいとか苦痛だとかいう思いを越えて「頭をかすめて浮かび上がってくる考えは何でも」話すという、自由連想法を行うよう指示される。分析医（聴き手）は語り手と顔を合わせずに寝椅子のそばに座り、話されるすべてのことについて「差別なく平等に漂う注意」を保つように勧められる。患者の提供する無意識に対して、自分自身の無意識を受容器官としてさし向け、語り手に対する電話の受話器のような役割を果たすのがよいとフロイトはいう。ノートをとることは勧められず、分析中は思索したりせず、一定の心理状態から他の状態に自在に飛び移ってよく、じっくり考えるのは面談が終了してからという。そしてフロイトは、分析医はあらかじめ自分自身精神分析を受けている(傾聴される経験をしている)必要がある、とする(フロイト 一九〇四、一九一二)。いまや寝椅子など使わないし、ノートなしが最善かは疑問だ。だが、語り手にとっていまここで浮かんでくるもの、というのはマインドフルネス瞑想の説明を思わせ、また聴き手の姿勢については、剣先のような一部分ではなく全体を観る心構えを剣道で学ぶのに似ている。そして、傾聴者は傾聴された経験が必要だというフロイトの主張は、今も古くない。

精神医学の発展で傾聴以外の方法も増えたが、ホスピス・緩和ケアの領域が傾聴実践の更新と再発見を刺激した。E・キュブラー＝ロスは世界的に読まれた著書『死ぬ瞬間』で、重病の患者が、距離をとられたくない、話を聞いてほしい、と望んでいる、と実例で示し(ロス 二〇〇一)、患者を怖れず話を聞くべきであると多くの人が学んだ。ホスピスは、傷ついた旅人をもてなしたり癒やしたりする修道会運営の中世の施設にさかのぼると伝えられる。医師でソーシャルワーカーであったC・ソンダースは、さらに近代的なホスピスのモデルとして、患者の心身の痛みと社会的・宗教的な苦しみの全人的ケアを提供した。

世界保健機関による緩和ケアの定義では、生命は尊重されるが、死は自然の過程ともみなされている。死を早めたりも引き延ばしたりもせず、死を迎えるまで患者が積極的に生きられるように、心理面とスピリチュアルな面でも支えたい。このようなケアが結果的に余命の改善につながることも少なくないからだ。患者への治療と並んで家族への支援も強調される。また緩和ケアは病気の末期ではなく早期、具体的には告知の直後からすべきだとされている(日本緩和医療学会 二〇〇二)。ただ、慌ただしい病棟の日常のなかで、患者と家族の身体的・精神的・社会的な、そして全人的・宗教的な課題への手当てをも可能にするためには、主たる医療の担い手である主治医や看護師だけでなく、疼痛緩和や手術を支える麻酔医や薬剤師や栄養士に加え、チャプレンのような傾聴職もいるチーム医療で患者を包むことが役に立つ(柏木 二〇〇六、石谷監修 二〇一一、二九七―三五五頁)。

医療に関わる専門職が患者や家族に手を尽くしてゆくなかで、彼らの身心のつらさや、やるべきことをやれたかという不全感、燃え尽きなどにも手を差し伸べる。悩みを聞くだけでなく、たとえば入院した患者に対して、早々に非常時の蘇生措置不要(Do Not Attempt Resuscitation)の意思を確認するのは米国ではチャプレンの仕事だし、キリスト教系病院内チャプレンなら日々の礼拝を司式もする。これはクリスチャンにとっては、教会に通えないことを補う場を確保されること(信教の自由の保障)であろうし、信者でなくても関心があればキリスト教に触れる機会ともなろう。ただ泣きに行くのでもよい。

四　公共宗教としての傾聴

チャプレンを養成する臨床牧会教育は、失恋や人生のさまざまな苦しみ、とくに統合失調症の苦しみからいくども回復した長老派教会の牧師A・ボイセンによってつくられた。

ボイセンは、当時のハーバード大学の心理学者W・ジェイムズの『宗教的経験の諸相』など、苦難を経て人間としても信仰者としても成長する多くの事例を集めた本をいくつも熟読したという。宗教と心理(学)をともに活かした人間理解があるべきだと考える人は、心理学者ジェイムズ以外にも神学者P・ティリッヒやR・W・エマソンのような文学者など多くの学者や知識人の中にいて、広範な運動をなしていた(島薗 二〇〇七)。ボイセンも、病気を神から与えられた機会とみて、自らを観察した。このようなボイセンの創造性や努力・研究に注目した医師が、彼を招いて米国東部の精神科病院のチャプレンとし、またチャプレン志望の神学生の臨床経験を指導するカリキュラムも病院につくらせた。かくしてはじめられた臨床牧会教育は、神学生自身の生い立ち、対人関係や信頼関係の作り方、人生での大きな出来事、信仰との出会いなどを、「人間という生きた教科書」として仲間や教師と学び合うことによって、自分自身も人間そのものも深く理解する(Leas[日付記載なし])。神学生を対象とするが、しかし教室での知識学習に重点を置いた神学教育ではなく、病院での出会いから学び自分自身をも教材にする体験教育である。臨床牧会教育はキリスト教の枠を超え、諸宗教や無宗教のチャプレンをも生みだすことになる。

このように養成されたチャプレンは、死の床にある重病患者や死刑囚などが相手でも、なにか有意義な変化をもたらしうるのだろうか。そしてチャプレンが行うスピリチュアルケアの傾聴は、精神科医や心理カウンセラーの傾聴と比較してどのような違いがあるのだろうか。語り手自身の自己理解や自己発見を支える一面は共通しているだろう。チャプレンは、説教臭いきれいごとの話をしたり、また恩赦や病気回復を魔法のように実現させたり、まだ見ぬ天国や極楽を信じるよう説得したりするわけではない。複数のクリスチャンのチャプレンがいうのは、たとえば、「赦《ゆる》し」「とりなし」の大切さだ。人生のなかでやり残したことや後悔していること、罪責感を感じていることは誰にでもある。死刑囚も死の床にある患者も、そして私たちも、取り返しや償いがつかないことを少なからず経験している。彼らのそばにあって話を聞き、出来事を真剣に受け止めたうえで、神様への「とりなし」(お詫びの取り次ぎ)をキリストに祈り、そのうえでいわば神様からのひとつの「赦し」を預かり届ける。あるいは、語り手の人生上のジレンマや重大な選択について、語り手の真剣な選択と決定には意味があったと(神様に少し近い者として誠実に代理で)承認する(葛西・板井編著 二〇一三、二五一―二五三頁。柴田・深谷 二〇一一、四頁)。宗教という人間経験の資源を、宗教教団や宗教施設の外側の公共の場所に引き出してくる仲介役だ。

米国等で自ら臨床牧会教育を受けてチャプレンになった人たちで、日本国内でもチャプレンを養成する試みが何度か行われている(キッペス 一九九九、窪寺・伊藤・谷山編著 二〇一〇)。キリスト教が先行するものの、仏教でも、また超宗派・無宗教をも含めたチャプレンを生みだそうという試みがある。田宮仁は、死や苦に向き合うことを重んじるはずの仏教徒がキリスト教系のホスピスで最期を迎えていた状況をあらためたいと願い、ビハーラ(「村」「休み場所」をあらわす仏教語)と呼ぶ仏教系ホスピスを新潟に設立し、また看護大学教員として、患者や家族が苦しみを気軽に口に出せるような、医師や看護師を育てようと尽力した。ビハーラは宗派を超えた仏教系ホスピスの代名詞といえるほどに運動として広がり、仏教看護・ビハーラ学会という集まりもできた(田宮 二〇〇七)。また、メソジスト教会の牧師である窪寺俊之、聖公会牧師である伊藤高章、真宗大谷派の僧侶である谷山洋三の三名(いずれも大学教員でチャプレンでもある)は、宗派や宗教・無宗教を超えたチャプレン養成のため、米国の臨床牧会教育を踏襲した臨床スピリチュアルケア協会Professional Association for Spiritual Care and Health(通称パスク)を設立し、傾聴者を訓練するとともに、「スピリチュアルケア師」資格を認定するための日本スピリチュアルケア学会の設立に関わった。

宗教的資源に支えられながら、しかし布教をするわけではない傾聴者が注目された背景には、大災害や大事故があった。一九九五年の阪神・淡路大震災の以前からすでに遺族会を支援していた煉獄救援会シスターの高木慶子は、二〇〇五年に尼崎で起こった鉄道事故の際にも遺族や関係者の支援活動を行った。喪失の痛みを手当てするグリーフケアの実践と研究の場として彼女が設立した研究機関は、上智大学に引き継がれ、大阪と東京で(キリスト教徒にこだわらない)傾聴者の育成活動を進めることとなった。

一万五〇〇〇人を超える人々が落命した東日本大震災においては、在宅緩和ケアを実践していた医師の岡部健らが、東北大学の宗教学研究室と、現地の諸宗教者の連携の場を作った。彼らは、多くの遺体が漂着した場所や火葬場での読経や慰霊活動を行いつつ宗教者兼傾聴者としての自覚を高める「臨床宗教師」研修を開始した(第2巻第5章で高橋原が詳述)。

上智大学グリーフケア研究所の傾聴者養成プログラムでは受講生の相当数を看護師が占めている。看護師がしばしば患者や家族にとって重要な傾聴者でもあることはいうまでもない。山本佳世子(上智大学の大阪プログラムを指導)と私・葛西(同東京プログラムを指導)がそれぞれ受講生に行った調査では、受講の動機として、治療現場で力を尽くせたかという疑念と向上心に加え、近親者などの喪失を体験している受講生が多いとわかった（山本 二〇一二、一七五―二〇〇頁、Kasai 2016）。喪失の経験者が、喪失で苦しんでいる他人の役に立ちたいとおもい、傾聴者をめざすのだが、傾聴者としての学びはあらためて喪失の悲嘆と向き合うことでもある。喪失の折の痛みを掘り返すことにもなるだろう。かつてボイセンが自らの苦しみと向き合うことで臨床牧会教育を生みだしたのと同じ過程で、現代の傾聴者たちが自身の喪失の悲嘆と向き合いながら養成されている。

実は日本では、傾聴者たちのほとんどは教誨師同様に無償のボランティアとして活動する（橋本・山本・澤田 二〇一七、一二一―一三〇頁）。医療者への診療報酬は日本国民の大半が加入する健康保険を通じて支払われるのだが、日本国内にいる有給・専任のチャプレンは診療報酬からは給与を得ていない。傾聴者は評価されていないのだろうか。

ひとつの変化は、医療の質を認定しようという機関が行っている格付けで、宗教的な傾聴者の存在が求められている状況だろう。高度な医療を求めて海外から患者が訪れる（医療ツーリズム）病院であることは重要なことだが、たとえば米国の格付け機関 Joint Commission International は、身体医療の質に加えて宗教的な相談を受けられる専門家の存在をも求めており、日本国内ではこの認定をすでに受けている医療施設が二〇一八年六月の時点で二五箇所存在している（全世界で一〇四四箇所）。生き方も尊重されたと感じられるか、ということが、医療機関という世俗的な場所にも求められている。スピリチュアルケアは医療制度の中にすこしずつ組み込まれつつあると見ることもできよう。

「死生観の確立した宗教者は死を怖れない」かのような、人々の期待（週刊ダイヤモンド 二〇一六、二八―七三頁）には警戒すべきだ。宗教者だって死ぬのは怖い。また、宗教者の豊かな経験は、有用さと押しつけの危険とをともにはらむ。宗教に対する不信感が日本社会には根強いし、宗教をめぐる経験をネガティブと感じている人も多い。宗教者としての立ち居振る舞いは、誰からみても妥当と認められるよう、これまで以上に注意深くあらねばならない。とはいえ、常識的で無難なだけの人はチームには必要ない。チームの一員として、その傾聴者ならではの豊かさを加えることができるか、人間としての厚みを通して宗教性の意義が問い続けられることになる。

五　痛みをもつ者同士が聴きあう

傾聴の実践と技法を伝える、もう一つ重要な伝統は、自助グループ Self-Help Group あるいはピア(仲間による)カウンセリングと呼ばれる活動である。同じ問題を共有する者同士だから深く傾聴できそうなものだが、この伝統が生まれるまでには長い歴史があった。なぜなら、病いや障害をかかえ痛みをかかえるということは、社会的には落伍者とみなされ、発言者としての声を奪われることでもあったからだ。

自助グループ活動が世に現れるきっかけになったのは、一九三五年にふたりのアルコール依存症者が出会い、自分自身の飲酒をめぐる苦しみや回復を語り合うこと(とくに相手のために傾聴すること)により、なぜか飲酒欲求が止まったことだった。痛みをもつ者が聴きあい語り合うという方法が米国各地に伝えられ、アルコホーリクス・アノニマス Alcoholics Anonymous という匿名のアルコール依存症者たちの世界的な集団になった。

アルコール依存症者たちは酒が好きだからやめられない、そう考えるのが普通だろう。事実は少し補足説明を要す。依存症が進むというのは、味覚は狂い、それゆえ酒を味わうことはかなわなくなり、飲んですぐに嘔吐してしまうほど身体がぼろぼろなのに、整髪料や消毒用アルコールでさえも飲むほど身体が欲する、そんな状態なのだ。それなのに依存症者は自分の楽しみに溺れていると誤解もされ、友人も仕事も家族も失う。自殺を試みる人も多い。彼らの酒を断とうと強制や叱責はしても、実際の苦しみへの傾聴は宗教者を含めやりのこしていた。集いの仲間の物語を書物（ＡＡ日本出版局訳編 二〇〇二）にすることによって、歴史上はじめて、アルコール依存という病気の実際の体験や経緯、そして回復のよろこびが文字で読めるようになり、広く知られるようになった（葛西 二〇一〇）。

痛みをもつ者同士が聴きあうこの方法は、共通の障害、共通の難病を抱える患者たちやその家族の会などにも応用されていった。大事故や大事件の救助に関わる消防士や医療者といった人の間にも、そして守秘義務を遵守する立場のチャプレンにも。チャプレンのピア（ケアしあえる仲間）は、チャプレンである。

六　「スピリチュアルケア」という名の傾聴

傾聴の伝統をふりかえってみると、精神分析と自助グループ活動に加えて、キリスト教の牧会 pastoral care という源泉が重要であることがわかる。養成制度である臨床牧会教育が、傾聴の伝統を諸宗教・無宗教でも展開する必要を感じたために、牧会の深さを保ちつつスピリチュアルケア

spiritual careという名が採用され、ホスピス・緩和ケアをはじめとした、医療・福祉・心理を含む広範な分野で用いられるようになった。

病院や福祉施設がその信用を保ちつつ、チームのなかに傾聴者を受け入れることは、冒険だが先例もある。終末期医療を病院から在宅に移行しようという厚生労働省の取り組みが進んでいる現在、患者や家族の家庭の中に入って在宅で手当を行う医療や福祉の専門職も傾聴を学んでいる。「スピリチュアルケア」の広がりをひきつづき見てゆきたい。

参考文献

明石加代・藤井千太・加藤寛 二〇〇八、「災害・大事故被災集団への早期介入――「サイコロジカル・ファーストエイド実施の手引き」日本語版作成の試み」『心的トラウマ研究』第四号。
石谷邦彦監修 二〇一一、『チームがん医療実践テキスト』東札幌病院編集委員会編、先端医学社。
葛西賢太 二〇一〇、「もう一つの知――アルコール依存症者たちの体験とスピリチュアリティ」『現代思想』第三八巻一四号。
葛西賢太・板井正斉編著 二〇一三、『ケアとしての宗教』明石書店。
柏木哲夫 二〇〇六、『定本　ホスピス・緩和ケア』青海社。
カンダ、E・R、ファーマン、L・D 二〇一四、木原活信・中川吉晴・藤井美和監訳『ソーシャルワークにおけるスピリチュアリティとは何か――人間の根源性にもとづく援助の核心』ミネルヴァ書房。
キッペス、ウァルデマール 一九九九、『スピリチュアルケア　病む人とその家族・友人および医療スタッフのための心のケア』サンパウロ。
窪寺俊之・伊藤高章・谷山洋三編著 二〇一〇、『スピリチュアルケアを語る　第三集　臨床的教育法の試み』関西学院大学出版会。
柴田実・深谷美枝 二〇一一、『病院チャプレンによるスピリチュアルケア――宗教専門職の語りから学ぶ臨床実践』三輪書店。
島薗進 二〇〇七、『精神世界のゆくえ――宗教・近代・霊性』秋山書店。
週刊ダイヤモンド 二〇一六、「どう生きますか逝きますか――死生学のススメ」『週刊ダイヤモンド』二〇一六・八・六、第一〇四巻三一号。
田宮仁 二〇〇七、『「ビハーラ」の提唱と展開』学文社。
橋本富美子・山本佳世子・澤田恵美 二〇一七、「急性期病院における臨床スピリチュアルケア・ボランティア活動――堺市立総合医療センターの事例から」『スピリチュアルケア研究』第一号。
フロイト、ジークムント 一九〇四、「フロイトの精神分析の方法」小此木啓吾訳 一九八三、『フロイト著作集 第九巻』人文書院。
フロイト、ジークムント 一九一二、「分析医に対する分析治療上の注意」小此木啓吾訳 一九八三、『フロイト著作集 第九巻』人文書院。
山本佳世子 二〇一二、「グリーフケア提供者を目指す人たち――アンケートおよびインタビュー調査から見えてきた動機とニーズ」高木慶子編著『グリーフケア入門――悲嘆のさなかにある人を支える』勁草書房。
ライオンズ、アダム 二〇一七、「宗教教誨と心の課題」赤池一将・石塚伸一編著『宗教教誨の現在と未来――矯正・保護と宗教意識』本願寺出版社。
ロス、エリザベス・キューブラー 二〇〇一、鈴木晶訳『死ぬ瞬間――死とその過程について』中公文庫。
AA日本出版局訳編 二〇〇二、『アルコホーリクス・アノニマス』AA日本ゼネラルサービスオフィス。
Doblmeier, Martin 2016, *Chaplains on the front lines of Faith*, Journey Films.
Kasai, Kenta 2016, "When a Spiritual Caregiver is embarrassed: Developing the Understanding of Implicit Religions in the Grief Caregiver Training Program of Sophia University," Paper presented at the

American Academy of Religion, unpublished.
Leas, Robert［日付記載なし］, “The Biography of Anton Theophilus Boisen,” https://www.acpe.edu.
Thornton, Sybil 1995, “Buddhist Chaplains in the Field of Battle,” in Donald S. Lopez, Jr., *Buddhism in Practice*, abridged edition, Princeton University Press.

全国教誨師連盟：http://kyoukaishi.server-shared.com.
日本緩和医療学会　緩和ケア・ｎｅｔ：http://www.kanwacare.net.
Joint Commission International: https://www.jointcommissioninternational.org.

四　在留外国人と宗教

【争点4】日本人は他宗教に寛容なのか?

堀江宗正

一神教は対立をもたらすという議論

宗教の話になると、「宗教は対立をもたらす」「テロを引き起こすので怖い」という意見が出てくる。しかし、ある程度、宗教に関心がある人だと、宗教すべてが危険なのではなく、「一神教が排他的で怖い」のであり、「多神教は平和」で、「日本は多神教なので異なる信仰も認める」という意見が出てくる。

このような意見が台頭してきたのは冷戦終結が見えてきたバブル絶頂期の一九九〇年である。梅原猛は、ソ連によるマルクス主義の放棄は、厳しい掟と自然支配を特徴とする一神教的世界観の放棄を意味するとし、世界は多神教の秩序を構築するべきだと述べた。

一神教の信仰は、そのあまりに性急な正義への信仰によって、この世に争いの種をより増大させる〔略〕。多くの異なった人種の共存する社会は、必然的に多神教の社会でなければならない。もちろんそこでも、一神教は〔多くの信仰があることを認める限りで〕生き続けることはできる。〔略〕私は、多神教が勝利し、世界が多神教の方向へ進むことを念願したい。そのほうが世界の平和と地球環境の保存に有利であるからである。〔梅原 一九九〇、九〇頁〕

その後、湾岸戦争が起こり、多民族国家であった旧ユーゴスラビアで九〇年代を通して紛争が続く。これらはキリスト教やイスラームを背景とする人々が起こした紛争であり、一神教こそが対立をもたらすという論調が強まる。今日に至るまで、このような意見を発表し続けているのは山折哲雄である。山折は梅原が所長を務めていた国際日本文化研究センターの公開シンポジウムで、多神教から一神教が進化したという見方を逆転させ、「中国の「天」やインドの「不殺生」「非暴力」など東洋的な価値」によって紛争を解決することを提案する。そして、「神道、仏教、儒教などの理念、主張を共存させ、統合させる日本」の役割を強調した(池田 一九九三のまとめによる)。

二〇〇一年ニューヨーク同時多発テロと、米国によるアフガニスタン侵攻、イラク戦争が本格化する二〇〇三年に、同センターの所長となった山折は、宗教と戦争の結びつきは必然で、「教団としての宗教は歴史的使命を終えたと考え、退場してもらうしかない」と言い、ガンジーの非暴力と日本の宗教共存の体制が望ましいとした(山折 二〇〇三)。

この一連の発言の下敷きには、和辻哲郎の『風土』(一九三五年)があると思われる。和辻は、砂漠的風土の人間は部族の全体意志への絶対服従と他民族への戦闘的態度を特徴とするので、部族の神はそれに応じた特徴を持つとした。そして、モンスーン的風土にあるインドでは自然の力が人間を圧倒しているので無常観が発達し、さらに台風などの強い災害にさらされてきた日本人は受容的態度が強いとした。山折も、一神教の起源を荒涼とした砂漠という風土に求め(二〇〇四)、日本人は台風などの災害をただ受け入れるしかないという無常観に達したとする(二〇一一)。また、仏教や儒教やキリスト教の外来宗教を「多神教の風土」に合わせて受容するのが日本文化だという(一九九五)。

しかし、和辻の場合、神観の発達や変容を視野に入れており、「一神教」の固定的な特徴を論じてはいない。砂漠的風土の人々は自然を征服する必要から、単なる「部族の神」を超え、「人間の神」を発達させ、キリストを通して「愛の神」に変容させたと考える。さらにヨーロッパの牧場的風土のなかで自然の恵みを受け、人々は理性を発達させたとする。

和辻の議論は、「一神教」固有の特徴が歴史を通じて持続しているとする今日の一神教批判に比べれば、精緻な宗教理解につながりうる。一つの宗教が複数の風土のなかで変容し、様々な層を内包していると見るからである。だが、日本の自然と文化の独自性を強調する文体は、粗雑な比較文化論を量産しかねない。この文体は、戦争に向かう日本人の愛国心を高め、戦後においては政治と関係ない「文化」論として受け継がれた。それが世界の紛争の激化のなかで再浮上してきた。だが、平和な日本の多神教が、戦い続ける世界を平和へ導くというある種の楽観的終末論には、多くの問題点がある。

一神教批判の問題点

まず一神教徒が自分たちの神を掲げて世界中で戦っているというイメージである。言うまでもなく、ユダヤ教のヤハウェ、キリスト教のゴッド、イスラームのアッラーは共通の神を指している。言語によって呼び方が違うだけである。これらの宗教を背景とする民族や国家の戦争の原因は神への信仰ではない。イエスやムハンマドの位置づけさえ対立の原因ではない。だが、一般の学生や社会人には、神のとらえ方や信仰の違いで激しく争っているとイメージする人が少なくない。

第二は一神教に関する歴史の誤解である。小原克博は、一神教が成立した古代オリエント世界もアラビア半島も砂漠が広がるが、もとは多神教が支配的であったと指摘する（小原 二〇一八）。実際に砂漠的風土のなかで成立してきた宗教はほとんど多神教なのである。これだけでも風土論が宗教史の知識に裏付けられていないことを示す。

三番目は、多神教の日本人は他宗教に寛容だったか、信者は平和的だったかという問題である。仏教の受容をめぐる蘇我氏と物部氏の争い、鎌倉期における念仏弾圧、日蓮による他宗批判と鎌倉幕府による日蓮の弾圧、戦国時代の武装した寺社勢力、織田信長による比叡山攻撃、徳川幕府によるキリシタン迫害、戦前の政府による宗教の統制や弾圧、諸宗教による戦争への積極的協力、そして近年ではオウム真理教による殺人事件やテロ攻撃などいくつも反証が見つかる。

四番目は、日本宗教一般を「多神教的」と呼んでよいのかという問題である。最大勢力を誇る浄土真宗諸派は、阿弥陀如来への信仰を中心とし、先祖祭祀や呪術的な祈願に関する習俗を否定する側面がある。新宗教で最大の勢力を誇り、関連政党が政権を担っている創価学会は無数の仏のなかでも根本仏を信仰する「本仏論」で他宗教との違いを鮮明に打ち出している。

多神教優位論者が念頭に置く「多神教」とは、梅原の場合はすべてが仏になると説いた本覚《ほんがく》思想や縄文以来の「古神道」（宗教史的には認められていない概念）であり、山折の場合も「古神道」ないし神仏習合がモデルである。では、平和的でも寛容でもなかった国家神道体制をどう考えるのか。彼らは、それを神道が一神教的になった例外的事態だと考えている。これは天照大神《あまてらすおおみかみ》とその子孫である天皇を現人神《あらひとがみ》とし、信仰の中心に置いたことを念頭に置いている（梅原 一九九〇、八八頁）。

一方、「国家神道」は戦後も続いているという意見もある。例えば島薗進（二〇一〇）は、皇室祭祀が国家的行為として温存されており、神社側も神嘗祭《かんなめさい》と新嘗祭《にいなめさい》という天皇が関わる重要な行事を私費でおこなっていると指摘する。また、神社本庁は天皇崇敬、伊勢神宮崇敬を明確にし、政治的復権を志向している。オースルフ・ランデ(二〇〇八)は、平田国学にさかのぼって近代神道がキリスト教の影響を受けつつ「一神教」化するプロセスを記述した上で、戦後は天皇崇敬が民間に委ねられたことでその普遍性が潜在化し、霊的(スピリチュアル)で個人的なレベルに移行したと指摘する。

これに対して、今日の日本人の「宗教」に対する態度は無節操な折衷であり、「宗教」の抑圧的な部分ばかり取り出しては困る、という反応があるかもしれない。最近もTEDxKyotoで、僧侶の松山大耕が「「クリスマスと正月が同居する日本」に世界の宗教家が注目!」と題して講演し、日本人の寛容さこそが宗教の本質であり、世界に発信していかなければならないと主張し、ネット上で多くの賛同を得た。だが、反対意見もあった。まとめると、そもそもクリスマスを「宗教」と認めているのか、宗教者は寛容かもしれないが、一般人は「宗教」への無知・無理解・無関心が著しく、宗教に真摯に向きあっている人には不寛容となるのではないか、と。(1)

寛容の強制

これがよく現れているのが自衛官護国神社合祀事件である。一九六八年に交通事故で殉職した自衛官の妻である中谷康子さんが、信仰しているキリスト教会に遺骨を納めて追悼していたのに、山口県護国神社への合祀が進められ、信教の自由を侵害されたと合祀取消を求めた訴訟である。提訴すると「非国民は日本に住むな」「護国神社に祀ってもらいながら、訴訟とは何だ。死ね」という手紙や電話が殺到したという。次に引用するのは、合祀を進めた「隊友会」(自衛隊員OB組織)の堀田赳県連会長(一時期は統一教会系の反共産主義の政治団体「勝共連合」の支部長)の発言である。

普通の日本人なら、生まれ落ちたらお宮参りをし、学校で人の道を学び、死ねば墓の下に入る。神道、儒教、仏教を経るわけです。私の家には仏壇があり、神棚もある。クリスマスにはツリーを飾り、年の瀬に除夜の鐘を聞き、年が明ければお宮に参拝する。それを何ら不思議に思う人はいない。あらゆる宗教に寛容であるのが日本人の伝統でしょう。(2)

一九八八年の段階で「あらゆる宗教に寛容であるのが日本人の伝統」という考えが表明され、それを一神教信者に迫っていることを示す事例である。対照的に「康子さんを支援する会」東京代表の久野収(哲学者)は次のように述べている。

日本は古来、八百万《やおよろず》の神々を信仰し、多神教であったはず。変わったのは明治以降、国家が神道と強く結びつき、信仰を強制してからです。今もし、道元や弘法さん、伝教さんを呼び起こすことができたら、みんな中谷さんを支持すると思いますね。(出典は右と同じ)

ともに多神教の寛容な風土を根拠として、前者は合祀を受け入れろ、後者は合祀を強制するなと正反対の主張をしている。結局、最高裁判決は、合祀には宗教的意識が希薄であり、つまり「宗教」ではないから信教の自由の侵害にならないと中谷さんの訴えを退けた。とくに中谷さんが夫の実家から遺骨の一部を持ち出して教会に納骨したことを取り上げ、夫の父親も心の静謐を害されたと諭す。今回の問題は、「人格権と人格権の衝突の場であり、多数意見のいう寛容が要請される場合で」あるとし、「真の信教の自由」が保障されるためには、「たとえそれ（他宗教信者の行為）に対し不快感をもつたとしても、これを受忍すべき寛容さが求められている」とした。(3)

つまり、信教の自由が衝突した場合には多数派が合意する寛容さに従えということである。多数派への「寛容」を少数派に強制することが寛容なのかは疑問が残る。中谷さんへの「非国民は日本に住むな」「死ね」という声は、多数派支配に従えという人権を無視した圧力であり、昨今のヘイトスピーチに通じるものがある。

そもそも「一神教は不寛容だ」という言説を一神教信者に向けること自体が不寛容である。水島宏明（二〇一五）は、日本人人質が「イスラム国」に殺害されたあと、国内のムスリム（イスラーム教徒）が「あなたもイスラム国と同じ考えなのか」と日本人から聞かれるようになった事例を紹介している。宗教法人名古屋イスラミックセンターは、二〇一五年一月二五日に、日本のメディアだけが「イスラム国」という名称を連呼していると指摘し、呼称変更を希望し、二月一日にはそれに賛同する国内のイスラーム関係者が名を連ねた。(4)これに対してNHKのみから回答があり、一三日夜から、「IS＝過激派組織、〝イスラミック・ステイト〟」などと表現を改めた。(5)しかし、今なおカギ括弧付きで「イスラム国」と表記するメディアの方が多数派である。この鈍感さの背後には、イスラームは攻撃的なのだからそう呼んで差し支えないだろうという臆断、少数派である国内のムスリムは多数派メディアの表現に多少の不快感を覚えても寛容になれという、寛容の強制があるのではないか。

データから見る日本人の不寛容

最後に、世界価値観調査のデータ(二〇一〇―二〇一四)を用いて日本人が他宗教にどの程度寛容なのかを確認しよう。[6] 比較の対象は世界価値観調査のデータが存在する国で、人口の多い国から順に五カ国まで拾った。そこで抽出を止めたのは、本論考と関連性がある多様な宗教情勢の国がカバーできたと判断したためである。無神論の強い中国、多神教のモンスーン的風土と論じられてきたインド、プロテスタントが主流だが多民族国家のアメリカ、カトリックが多いが「人種のるつぼ」と言われるブラジル、ムスリムが多くインドと対立しているパキスタン、これらを「寛容な多神教の国」日本と比較する。

結果は惨憺たるものである。**図1**は他宗教への寛容度が分かる質問の結果である。「他宗教の信者を信頼する」は下から二番目、「他宗教の信者も道徳的」は最低である。一神教のアメリカ、ブラジル、パキスタンの方が他宗教の信者を信頼し、自分たちと同じように道徳的だと見なしている。結果の平均が高い順に並べると、五カ国中で日本はもっとも他宗教に不寛容であることが分かる。

図2は他宗教・移民への嫌悪度が分かる質問の結果である。「他宗教の信者と隣人になりたくない」は上から二番目の嫌悪度、「移民・外国人労働者と隣人になりたくない」人の割合はもっとも高い。結果の平均が低い順に並べると、インドに次ぐ嫌悪度である。日本とインドはともにモンスーン的風土の多神教国家として外来のものを受け入れるはずだったが、事実は全く逆だった。

別の質問への答えも含めて結果を考察しよう。寛容度が低い中国と日本は宗教重視度が他国より低い

（日本は一九・〇％）。つまり、宗教そのものを重視しないことによる不寛容だと言える。人種差別的行動を観察する頻度を尋ねると、日本は中国と同程度で一・一％しか肯定回答がなく、ほとんど人種差別を見たことがないという認識である。インドは逆にこの頻度が二二・六％と高い。日本人は経験不足から他宗教や移民を警戒し、インドは逆に国内に宗教対立を抱えているので嫌悪感が強いと説明できる。

以上の結果から、「一神教は不寛容で、多神教の日本人は他宗教に寛容である」という言説は、事実

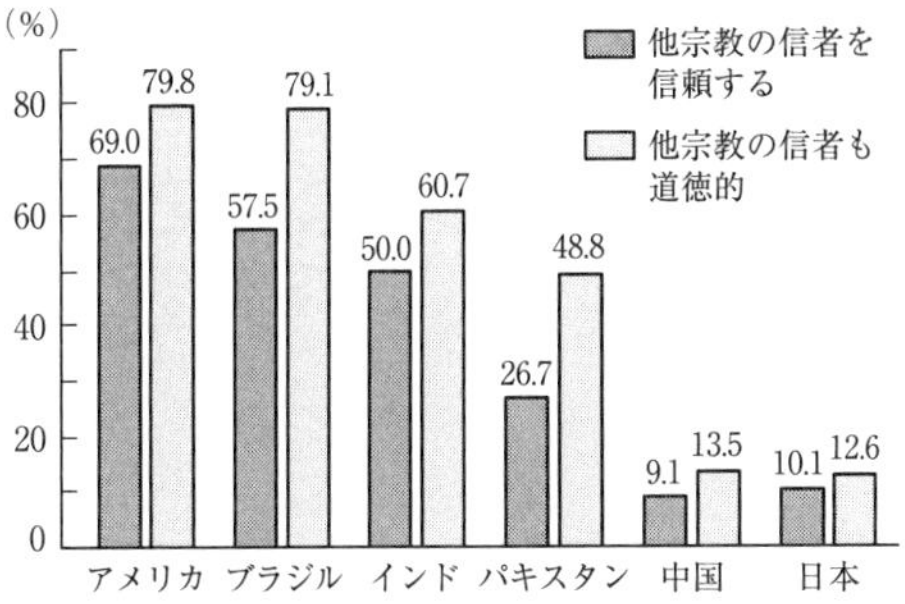

図1　各国の他宗教への寛容度（%）
出典：World Values Survey Wave 6: 2010–2014 より筆者作図.

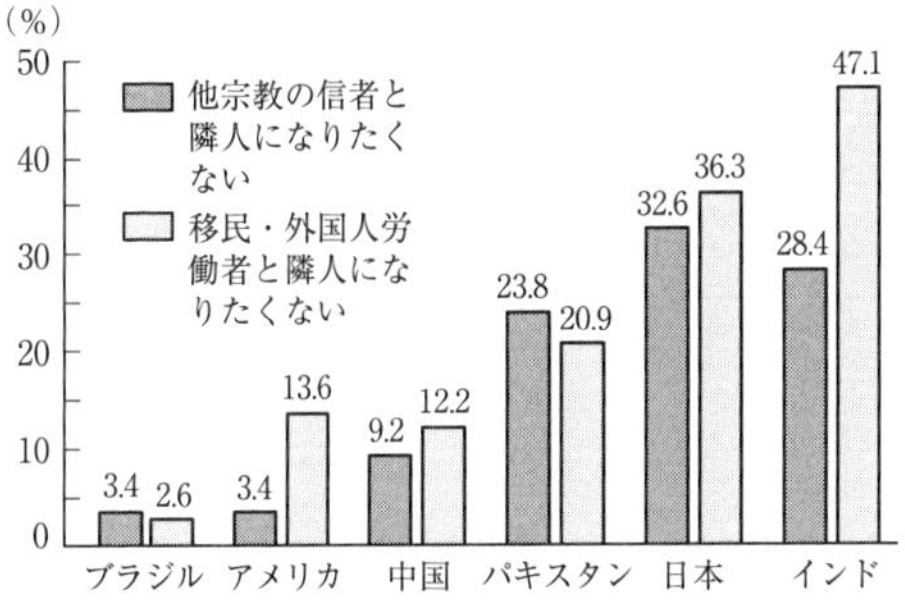

図2　各国の他宗教への嫌悪度（%）
出典：World Values Survey Wave 6: 2010–2014 より筆者作図.

と正反対だと結論できる。宗教を軽視するから無節操に折衷しているだけであり、外来宗教との接触が少ないから、自分たちは寛容だと思い込んでいるだけである。

今後、少子高齢化による労働力不足を補うために外国人労働者がかつてない数に膨れ上がると予想される。「在留外国人」は二〇一七年末で二五六万人と過去最高を記録した。一神教批判＝多神教賛美の言説が力を持ちはじめた一九九一年の一二二万人の倍以上である。(7) その中にはイスラームやキリスト教などの一神教の信仰を持つ人々も含まれる。彼らに対して不寛容な言説を保持する日本人が彼らとどのように共存できるだろうか。

日本人に必要なのは、宗教的信仰を重視する人々の存在に気づくこと、異なる宗教に関心を持ち、知識を増やし、理解を深めることである。そのためには、外国にルーツを持つ人たちが国内でどのような信仰生活を送ってきたかに目を向ける必要がある。本書の第8―10章では、韓国系キリスト教会、カトリック教会におけるブラジル人、ムスリム社会を例にとって、実際に日本人と外国人との共生がどのように育まれてきたかを見てゆく。これらの章から得られる知見は、今後の「日本の宗教」のゆくえを占う上で必須のものとなるだろう。

注

(1)「クリスマスと正月が同居する日本は、宗教に「寛容」なのか?」『togetter』二〇一五年一月一三日、https://togetter.com/li/769556。

(2)「自衛官合祀拒否訴訟の上告審、2月に口頭弁論　15年の軌跡」『朝日新聞』一九八八年一月二八日、夕刊。
（3）最高裁判例「自衛隊らによる合祀手続の取消等請求事件」、昭和五七（オ）九〇二、http://www.courts.go.jp/app/hanrei_jp/detail2?id=52169、二〇一八年七月二九日アクセス。
（4）宗教法人名古屋イスラミックセンター「『イスラム国』という名称の変更を希望します」二〇一五年一月二五日、http://nagoyamosque.com/3107.html、「連名による要望：『イスラム国』という名称の変更を希望します」二〇一五年二月一日、http://nagoyamosque.com/3166.html。
（5）「NHK『イスラム国』の呼称を『IS＝イスラミックステート』に変更」『GoHoo日本報道検証機構』二〇一五年二月一三日、http://gohoo.org/15021303/。
（6）"World Values Survey Wave 6: 2010–2014" http://www.worldvaluessurvey.org/WVSOnline.jsp、二〇一八年七月二九日アクセス。
（7）「在留外国人（登録外国人）数の推移（毎年末現在）」『社会実情データ図録』、http://www2.ttcn.ne.jp/honkawa/1180.html、二〇一八年七月二九日アクセス。

参考文献

池田知隆　一九九三、「神々共存の日本、世界へ発信できるか――「宗教と文明」シンポから」『毎日新聞』六月一三日。
梅原猛　一九九〇、「一神教から多神教へ」『中央公論』一〇五巻二号。
小原克博　二〇一八、『一神教とは何か――キリスト教、ユダヤ教、イスラームを知るために』平凡社。
島薗進　二〇一〇、『国家神道と日本人』岩波書店。
水島宏明　二〇一五、「なぜ日本のイスラム教徒が辛い目にあうのか――日本国内のイスラム教徒から深刻な訴え」『東洋経済オンライン』三月一九日、https://toyokeizai.net/articles/-/63745。

山折哲雄 一九九五、「多元的な価値観」『朝日新聞』八月一〇日。
山折哲雄 二〇〇三、「ガンジーと宗教共存と」『朝日新聞』八月六日。
山折哲雄 二〇〇四、『日本のこころ、日本人のこころ』日本放送出版協会。
山折哲雄 二〇一一、「それでも生きていく」『アエラ』四月四日増大号。
ランデ、オースルフ 二〇〇八、「近代神道における一神教」『一神教学際研究』四号。
和辻哲郎 一九三五、『風土――人間学的考察』岩波書店、一九七九年。

第8章　韓国人ニューカマーとキリスト教会の変容
——多文化共生の拠点へ

李　賢　京

一　はじめに

現在、日本にある韓国系キリスト教会（プロテスタントとカトリックを合わせて）は、韓国人ニューカマーたち（主に一九八〇年代以降に来日した韓国人）の「エスニックチャーチ（特定の移民や民族集団によって構成される宗教組織）」として、また、彼らの日本への定着や生活面でのサポートが得られる「コミュニティセンター」としての重要な役割を担っている（李 二〇一二）。さらに、近年では、宗教とは直接関係のない活動で地域と関わりをもち、社会貢献している教会も見られる（ホームレス支援、韓国語・料理教室、地域ボランティア活動など）。これらの活動は、日本人との関わりを重視する点で、韓国人同士の支え合いを重視する従来の韓国系教会とは明らかに異なる。また、日本の教団・教区に在籍しながら日本人信者を対象とした牧会・司牧活動を行っている韓国人宗教者（牧師、司祭）も年々増加している。このように、民族の拠点から多文化共生の拠点にいたるまで、近年の日本における韓国人を取り巻くキリスト教のあり方は、複雑化かつ多様化している。

本章は、東京、北海道、鹿児島での実態調査にもとづいて、韓国人ニューカマーのキリスト教信者と宗教者の両面から、日本における韓国人を取り巻くキリスト教の現状および今後の展望について総合的に検討したい。本章では、筆者自身が二〇〇六年から二〇一七年現在まで継続している韓国系プロテスタント・カトリック教会へのフィールド調査(信者および宗教者に対する聞き取り調査および参与観察)より得られた事例を示すことにする。

二 韓国人ニューカマー信者と「民族の拠点」としての教会

日本における在留外国人数は、二〇一六年一二月末の時点で二三八万二八二二人である。[1] これは総人口(一億二六九六万九〇〇〇人)の約一・八%を占める割合だが、一九八五年の外国人登録者数(八五万六一二二人)と比較するとおよそ二・八倍に伸びている。これらの外国人の中で中国籍(六九万五五二二人)に次いで二番目に多いのが韓国・朝鮮籍でおよそ四八万五五五七人、在留外国人全体の約二〇・三%を占めている。ここから「特別永住者」の在留資格をもつ「オールドカマー」と呼ばれる旧植民地出身者(在日)とその子孫たちの三三万五一六三人を除くと、一五万三九四人が韓国人ニューカマーということになり、韓国・朝鮮籍全体の約三〇・九%を占めることになる。

韓国人ニューカマーの増加にともない、さまざまなニューカマーのコミュニティが業種別に形成され始めたが、中でも特に注目すべきものに宗教施設がある(李 二〇一二、三九八頁)。むろん、すべての韓国人ニューカマーが日本で信仰を実践しているわけではない。また彼らの多くがキリスト教信者であるわけではない。これは、韓国統計庁が二〇一五年に実施した「韓国人口住宅総調査」において、宗教が「ある」と答えた人が四三・九％、「ない」と答えたのが五六・一％だったことからも明らかである。一方、「宗教あり」の韓国人のうち、プロテスタントが一九・七％、仏教が一五・五％、カトリックが七・九％を占め、プロテスタントとカトリックを合わせた場合、キリスト教信者の割合が最も高くなる。地理的に隣接している日本のキリスト教信者数が約一％である状況からみれば、韓国社会におけるキリスト教の影響力の高さが窺える。

また、日本にある韓国系キリスト教会の信者数を見ると、たとえば、プロテスタントの中で信者数が多いとされている「純福音東京教会（＝フルゴスペル東京教会）」には三〇〇〇人（キリスト教年鑑編集委員会編著 二〇一七、三八一頁）、「ヨハン東京キリスト教会」には三三五〇人（同前、四一八頁）[2]、「東京中央教会」には二六〇〇人（同前、一四九頁）の信者が在籍している。さらに、「カトリック東京韓人教会（＝東京韓人天主教会）」の信者数は五〇五世帯であるとされている（『東京韓人聖堂週報』二〇一七年一〇月八日付）。これらの信者の中には在日や日本人なども含まれるが、筆者はフィールド調査から、上記の教会すべてにおいてニューカマーが大半を占めていることを確認している。韓国国内のみならず、日本においても韓国人にはキリスト教信者が多いと推測する。

この韓国人ニューカマーキリスト教信者の増加による教会の設立は、従来の在日社会におけるキリスト教世界の再編成を促した（李 二〇一四）。現在、信者数が最も多いとされている韓国系教会は、在日ではなく韓国人ニューカマーが集う教会である。在日の高齢化や世代交代が進み、教会離れが問題とされているのに対し、韓国人ニューカマーが多く居住する都市部のほとんどには韓国系教会が存在し、教会は日本で最も簡単に韓国人に接することのできる場所として、韓国人たちを結びつける機能を果たしている。

プロテスタント教会と信者の場合

日本における韓国系プロテスタント教会では、戦前から朝鮮人キリスト教信者や労働者、留学生など、在日韓国・朝鮮人の「民族教会(エスニックチャーチ)」としての役割を担ってきた「在日大韓基督教会」が最も古い。一九八〇年代以降には、韓国から移住したニューカマーの増加とともに、新しく設立された教会もその役割を担うようになると同時に、在日大韓基督教会にもニューカマーが加わることによって、以前とは異なる様子を見せるようになっている。現在、日本における韓国系教会の主な伝道対象をエスニシティ別に分類すると、「僑胞(朝鮮半島外に暮らす朝鮮半島にルーツをもつ人々)宣教のために設立した教会(僑胞教会)」「日本人のために設立した教会」の二つに大きく分けることができる。ただし、ほとんどの教会には複数のエスニシティが混在しており、明確に区分することのできない教会が増える傾向にある。たとえば、近年、大都市の在日大韓基督教会でも、ニューカマー信者が大半を占めるところが生じている。さらに、韓国人ニューカマーで構成されるプロテスタント教会にオールドカマー信者が通うケースもある。地域差はあるものの、「オールドカマー教会」と「ニューカマー教会」を区別することは、実際には容易でない。

信者層に関しては、たとえば在日大韓基督教会に次ぐ規模の教会組織である「純福音東京教会」では、八〇年以降、韓国から移住してきた人や、彼らと国際結婚した日本人配偶者、韓国から水商売の出稼ぎにやってきた若い女性たち、駐在員や留学生、会社員など、多様な人々で構成されている（同前、二〇七頁）。一概にはいえないが、来日して間もない留学生や駐在員の家族などを除き、その大半は日本語に不自由なく生活している。また、「ヨハン東京キリスト教会」は、信者の約八〇％が大学生で占められているため、教会の行事などがすべて学生たちにピントを合わせている。留学生のためのサポートプログラムが充実し、全体として学歴の高い青年層が多く集まっている。一方、「東京中央教会」の場合、不安定な就業形態を余儀なくされている韓国人ニューカマーから、ビジネス展開に成功した実業家の韓国人ニューカマーに至るまで、さまざまな階層の人々を取り込みながら驚異的に信者を増加させたことで知られている。身体的なマイノリティである障害者や、経済的マイノリティである野宿者を包摂した宣教を展開しており、他の韓国系教会と異なる趣をもつ。

このように、一口に韓国系教会といっても、集う人々は地域や教会によってさまざまであることがわかるが、彼らの共通項は最低週一回以上、教会に礼拝または奉仕のためにやってくる信仰熱心な人々が多い点にある（植田 二〇一一、八三頁）。また、高齢化している日本のキリスト教信者層とは異なり、年齢層の幅が広いことも大きな特徴としてあげられる（同前、八四頁）。

日本で活動する韓国系教会の多くは、共通して、聖霊体験や伝道方法、教会の運営方法などを韓国からそのまま日本に移入している。とりわけ、韓国人ニューカマーのために設立した教会の代表とされる「ヨイド純福音教会」（日本での教団名は「フルゴスペル教会」）などの活動は、在日および韓国人ニューカマーへの伝道に集中しており、教会の所在する地域社会とのかかわりにはあまり重きを置いていない。これはそもそも福音派教会がもつ個人の祈りや聖霊体験などを重視する特徴とも関係するが、同教会の韓国国内での社会活動に比べると、その社会参加ははるかに少ない。また、在日大韓基督教会が在日の人権問題や社会福祉の改善などに積極的に関わったこととは対照的であるといえる。

韓国人ニューカマーが中心の教会にもそれぞれ個性があり、その活動と信者の結束の程度はさまざまである。また、必ずしもすべての韓国系教会がエスニックチャーチやコミュニティチャーチとしての役割を果たしているわけではない。しかしながら、礼拝後に一緒に昼食をとりながら、一週間の出来事を語らい、生活相談と支援、冠婚葬祭の援助や、就職・住宅・アルバイトに関する情報交換、子どもの教育問題に関する相談などが活発に行われる。韓国系教会は、韓国人ニューカマーにとってコミュニティセンターとしての重要な場であることは間違いない。

カトリック教会と信者の場合

日本の韓国カトリックは、組織的には三教会(東京、大阪、京都)と二集会所(名古屋、大阪)から構成される。カトリックは教皇を頂点とする階層的な組織であるため、いずれも日本教区の許可を得て、従来の日本人信者たちとミサの時間をずらして韓国人信者が別途ミサを行う、いわゆる「教会内教会」という位置づけである。これらの教会は、「僑胞聖堂(=韓人カトリック共同体)」と呼ばれ、主に韓国人ニューカマーと日本人の二つのエスニシティが存在する。韓国人と国際結婚した日本人配偶者やその子ども、そしてニューカマー信者の紹介で来た日本人もいるものの、大多数が韓国人信者で占められる。この韓国人信者には少数ながら在日信者も含まれる。

日本における韓国カトリック教会の信者数(三教会二集会所を合わせた人数)は、二〇一六年現在で二〇三六人である。アジア通貨危機の影響で一九九八年には一一〇七人であったのが、二〇〇二年日韓ワールドカップ開催翌年の二〇〇三年には一七二三人に増加、その後二〇〇八年リーマン・ショックの影響により九三二名へと再び減少したが、二〇一一年から再度回復し、現在に至っている（『韓国天主教会統計』各年度）。ニューカマー信者の入れ替わりは世界経済情勢によって大きく変動していることがわかる。

日本において韓国カトリック教会として歴史の古い「東京韓人教会」は、一九八四年、東京の韓国人信者たちが「カトリック東京カテドラル関口教会」の中に信者の集いを構成し、同年、ソウル教区から司祭一人とイエズス聖心侍女会のシスター二人が派遣され、翌年、初めてのミサが六本木にある「フランシスカン・チャペルセンター」で行われたことからスタートしている（李 二〇一七、一二二―一二三頁）。その後、信者数が徐々に増えたことで、広い空間が必要となり、九〇年から関口教会聖マリア大聖堂へとミサの場所を移し、その後、信者数はさらに増加し、二〇〇九年に同敷地内のカトリックセンターの二・三階を改修し、韓人教会の専用空間として長期間の使用が可能となった。筆者が二〇一七年一〇月八日に教会を訪問した時は、連休中のため主日ミサ出席者数はいつもより少なかったが、関口教会に出席する日本人信者より、東京韓人教会のミサに出席する韓国人信者の方がはるかに多く、約二八〇人が参加していた。小さい子どもや学生、若者、お年寄りに至るまで信者の年齢層は幅広く、全体的に女性が多いものの、若年層の男性も少なくなかった。

二〇一一年に東京韓人教会の信者たちを対象に筆者が行ったアンケート調査の結果によると、同教会信者たちはプロテスタントと同じく、信者の年齢層の幅が、幼児から高齢者に至るまで広いことがわかった（同前、一一三―一二六頁）。また、社会的地位や経済的水準が韓国人の平均水準に比べてやや高く、学歴・収入などにおいては、韓国の中間層に該当する信者が多い。一方、政治活動、社会的弱者への支援、その他ボランティア活動などへの関心は低く、消極的な傾向をもつ。これら調査結果は個人主義的な生活態度を特徴とする中間層が教会の主体的なメンバーになってきていることを裏付けている。

韓国人ニューカマー信者は、韓国語での信仰生活の継続および信仰告白（ゆるしの秘蹟など）を望む場合が多く、東京韓人教会の場合、埼玉や千葉などから、数時間かけて主日ミサにやってくる信者も少なくない。主日ミサが終わってからは、一緒に昼食をとりながら、それぞれの近況を分かち合い、ビジネスや子どもの進路について相談を交わすなど、信仰とは直接関係のない生活上の相互扶助や情報交換の場としても機能している。こうした社会的交流の機能は、日本に滞在している韓国人の場合、本国にいるとき以上に重要である。このように、カトリック教会もまたプロテスタント教会と同じように、韓国人ニューカマーにとって信仰実践の場としてだけではなく、一つのコミュニティチャーチとして機能しているのである。

一方、ニューカマー信者の中には、日本のカトリック教会に通う者もいる。そうしたケースは僑胞聖堂が自宅から遠くて通うことが難しい場合と、自宅周辺の教会に韓国人司祭がいる場合などがある。多くの教派をもつプロテスタントとは異なり、カトリックは世界中一つの組織であるため、ミサの言語は違っても典礼などは同様であり、僑胞聖堂でなくとも抵抗感が少ないというのである。

しかしながら、カトリック教会における複数のエスニシティの並存は、ミサの時間を別に設け、エスニシティごとに母国語でのミサを実施し、円滑な関係にあるように見えても、同じ教会施設を利用していることで、様々なコンフリクトを生んでいる。たとえば、「カトリック生野教会」の韓国人ミサは、八〇年代後半に日本人と結婚した韓国人女性、在日、駐在員とその家族などの信者たちが増えたことでスタートした。だが、これもすんなり始まったわけでは決してなく、韓国人ミサ開催については当初、同教会の日本人信者たちの反対が強く、実現に至るまで相当の時を要したという背景がある。

また、カトリック東京韓人教会の場合は、関口教会の大聖堂を借りて主日ミサを行っているため、関口教会が午前八時と一〇時に、韓人教会が午後〇時一五分に、それぞれ時間を分けて実施している。関口教会開催のバザーで韓国料理を販売しその収益金を寄付したり、建築修理にかかる費用を負担したりするなど、一定の交流はあるものの、エスニシティを超えた信者同士の交流は活発であるとは言い難い。これはカトリック東京韓人教会に限らず、日本の教会施設を借りてミサや礼拝を行ういわゆる「教会内教会」のカトリック移民教会が直面している現状と考えられる。これは、もちろんすべての教会に当てはまるわけではない。だが、移民にとって教会は民族の拠点となりやすいため、教会という場を貸す側とのコンフリクトも少なからず発生しやすくなる。

生野教会の韓国人信者は六〇〇人にのぼり、これは日本人信者の二倍以上の信者数である。かつてはほとんどなかった韓国人信者と日本人信者の交流の場も少しずつ増えていった。二〇一七年現在、生野教会の教会看板は日韓両国語になり、毎月最終主日を日韓共同体の日に決めて信者同士交流をしたり、日本橋集会所では毎週日曜日の夜、日本橋電気街を中心に、日韓信者が共同でホームレスへのおにぎり提供やボランティア活動を行ったりしている。既存の日本の教会に外国人信者が参入し、時間が経つにつれ外国人信者の占める割合が高くなることで、最初は日本人信者たちの不安や反対が見受けられるが、同じ信仰を基盤にそれらの課題を解決しながら、現在の共同活動にまで至っている。このようなケースは他の教会にも起こりうる。

三　多様化する韓国系教会と多文化共生の担い手としての韓国人宗教者

これまで日本における韓国系教会(とりわけプロテスタント)の特徴としてあげられてきたものは、信者数の増加の要因に関わるものがほとんどであった。弟子訓練(信徒養育)、強引な勧誘や韓国での牧師の供給過剰という背景などである。また、唯一の神を信じないで偶像崇拝をする日本に「正しい」宗教を伝えるべきだとする個々の宣教師の積極的な意志により、あえて困難な日本宣教を行う事例も指摘されてきた(中西 二〇一七、二四七頁)。しかし、近年において特徴的なのは、信者だけでなく、来日する韓国人宗教者そのものが、日本社会の要請、すなわち困窮者や高齢者への社会福祉活動や人口減少地域での社会貢献活動の必要性に応じて増加していることである。

プロテスタント教会と牧師の場合

韓国系プロテスタント教会の活動の中で、日本人、日本社会との共生的姿勢が最も顕著に現れたものとして、「ホームレス伝道」を挙げることができる。東京や大阪など、貧困層やホームレスなどが集まる地域において、韓国系教会が社会的に排除されたホームレスに支援物資などを提供し、その支援はホームレスの生存を左右するほどの影響力を持っている(白波瀬 二〇一五、一四八頁)。また、韓国系教会は彼らにとって数少ない居場所を提供している反面、日本社会への定着度が低く、社会福祉に対する関心が乏しいという課題もある(同前)。それは信者獲得といった量的拡大を重視する「福音派」的価値観に基づく閉鎖性に起因することであり、結果、ホームレスの自立支援活動のための連携や体系的な支援が整っていない現状に帰結している。しかしながら、韓国人野宿者が少ない日本で韓国系教会が支援活動を行うのは、少なからず共生指向があるからだと考えられる。

むろん、そこには伝道につながるという期待も込められているとは思うが、直接的な伝道を行うことはあまりない。ホームレスが自然と教会施設を訪問したり、信者たちと触れ合ったりすることで、地域社会と共生しようとする牧師の姿勢にひかれ、信仰を持たなかった人も教会のボランティア活動に参加し、やがて信者になるケースもある。これは布教を前提としない信仰に基づいた継続的支援の姿勢が、一般人の心に響き、お互いの信頼関係が築かれる事例として理解できる(稲場 二〇一二、三六―三七頁)。

一方、最初から韓国人信者を対象とせず、日本人宣教のために韓国からやってきた牧師が開拓・設立した北海道のA教会(単立)では、幼稚園や高齢者福祉、韓国語・料理教室、コンサートの場として教会を積極的に外部の人々に開き、教会外の地域の人々との連携を重要視している。また、この教会においては、韓国人牧師のサポート、信徒会運用やホームページでの情報発信、ボランティアなど、広範囲にわたり日本人信者が献身的に教会運営を支えている。牧師と信者、そして地域住民との間に信仰の有無にかかわらず国境を越えた信頼関係が築かれているからこそ可能なことであろう。宗教者をロールモデルとして、多文化共生的な生き方が地域社会へ浸透していき、それが結果的に実際の多文化共生の基盤になっていった好例であると考える。

他方、近年増加傾向にある日本の教団・教派に所属する牧師のケースとして、日本のある教団に所属する東京のB教会で牧会活動を行う韓国人牧師をとりあげたい。彼は、韓国での伝道方法や典礼、聖霊体験の強調などのやり方を採用せず、従来の日本の教会、日本人信者に合わせた形での伝道を行っている。数名いる韓国人信者と会話をする時も日本語を駆使する。日本の教会で働く牧師として、日本人宣教のために来たという意識から、韓国語を使用することで教会内で日本人信者が疎外感を感じないように配慮しているという。また、日本人信者とともに地域住民に開放したバザーやコンサート、ホームレスへのおにぎり提供などを行っている。無牧教会の増加、牧師の高齢化などが進む日本の牧師不足問題の解決の糸口として、人口減少地域で活動する牧師も増加傾向にある。

カトリック教会と司祭の場合

二〇一六年現在、日本で活動する韓国カトリックの宣教師(僑胞司牧は除く)は四一名(神父二三名、修道士七名、シスター一一名)と把握されている。この数はあくまでも韓国カトリック教区に所属する宣教師の数であり、修道会・宣教会による派遣は含まれていない。また、韓国カトリックの場合、海外宣教を、韓国人向けの「僑胞司牧」と日本人向けの「日本教区内司牧」に区分するが、僑胞司牧活動中の韓国人神父がこれまで三名前後しかいないのに、日本の教区で活動する韓国人神父は、二〇〇七年の一〇名から二〇一六年の二三名へと、一〇年間で倍増している(『韓国天主教会統計』各年度)。

日本教区で活動する司祭は、「日韓司教交流会」(一九九五年―)を通して、日本人司祭の高齢化や減少問題への取組みとして日本教区の要請から派遣されるようになった(3)。二〇〇二年には、韓国の釜山《プサン》教区と日本の広島教区が協定を結び、初めて二名の司祭を釜山から広島へ派遣した(4)。その後、釜山教区の神学生を広島教区に派遣し、そこで神学校を修了、その後広島教区所属の司祭として司牧できる体制が整った。また、大田《テジョン》教区と大分教区は二〇〇七年「神学生派遣協約」を結び、大田教区所属の神学生の叙階式が大分教区司教座聖堂で行われた。他にも、議政府《ウィジョンブ》教区から札幌および横浜教区へ、済州《チェジュ》教区から京都教区へ、仁川《インチョン》教区から鹿児島教区へ、ソウル大教区からは東京、横浜、福岡教区などへと、日本教区からの要請により、韓国人司祭の長期派遣が実現している。

筆者の調査によると、このように派遣された神父たちは、原則一〇年間の派遣契約を日本の教区と結ぶが、場合によっては延長も可能である。当然ながら日本の教会で日本人信者を対象とするため、ミサや秘蹟(sacrament)などで駆使できる日本語能力が求められる。そのため、来日する前から韓国で日本語の勉強を行い、来日後も六カ月から一年間くらい日本語学校に通いながら、日本人司祭をサポートしつつ、ゆくゆくは一人で対応できるように学んでいく。その後、司祭のいない教会に赴き、該当地区の複数の巡回教会を任される。巡回教会数は地区によってさまざまであるが、多くの場合、二―六の教会を一人もしくは二人で担当する。

さらに、韓国教区から日本教区への派遣という形だけではなく、近年では日本教区所属の神学生からスタートし、その後叙階式を経て、日本教区司祭として活動する韓国人神父も増えている。たとえば、二〇一七年現在鹿児島教区では五名の韓国人司祭が活動している。韓国では神学校への入学が満二九歳までに制限されているため、司祭の夢が叶わなかった彼らだが、鹿児島教区は神学生希望者が少ないという問題を解決するため、彼らを神学生として受け入れ、神学校修了後は叙階式を経て教区司祭として迎えた。同教区では韓国人の他にもベトナム人司祭三名も同じく教区司祭として活動している。二〇一〇年一二月当時、日本教区(名古屋)の韓国人司祭は一名しかいなかったが(韓国天主教主教会議海外移住司牧委員会 二〇一一、一七頁)、今では筆者が把握しているだけで一〇名以上を超える。さらに、日本教区の神学生として、今後助祭叙階式を控えている将来の司祭も数名いる。

こうして、韓国教区からの派遣という形であれ、日本教区での叙階という形であれ、韓国人司祭は、多くの場合、人口減少地域の司祭不在の教会で司牧活動を行う。キリスト教徒がマイノリティである日本のような社会では、家族の信仰となっていないキリスト教信者が教会と疎遠になった場合、教会と接点を再度持つ機会に恵まれず、遠ざかったままになる場合が多い(川又 二〇一六、二五五頁)。高齢化や信仰継承の困難などで信者がますます減っているが、中には信仰を守りたいと切実に願っている信者たちがいる。教会が存続し、定期的に司祭がやってくる、そしてミサに参加することができる環境は、その接点を守るための必須事項といえよう。その役割を外国人司祭たちが担うことによって、何とか教会や信仰の維持ができているという現状がある。

さらに、彼らは住民の大半を占める高齢者のために老人会の世話や安否確認、御用聞きを行うなど、地域社会と積極的に関わろうとする。信者の高齢化や施設維持に苦しむ日本の教会において、彼らは教会や地域維持・活性化の起爆剤として大いに期待されている。こうした宗教者の活動は、人口減少時代の司祭不足問題の解決に貢献し、信仰の有無にかかわらず、地域社会・住民に貢献し、多文化共生の基盤になっていくのではないだろうか。

四　まとめに代えて

一九八〇年代以降、来日する韓国人ニューカマーの増加とともに、それを後追いする形で韓国系教会も多く設立されるようになった。さらに、二〇〇〇年代以降の韓流ブームによって、韓国語や韓国文化・料理などに関心を持つ日本人の韓国系教会への訪問につながった。これにより、プロテスタントもカトリックも、韓国人エスニシティを拠点とする教会と、日本社会とのつながり・共生を重要視する教会とに分かれるようになった。

筆者は一一年間以上の継続調査を行ってきたが、それを通して、韓国人信者の場合、母国語での信仰生活を望み、礼拝・ミサの言語対応を重要視する傾向があることがわかった。韓国では信仰告白が信仰生活において大きなウェートを占めており、彼らは日本にいながら韓国語で本国と同様の信仰生活を維持したいと希望する。こうした信者の集う教会は、当然ながら韓国人牧師・司祭が韓国語で礼拝・ミサを行うエスニックチャーチである。それらの教会は信仰の場でありながらも、韓国人同士のコミュニティセンターでもある。

他方、日本の教団・教区で活動する韓国人牧師・司祭の場合、日本語によるコミュニケーション能力はもちろん重要だが、その能力がやや欠けているからといって、コンフリクトが生じることはほとんどない。つまり、宗教者側の場合、日本で活動する上で必ずしも言語能力が最重要課題ではないことがわかってきた。最も重要視されているのは、キリスト教という共通点をもとに、それを分かち合える信頼関係であり、国籍や言語の違いは、そこまで重要ではない。また、教会内信者のみならず、地域住民との間の宗教を超えての交流、連携は、それ自体が多文化共生社会の基盤になっていると考える。

かつては、母国語での説教やミサを希望する信者たちの願いから、韓国から派遣される宣教師が多かったが、今日、日本で活動する牧師や司祭たちは、必ずしも韓国人ニューカマーを対象としていない。日本の神学校への入学者数が少なく、牧師・神父の人材が不足しているため、彼らは日本人信者を対象とする活動にも従事している。日本の人口減少や加速する高齢化などによって、今後、日本国内のキリスト教会は統廃合を余儀なくされるだろう。韓国からやってきた宗教者が、都市部だけでなく地方の牧師・司祭不足地域に活躍の場を広げることで、日本のキリスト教信者たちの信仰の維持と継承に少なからず貢献できると考えられる。

今日、日本における韓国系キリスト教会を検討する際には、信者側のみならず、宗教者の活動も視野に入れ、さらに日本の少子高齢化や信者・宗教者の高齢化、日本のキリスト教信者の特徴なども合わせて、総合的に把握しなければならない。いずれも長いスパンで観察、検討する必要がある。今後、人口減少・高齢化がますます進行する日本社会において、その活動は活発化し、日本のキリスト教界の中でますます重要性を帯びていくと予想される。

注

（1）統計省統計局「国籍・地域別　在留資格（在留目的）別　在留外国人数」

（2）「ヨハン東京教会」と「ヨハン早稲田教会」の信者数を合わせたものである。早稲田教会は、「ヨハン東京教会」の日本人信者部を指しており、礼拝などを同じ建物で行っている。

（3）日本のカトリック司祭の数（教区と修道会・宣教会をあわせて）は、一九九九年の一七三六名から二〇一六年の一三四九名へと減少している。さらに、神学生（大神学生と小神学生をあわせて）の数は、一九九九年の三一一名から二〇一六年には九五名へと激減している（『カトリック教会現勢』各年度）。

（4）「釜山教区　日本教会に司祭派遣」『カトリック新聞』二〇〇二年一月二七日ネット版 http://www.catholictimes.org/article/article_view.php?aid=135490（二〇一七年一〇月四日アクセス）

参考文献

稲場圭信 二〇一三、「総説　震災復興に宗教は何ができたのか」稲場圭信・黒崎浩行編著『震災復興と宗教』明石書店。

李賢京 二〇一二、「韓国人ニューカマーのキリスト教会」三木英・櫻井義秀編著『日本に生きる移民たちの宗教生活――ニューカマーのもたらす宗教多元化』ミネルヴァ書房。

李賢京 二〇一七、「本国と日本における韓国カトリック教会と信者たち」櫻井義秀編著『現代中国の宗教変動とアジアのキリスト教』北海道大学出版会。

植田千晶 二〇一一、「韓国系キリスト教会に集う人々――その生活と信仰の世界」『市大社会学』第一二号。

川又俊則 二〇一六、「人口減少時代の教団生存戦略――三重県の伝統仏教とキリスト教の事例」寺田喜朗・塚田穂高・川又俊則・小島伸之編著『近現代日本の宗教変動――実証的宗教社会学の視座から』ハーベスト社。

カトリック中央協議会『カトリック教会現勢』各年度。

キリスト教年鑑編集委員会編著 二〇一七、『キリスト教年鑑二〇一七』キリスト新聞社。
白波瀬達也 二〇一五、『宗教の社会貢献を問い直す――ホームレス支援の現場から』ナカニシヤ出版。
中西尋子 二〇一七、「韓国人宣教師にとっての日本宣教」三木英編『異教のニューカマーたち』森話社、二一九―二五一頁。

●韓国語

李賢京 二〇一四、「「閉じた」ディアスポラ信仰共同体としての葛藤と「開かれた」信仰共同体としての可能性――在日大韓基督教会間の比較分析を中心に」『日本研究』第六一号。

韓国天主教主教会議・韓国天主教中央協議会『韓国天主教会統計』各年度。

韓国天主教主教会議海外移住司牧委員会 二〇一一、『二〇一〇年海外韓人天主教会統計』

第9章　滞日ブラジル人の急増と宗教的なコミュニティの展開
――カトリック教会の場合

星野　壮

一　滞日ブラジル人の流入とエスニック・ビジネスの成立

日本にとって一九八〇年代後半とは、バブル期という戦後高度経済成長期の最終局面にあたる。製造業を中心に深刻な人手不足であったことは広く知られるところだ。それに対してブラジルなどの南米諸国では人びとが強烈なインフレに苦しんでいた時期に当たる。つまり日本には人材を必要とする、ブラジルには人材輸出を促す要因がともに揃っていたのである。こうして日本人でもある移民一世の「里帰り」を中心に、八〇年代になってブラジルなどに居住する南米日系人が来日するようになった。

そのような背景の元、日本では一九九〇年に「出入国管理及び難民認定法」(「入管法」)が改正された。これによって、海外移住した日本人の子孫である日系ブラジル人二世、三世とそれら配偶者まで、厳しく禁じられてきた単純労働に従事することができるようになった。そしてブラジルを中心とした南米に移民として渡っていた日系人とその家族らが、大挙して来日するようになったのである。多くの滞日ブラジル人は大規模製造業が集積する北関東地方や東海地方などの下請け工場で働くようになり、

図1　愛知県某市にあるエスニック・ストア（星野撮影）

それらの地域が集住地域となっていった。

八〇年代後半や九〇年代初期のブラジル人たちは、当初は出稼ぎのつもりで来日していたと言われる。ところが九〇年代中期以降、滞在が長期化すると、家族が日本に呼び寄せられるようになった。そして次第に日本国内でブラジルと同じように生活するためのサービスを提供するエスニック・ビジネスが成立し、「リトル・ブラジル」が形成された。これにより、後発のブラジル人やリピーターの渡航に伴うリスクやコストが低くなり、お金さえあれば簡単に来日できるような環境が整えられた（梶田・丹野・樋口 二〇〇五）。

このエスニック・ビジネス成立期に、多くのブラジル人が日本にある教団を訪れるようになり、ブラジル由来の宗教も流入してきたといわれている。また、滞日ブラジル人が自分たちで教団を設立したのもこの時期であると目される（山田 二〇一〇）。

本章では以上のような経緯で増加した滞日ブラジル人の宗教活動について、キリスト教に絞って論じる。特に日本人信徒とのコンタクト・ゾーンが開けており、宗教組織内において互いに共生することが要求される、カトリック教会におけるブラジル人信徒共同体の生成・展開過程に注目し、宗教的なコミュニティが持つ特徴を剔抉《てっけつ》したい（高橋 二〇一五）。

二　滞日ブラジル人とキリスト教

ブラジル人がどんな宗教を信仰しているのかと考えたときに、多くの日本人にとってはカトリック教会が浮かぶだろう。それは間違いではなく、ブラジルでもっとも信仰されている宗教はカトリックである。また、ブラジルには日本人とその子孫たちで形成される海外最大の日系人コミュニティが存在するため、伝統仏教や日系新宗教の進出も盛んである。なかには、非日系人への布教に成功した教団も存在している（渡辺 二〇〇一、松岡 二〇〇四）。

ただこの三〇年ほど、ブラジルではカトリック信仰が停滞気味である。そのかわりにプロテスタント、特にペンテコステ派の伸張が著しい。ペンテコステ派とは「聖霊がキリストの弟子たちに降臨して、その影響で弟子たちが異言を語った」[1]という聖書の記述の通りに、自身の体が聖霊の力で満たされるという体験を重視するプロテスタントの一派である。二〇世紀前半にアメリカで勃興した後、比較的早くブラジルに移入され、現在では一大勢力を誇っている。

実はこの傾向は日本においてはより顕著であり、滞日ブラジル人のために開かれている教会の多くが、ペンテコステ派などのプロテスタントであるともいわれる[2]。日本に存在するブラジル系プロテスタントは、滞日ブラジル人自身がブラジルで教えを学んでいて、来日してから宗教的使命に目覚めて創立するパターン（滞日ブラジル人設立型）と、ブラジルの大規模教会が滞日ブラジル人に布教するために支部教会を日本に建設するパターン（教団参入型）の二種がある。また滞日ブラジル人設立型の中に

表1

(%)

	カトリック	プロテスタント
ブラジルで通っていた宗教		
心霊主義	2.3	1.6
プロテスタント	3.8	47.5
カトリック	82.3	39.3
日系宗教	3.1	3.3
その他	1.5	4.9
回答なし	6.9	3.3
他の教会への参加歴		
ある	32.3	49.2
ない	63.1	50.8
回答無し	4.6	0.0

注）カトリック教会(N＝130)，プロテスタント派M教会(N＝61)での質問紙の結果，筆者調べ.

も、創立後にブラジルの大教会の支部となるパターンと、日本だけで独自の教会組織・ネットワークを作り上げるパターンがある[3]。日本においてカトリックの教勢がふるわないこと、そしてプロテスタントが隆盛をみせていることについては、もともとブラジルのカトリック信仰が公的なレベルでは形骸化しており、熱心な信徒として位置づけられる「実践者」はそれほど多くないことや、日本のカトリック教会が十分な対応をできていないことなどが原因だという(山田 二〇一〇)。

筆者は二〇〇九年に愛知県にて、あるカトリック教会と、あるプロテスタント派の教会の信徒たちを対象にした質問票調査を行った(星野 二〇一一)。

上記データ(表1)を見ると、カトリックの信徒たちは、日本への移動を経た後もカトリック教会に通い続けることを選択した人が非常に多いことがわかる。それに対してプロテスタント派M教会の信徒たちは、ブラジルでもプロテスタント派教会に参加していた者が五〇%近くいるのに加えて、カトリックから転派して通うようになった信徒たちが約四〇%に上る。日本におけるプロテスタント派教会の成長の様子が、このようなデータからも窺いしれよう。

集住地域の日本人側は滞日ブラジル人の生活実態をあまり知らないといわれている（梶田・丹野・樋口 二〇〇五）。滞日ブラジル人側も、エスニック・ビジネスが提供するサービスを享受しているかぎり、日本人と付き合うことなく不自由のない生活ができてしまう。このようにもともと地域住民と滞日ブラジル人の間には壁がある。それを宗教にあてはめて考えると、カトリック教会とは違い、モノエスニックな空間を提供できるプロテスタント派教会が多くの滞日ブラジル人を集めることも納得できる。それは同時にプロテスタント派教会に集う信徒も、かつてはカトリック信徒であったが、日本でエスニックな教会であるからこそ通っている、と考えることもできよう（Shoji 2008）。そして多くのプロテスタント派教会は、日本での滞日ブラジル人への教勢拡大・組織拡大には熱心であるが、非ブラジル人（特に日本人）への教勢拡大については成功しているとはいいがたい[4]。

図2　プロテスタント派教会における日曜集会の様子（星野撮影）

ブラジル系プロテスタント派教会は、大きい集住都市であれば二〇近く存在する。しかし、人びとで賑わい、エネルギッシュな空気に満ち溢れている教会もあれば、信徒が二〇人にも満たないような教会も存在する。滞日ブラジル人はプロテスタント派教会間を頻繁に転派するためである。信徒側の選定基準は、牧師のパーソナリティであったり、集会の時間であったり、家族・友達の存在であったりとさまざまである[5]。

結果としてある集住都市で、もっとも滞日ブラジル人を集める教会がカトリック教会となることも多い(星野 二〇一一)。以下では、愛知県下のカトリック教会に集うブラジル人たちのコミュニティについて二つのケースを取り上げる。特に日本人信徒たちとの「つながり」について、ニューカマー研究で呈された「越境者」と「共振者」という観点から捉えなおす(広田[一九九七]二〇〇三)。

三　愛知県におけるカトリック教会の場合――その①

愛知県東部、東三河地方にあるカトリック教会では、九四年頃にはすでに五〇人近くの滞日ブラジル人が通うようになっていた。その後滞日ブラジル人人口が増加するにつれ、教会を訪れる滞日ブラジル人も急増した。九〇年代末になると、ポルトガル語やスペイン語のミサが行われるようになった(6)。この当時について、あるブラジル人信徒は以下のように述懐する(星野 二〇一一)。

正直日本人との間に壁を感じました。日本人の信徒の人たちは私たちに慣れていないし、今までのスタイルと違うので嫌がったのではないかと思っています。私たちブラジル人にとっては、「違う宗教なのではないか」という位にブラジルのカトリカと日本のカトリックは違う、と思いました。ミサのやり方、話し合いの進め方、全てそうです。文化が違うってことでしょうか。

元カトリックさいたま教区長であり、『移住者と共に生きる教会』の著者である谷大二司教によれば、多くの外国人信徒はミサなどの儀礼面だけではなく、日本の教会特有のシステムに戸惑いを覚えるという。谷によれば、特に外国人信徒にとって日本の教会のシステムで困惑するのが、「教会維持費」の徴収だという（谷 二〇〇八）。谷の指摘通り、種々の違いに戸惑った東三河のブラジル人信徒たちは、結局日本のシステムに合わせることで解決を図った。

　このようにして増加していった東三河のブラジル人信徒たちは、九〇年代中期から後期にかけて「コムニダージ(comunidade)」[7]という共同体を編成し、各委員を選出した上で共同体運営を行うようになった。そしてコムニダージからの代表者が、教会全体の会議に出席するようになった。日本人側から見ても、ミサの出席者数が日本人と並ぶようになったこの時期において、交流促進と葛藤回避のためにこのような動きは歓迎されたという。

　二〇〇〇年代に入る頃になるとこの教会では、ブラジルでカーニバルと並ぶ祝祭と目される「フェスタ・ジュニーナ(Festa Junina)」を挙行するようになった[8]。この祝祭は滞日ブラジル人集住都市のカトリック教会の多くで行われているが、この教会のフェスタ・ジュニーナは特に大規模であることでブラジル人の間では知られている。この大規模な祝祭をブラジル人信徒共同体だけで催すことは不可能であり、カトリッ

図3　愛知県のカトリック教会でのミサの様子（星野撮影）

ク教会における日本人信徒やフィリピン人など他のエスニック信徒共同体との協力体制が必要であったという(星野 二〇一一)。つまり、この祝祭を行う過程そのものが、そのままブラジル人信徒内の紐帯を強化することでもあり、他エスニック信徒共同体との連携が深まる過程でもあったのである。現在でも七月に行われるこの祝祭は、近郊の都市や他県からも滞日ブラジル人たちが集まる一大イベントとなっている。

二〇一五年現在、このカトリック教会では日本語・ポルトガル語の他、英語・スペイン語・タガログ語でのミサが行われている。ポルトガル語ミサは月に二回行われており、二〇〇九年九月の時点では二〇〇人近くの出席者が確認できた。

しかし、ブラジル人集住地域のカトリック教会全てで、このようにブラジル人信徒同士の紐帯が強く、同時に他エスニックの信徒とも交流があるというわけではない。歴代の日本人神父による尽力、一〇年ほどの間、日本語を流暢に操るブラジル人神父たちが主任神父を務めてきたこと、さらに歴代の主任神父が各エスニック信徒(特に日本人信徒)にきめ細かい気配りを行いながら葛藤回避を目指してきたことを忘れてはいけない。集住地のカトリック教会の中には、月に一度しかポルトガル語ミサが行われないところもあるのだ。

四　愛知県におけるカトリック教会の場合――その②

愛知県は三つの地域(西から尾張・西三河・東三河)に分かれるといわれる。前節で紹介したカトリック教会は東三河に存在するが、本節では西三河の事例について紹介したい。

この地域には、日本最大の企業の一つであるトヨタ自動車とその関連企業、さらにはそれらを支える幾層にも重なる下請け企業群が集積している。そのため、豊田市・岡崎市などの主要都市では、一九九〇年の入管法改正直後からブラジル人の増加が見られた。

西三河地域には滞日ブラジル人が一〇〇〇人以上居住する集住都市がいくつか存在する。また、二〇一三年現在、ポルトガル語ミサが行われる教会は五カ所もある。この地域に居住していれば、自家用車で一時間程度でどこかの教会にアクセスすることが可能なのである。

二〇一三年に聞き取り調査を行った結果、これらの教会においても、初期の滞日ブラジル人信徒共同体の成立、展開過程については、東三河のケースとほぼ変わらないことが判明した。九〇年代中期のブラジル人信徒急増段階においては、各教会でのポルトガル語ミサの設置が十分ではなかったようである。ポルトガル語ミサを司式できる司祭は、現在でも人員的に限られており、彼らにかかる負担は小さいものではない。

このように母国語でのミサに与れない状況でも、日本における「実践者」というべき信徒たちは、口コミなどを介して「どの日にどの教会でポルトガル語ミサが行われるか」を自発的に把握していった。また、ミサが開かれない時間を埋め合わせるために、日本語ミサに出席し、自主的な祈禱会を催すことで、自分たちで宗教的なニーズを満たすようになっていった。

九〇年代後半には東三河と同様に、各小教区でも滞日ブラジル人信徒共同体が形成された。同時に、各週違う教会にて行われる母国語のミサを求める過程で、より広範で単独教会をこえた共同体がゆる

図4　カトリック信徒による公園での自主的祈禱会（星野撮影）

やかに形成されていった。

また同時進行で日本のカトリックの様々な組織（中央協議会・教区・修道会ら）の努力により、各教会でのポルトガル語ミサが増加していく。それでも彼／彼女らは祈禱会などの時間をなくすことなく、独自に信徒共同体を運営していったという。フェスタ・ジュニーナについても九〇年代前半から行われていた小教区があったようだ。二〇〇五年からは名古屋市内でホームレスに向けた炊き出しも自主的に開始し、事業を拡大させていった。二〇一三年の聞き取り時点では、五教会を中心に活動する「単独教会をこえた共同体」のメンバーは全体で一五〇〇名から二〇〇〇名程度であるという。

西三河に居住し、トヨタ系の下請け企業にて労働する滞日ブラジル人信徒は、どの程度、教会にコミットしているのだろうか。以下の一覧は、筆者が調査した二〇一三年八月の一カ月に限定して、この地域の信徒たちが参加した行事と、その参加人数をまとめたものである。

第一週金曜日…C教会にて「初金」ミサ（夜、20人）
第一週土曜日…A教会にて祈禱会（夜、30人）

第一週日曜日…B教会にてミサ(昼、20人)、A教会にてミサ(夜、40人)
第二週金曜日…個人信徒宅にて祈禱会(夜、25人)
第二週土曜日…A教会にてミサ&聖体賛美式(夜、40人)
第二週日曜日…C教会にて日本語ミサ、ポルトガル語ミサ(朝、5人・昼、20人)、A教会にてミサ(夜、50人)
第三週金曜日…D市公園にて祈禱会(夜、30人)
第三週土曜日…A教会にて祈禱会(夜)、もしくは翌日のホームレスへの炊き出し準備。
第三週日曜日…A教会の信徒共同体を中心とした炊き出し(名古屋市内・朝、20人)、B教会にてミサ(昼、20人)、A教会にてミサ(夜、40人)
第四週金曜日…個人宅にて祈禱会(夜、20人)
第四週日曜日…C教会で日本語・ポルトガル語ミサ(朝、4人・昼、20人)、A教会にてミサ(夜、50人)
第五週日曜日…A教会、C教会などではインターナショナル・ミサ(70人)とチャリティ・バザー

平日のほとんどを労働に割く中で、他教会におけるミサ執行への協力、不定期の祈禱会、自身や他者の教理教育なども並行して行われる。まさに「働き、祈る」状態であることが分かるだろう。不定期で長時間の労働を強いられる彼／彼女らが、プライベートな生活を営みつつも、これだけの活動を準備し、支え続けるためには、相当の犠牲を払っていることは明らかだ。そしてその自発的な活動は、

司牧者たちすら突き動かしている。実際に彼／彼女らは「初金《はつきん》」のミサ開設を神父に懇願し(9)、また同じく神父の了承を得て教会での祈禱会をスタートさせている。このように自分たちのニーズに沿い、自発的に、かつ司牧者の領分を侵さないような礼拝方法を探っている。

五　愛知県の日本人信徒とは——トヨティズムの引力

以上、東三河と西三河における滞日ブラジル人信徒共同体というコミュニティの形成過程を追ってきた。以下では、さらにカトリック教会における滞日ブラジル人の実態を考察する上で重要なポイントとなりうる、日本人信徒とのつながりについて考えてみたい。

実は、東・西三河地方の日本人信徒の多くは、長崎を中心とした、カトリック信仰が根付いた地域出身、もしくはそれらの地域と繋がりを持つ信徒が多い。

野原光によれば、トヨタ自動車の急成長は、近隣の農業従事者を主に兼業化させるなどの変容をもたらしただけではなく、全国からの若年労働力を吸引し、膨大な現場労働者たちを作り出す過程でもあった（野原　一九八七、三三四頁）。さらに窪田暁子は、そのように吸い寄せられた労働力のうち、愛知県出身者以外では、九州出身者が圧倒的に多かったことを明らかにしている（窪田　一九八七、一九六頁）。

窪田が指摘するのは特に豊田市に引き寄せられる人びとのことであるが、西三河全体で考えても、その影響で六〇年代から八〇年代にかけて、多くの九州出身者がこの地域に吸引されたというのは、事実のようである[10]。そのような事実を踏まえると、以下のような語りにも得心がいくようになる。

この地域のカトリック教会の信徒は長崎出身者が多いし、長崎出身者以外でも、結婚した相手が長崎出身者で、（それが端緒となってカトリック教会に）来るようになった人が多いんだ。（A教会で信徒会長などを歴任した七〇代の日本人男性信徒。二〇一五年一一月聞き取り調査より）

西三河のカトリック教会の司牧者や日本人信徒に話を聞くと、上記の事項に類することを頻繁に耳にする。こういった事情は、東三河でもそれほど変わりはない。さらにブラジル人司祭の前任者である日本人の主任司祭（一九九七―二〇〇六年）は、五島列島・福江島出身である。彼は本来、長崎教区の司祭になる予定であった。しかし司祭の足りない名古屋への転籍を命ぜられたという。そしてその転籍には以下のような理由も含まれているはずだという。

長崎からいわば勤労青年たち、若者たちがみんな都市に出稼ぎに行くようになったんですね。そういう長崎出身の人たちが、都市に出ていくときのお世話。〔中略〕特に長崎（から愛知県に行く人）はすごく多かったんです。それで名古屋教区で働く司祭たちのことを考えたときに、同じ出身とか考えるわけですね。（上記の元主任司祭。二〇一四年九月聞き取りより）

つまり、かつて高度経済成長期における国内移動によって、長崎県から愛知県にきた人びとの中でカトリック信徒だった人びとと、戦前・戦後と名古屋を中心に活動していた修道会によって司牧されてきた旧住民の一部が、当地の日本人信徒を構成しているわけである。

さて、野原によれば、九州などの遠隔地から西三河に移住してきた労働者たちは以下のような生活を営んでいたという。

西三河にやって来て、職場と職場の関係者のみがいる寮を往復する生活を一〇年近く繰り返して、やがて家庭を持つ。〔中略〕トヨタだけが大企業という、そして大都市からは相対的に切り離された西三河で、いわば「自足的」な「隔離」された生活を繰り返す。(野原 一九八七、三三八頁)

このような生活実態が滞日ブラジル人のそれと驚くほど似ていることには多言を要さない。滞日ブラジル人労働者たちは用意されたバスで、始業前に自宅である集団住宅から職場に連れて行かれ、職場にて労働し、やがて終業後はそのバスにて帰宅する。梶田孝道らによれば、この就業形態こそが、滞日ブラジル人を日本人住民から不可視の存在へと押しやる「顔の見えない定住化」の一因となっているという(梶田・丹野・樋口 二〇〇五)。しかし、国際的な労働力の移動ではないものの、日本人信徒たちの多くも、滞日ブラジル人と同様に「トヨティズム」(野村 一九九三)によってこの地に引き込まれた人びとなのである。そして地域社会から相対的に分離させられた労働力という点においては、かつてこの地に引き寄せられたカトリック教会における日本人信徒も、現在の滞日ブラジル人信徒も、同様なのである。

六　「越境者」と「共振者」を支えるもの

広田康生によれば、新規参入者たち(＝「越境者」)は出身国とは異なる状況が存在するホスト社会へと参入し、そのうえホスト社会の人間とは異なる社会的、法律的条件の中での生活を余儀なくされる。つまり「エスニシティ」の異質性を否応なく経験する。ホスト社会側の人間の中で異質性を受容しつつ受け入れる人(＝「共振者」)とともに、ある「場所」を結節点として共有してネットワークを紡ぎ出していく、とする(広田［一九九七］二〇〇三)。

広田の議論を承け、筆者はかつてネットワークを下支えするのが「カトリシズム」であり、しかも日本人信徒とのネットワークが成立することによって、エスニック資源のみ動員可能なコミュニティでは不可能な事業が可能となると主張した。また、ブラジル人信徒共同体内部において世代が下って成員が入れ替わっても、均質性・共通性としての「カトリシズム」が信徒共同体を下支えするため、世俗的な契機によってできあがったコミュニティにくらべ、継続性の点でも優位である。つまり「カトリシズム」は、外向きのネットワーク形成過程のみならず、内向きの紐帯強化過程においても、有効に機能しているのであると考えた(星野 二〇一一)。そして本論で、ネットワーク形成時において「トヨティズムによる「移民」」という共通性も下支えになる可能性があることを指摘した。

調査の中では、東三河・西三河双方を管轄する名古屋教区の司牧者たちは、信徒たちによる各エスニック信徒共同体をこえた連帯、すなわち広田のいうブラジル人信徒ら「越境者」と日本人信徒ら「共振者」によるネットワークを望んでいるようにも思われた[11]。そして司牧者たちはこの「トヨティズムによる「移民」」同士であることが、信徒間の紐帯を下支えすると考えている。たとえばある司牧者は「日本人信徒、特に老齢の人が、かつての自分たちを重ね合わせないわけはない」という。

しかし「(自分たちが長崎から来たときの)移住の経験、苦労の経験が、ブラジル人たちに出会って、プラス、つまり受け入れる方向に働く場合と、自分たちが守りついできたものが外からのものによって変容してしまうかも、という戸惑いと、信徒は両方持っていると思う」という声を聞くこともあった。

日本人信徒たちの「共振者」の中でも、このような共通性、特に「トヨティズムによる「移民」」という点について、きわめて自覚的な者もいれば、「それは考えてなかった」という人間までいる[12]。しかしながら自覚的になった「共振者」たちは、積極的に言明し、さらに「共振」することになっていくようにみえた。つまり、現状において下支えする要素として機能しているか否かはさておき、司牧者たちがその「共通性」を認識し、一部の「共振者」がその言説を繰り返すとき、よりそのネットワークが強固になる可能性を孕んでいるとは言えるだろう。

このようにカトリック教会に根ざした滞日ブラジル人のコミュニティの存在は、信徒個人の「救済」といった点のみならず、滞日ブラジル人の組織化を促進する点、そしてホスト社会との回路を獲得する点においても、きわめて重要な役割を担っているのである[13]。

注

（1）恍惚状態において発せられる理解不可能なことばのことである。
（2）ラファエル・ショウジによれば、日本で滞日ブラジル人向けに行われる集会の半数以上がプロテスタント教会によるものである(Shoji 2008)。
（3）このような教会の中には、逆に日本からブラジルへと「逆輸入」される形で進出していく教団もある。
（4）少数であるが、日本人伝道を真剣に行っている教団も存在する。
（5）この場合の牧師のパーソナリティは宗教的「カリスマ」としての魅力もさることながら、世俗の人間としての「人格」としての意味合いが強い場合も多い。
（6）カトリック教会は世界的組織であるため、すでに日本に多くの外国人神父が到来しており、外国語での布教が他宗教に比べ、比較的容易である点も見逃せない。
（7）日本語では「信仰共同体」と訳される。多くの外国人が訪れる教会では、エスニシティごとに信仰共同体が形成される傾向にある。
（8）正確には収穫祭であり、同時に洗礼者ヨハネなどの諸聖人の日を記念するのにあわせてブラジル全土で賑やかに行われる重要なお祭りである(八木谷 二〇〇三)。
（9）「初金」とは、文字通り月の初めの金曜日である。女子パウロ会のホームページによれば「カトリック教会では、一七世紀から、この「初金曜日」の信心をしています」とある。また、「この信心のはじまりは、聖女マルガリータ・マリア・アラコックにイエス・キリストがご出現になり、「罪の償いのために、九か月間続けて、毎月の最初の金曜日に、ミサにあずかり聖体拝領をすれば、罪の中に死ぬことはなく、イエスの聖心に受け入れられるであろう」とお約束なさったことに由来して」いるとのことである(http://www.pauline.or.jp/chripedia/mame_hatukin.php、二〇一五年七月アクセス)。
（10）一九六〇年代から八〇年代にかけて九州からの転入者が多かったことを示すデータは決して多くないが、たとえば一九八〇年における刈谷市への転入者の中では九州・沖縄出身者が一番多く、二八三一人中九七二人であった（刈谷市史編さん編集委員会編　一九九〇、五八四―五八五頁）。

（11）たとえば西三河の複数の教会にてブラジル人司牧にかかわるシスターは「同じ苦労をしているのだから、通じ合えると思う」と筆者に語っていた。

（12）たとえばA教会七〇代の長崎市出津《しつ》出身の男性信徒はきわめて自覚的であるし、それに対してC教会の信徒会長や副会長は、筆者のインタビューではじめて気がついた、と言明していた。

（13）プロテスタント教会では多くの場合、日本社会に閉鎖的なエスニック・チャーチになりがちであるが、一部の教会は日本の教会とのつながりを強めている（山田　二〇一一）。また他の集住地域のカトリック教会でも、本事例のようなブラジル人信徒共同体が形成される場合もあれば、種々の要因によって形成されなかったり、リーマンショック後の人口減少によって信徒共同体の衰退が余儀なくされるケースも存在する。

参考文献

梶田孝道・丹野清人・樋口直人　二〇〇五、『顔の見えない定住化――日系ブラジル人と国家・市場・移民ネットワーク』名古屋大学出版会。
刈谷市史編さん編集委員会編　一九九〇、『刈谷市史　第四巻現代』刈谷市。
窪田暁子　一九八七、「企業都市における「地域生活」問題と「生活管理」」都丸・窪田・遠藤編『トヨタと地域社会――現代企業都市生活論』大月書店。
高橋典史　二〇一五、「現代日本の「多文化共生」と宗教」『東洋大学社会学部紀要』五二(二)、東洋大学社会学部。
谷大二　二〇〇八、『移住者と共に生きる教会』女子パウロ会。
都丸泰助・窪田暁子・遠藤宏一編　一九八七、『トヨタと地域社会――現代企業都市生活論』大月書店。
野原光　一九八七、「企業都市住民生活の構造と展望」都丸・窪田・遠藤編『トヨタと地域社会――現代企業都市生活論』大月書店。

野村正實　一九九三、『トヨティズム――日本型生産システムの成熟と変容』ミネルヴァ書房。

広田康生［一九九七］二〇〇三、『エスニシティと都市〔新版〕』有信堂高文社。

星野壮　二〇一一、「在日ブラジル人カトリック信徒の共同体について」『宗教学年報』二六、大正大学宗教学会。

松岡秀明　二〇〇四、『ブラジル人と日本宗教――世界救世教の布教と受容』弘文堂。

八木谷涼子　二〇〇三、『キリスト教歳時記　知っておきたい教会の文化』平凡社。

山田政信　二〇一〇、「在日ブラジル人の宗教生活」駒井洋監修『ラテンアメリカン・ディアスポラ』明石書店。

山田政信　二〇一一、「デカセギ・ブラジル人の宗教生活――エスニック・ネットワークの繋留点としてのブラジル系プロテスタント教会」三田千代子編著『グローバル化の中で生きるとは――日系ブラジル人のトランスナショナルな暮らし』上智大学出版。

渡辺雅子　二〇〇一、『ブラジル日系新宗教の展開――異文化布教の課題と実践』東信堂。

Shoji, R. 2008 “Religiões entre Brasileiros no Japão: Conversão ao Pentecostalismo e Redefiniçã Étnica,” *REVER*, 8: pp. 46–85.

第10章　滞日ムスリムと日本の地域社会

沼尻正之・三木　英

一　はじめに

二一世紀の世界で「移民」が大きな問題となっている。とりわけ二〇一六年には欧米を中心に目立った動きがあった。まず、アメリカ大統領選挙で、移民排斥を主張したドナルド・トランプが(大方の予想に反して)大統領に選ばれた。同年、米大統領選の少し前には、イギリスでEU離脱の是非を問う国民投票が行われ、これまた予想に反して離脱(ブレグジット)派が勝利したが、この時の争点となったのが移民・難民をめぐる問題であった。フランスでは、過激な移民排斥的主張を展開する極右政党「国民戦線」が台頭し、二代目党首マリーヌ・ル・ペンは二〇一七年の大統領選で、後に大統領となるエマニュエル・マクロンと決選投票を争うところまで進んだ。さらに、ヨーロッパのなかでは移民に対し寛容な政策をとってきたドイツでも、移民排斥的な極右政党「ドイツのための選択肢(AfD)」が伸張し、二〇一七年九月の総選挙では得票率一二・六%で九四議席を獲得し第三党となった。

ここで排斥の対象となっているのは、主にイスラム系移民である。アメリカの調査機関ピュー・リサーチセンターによれば、[1] 既にフランスには五七二万人（総人口の八・八％）、イギリスに四一三万人（同六・三％）、ドイツで四九五万人（同六・一％）のイスラム教徒、すなわちムスリムが暮らしている。その彼らの存在により、欧米先進諸国で経済的・文化的摩擦が引き起こされていることは、否定できない事実である。二〇〇一年九月一一日の米同時多発テロ以来、彼らをテロの恐怖と結びつける偏見が、排斥感情を強めてきたと考えられる。

この移民問題は、本書刊行時の日本では大きな争点になっていない。二〇一七年末時点での在留外国人数はおよそ二五六万人で、総人口に占める割合は二・〇％に過ぎない。比較のためドイツのデータに目を移すと、二〇一五年現在の「移民の背景を持つ者」[2] は約一七一〇万人で、ドイツ総人口八二八〇万人の二一％にも上る。もちろん日本在住のムスリムも、ドイツに比べて圧倒的に少数である。

しかし少子高齢化が進む日本で、今後、労働力不足を補うため移民の積極的受け入れが進んでいき、現在の欧米のような移民問題が表面化してくる可能性は高い。そして日本で働くムスリムも増えていくだろう。たとえばいま、日本に多くの技能実習生を送り出しているインドネシアは、世界最多のムスリム人口を抱える国である。彼ら移民、とりわけムスリムにどう関わるかは、日本社会が考究する必要のあるテーマであろう。

二　日本におけるムスリム人口とマスジド（モスク）の増加

日本のムスリム人口は二〇一〇年代に入ってから、約一一万（外国人ムスリム一〇万、日本人ムスリム一万)と捉えられてきた。しかし店田廣文は、二〇一五年末の滞日ムスリム人口が一四—一五万人程度まで増加している可能性があると指摘している(店田 二〇一六)。海外からのマンパワー導入の加速していることが、推察されるところである。

イスラム教では毎金曜日に集団で礼拝することが教徒の義務とされる。よって彼らにとって、多くが集まりうる礼拝所、すなわち「マスジド(モスク)」、あるいはマスジドより簡易的・限定的な祈りの場を指す「ムサッラー」の確保は、滞日ムスリムにも必須課題である。

このマスジドは、一九八〇年代末までの日本には、僅か四つしか存在していなかった。しかし滞日ムスリムの増加につれて開堂が相次ぎ、現段階で存在がわかっているマスジドは九八、ムサッラーは八で、合計一〇六となっている[3]。

国内マスジドの地理的分布を見よう。東京を中心とする関東地方には、ちょうど半数の五三が設けられている。次に一〇が確認されている愛知が目立つところである。基本的に、仕事のあるところにムスリム(移民全般)が集まり、そこにマスジドが開堂されるという構図になっている。また各地の国公立大学に留学しているムスリムたちを中心にマスジドが設立されており、さらに設立への動きも見られることから、近い将来すべての都道府県にマスジドがあるという状況は現実になる可能性が高い。

これだけ多くのマスジドが設けられるようになると、地域住民とムスリムとの間にトラブルが生じるケースも出てくる。次節では滞日ムスリムと地域社会との関わりについて考えるための手がかりとして、トラブルの実例をいくつか見ていこう(三木編 二〇一七)。

三　マスジドを受け入れる地域社会

広島大学に属するムスリムたちの間で、メインキャンパスのある東広島市にマスジドをつくろうという動きは、一九九〇年代後半頃から既にあった。二〇〇五年頃、彼らは宿願の土地を手に入れる。しかし以降、計画が進んでいくことはなかった。それは、彼らの購入した土地が家屋以外の建設を認めていない住宅地で、市からマスジド建設の許可が下りなかったからであった。土地の用途制限に気付かなかった、ムスリム側のミスである。さらには、近隣住民からの強い反対もあったという。

結局その土地でのマスジド建設は頓挫し、二〇一一年一一月に新たに土地を買い直し、その場所で開堂が果たされる。この広島マスジド（広島イスラム文化センター）は五階建てのビルで、マスジドの建物としては日本有数のものである。過去の苦い経験を反映してか、ホームページには施設の「目的」として「相互理解のための親交、文化的な交流の機会と場所を提供し、日本の社会とムスリムの架け橋となる」ことが挙げられている。

二つ目は金沢大学のムスリムたちの事例である。彼らもまた、二〇一〇年頃からマスジド建設を目指すようになった。そしてあちこちを探した結果、大学近くの住宅地の一角に適地を見つけ、契約に漕ぎ着ける。しかしながら、ここからマスジド建設までのプロセスが難航することになる。多くの地域住民がムスリム側との話し合いに臨み、反対や不安を表明したのであった。これに対し町内会は、住民に対しアンケート調査を行ったり、ムスリム側に質問書を渡してそれへの回答を求めたりして、事態の収拾を図った。こうした交渉の流れのなか、ムスリム側が誠意をもって対応したため(日本人ムスリムの存在が大きかったといわれている)、住民側にあった誤解は解け、次第に両者は合意に向けて歩み寄り始める。その際、ムスリムの多くが金沢大学の学生・スタッフであることがもたらす信頼感(地方国立大学の地元における威信の高さ)や、国際交流・グローバル化の必然性といった時代の抗いがたい雰囲気なども、作用したことであろう。

ムスリムと地域住民との間の交渉は約一年続き、ようやく合意が得られて、二〇一四年にマスジドは予定の地に落成した。マスジドを運営する金沢ムスリム・ソサイエティのホームページには、近隣住民との間に取り交わした二二項目にも及ぶ協定が載る。この金沢のケースは、ムスリムと地域住民とが相互理解を深めた成功事例といえるが、マスジド建築に付きもののドーム(丸屋根)やミナレット(尖塔)などイスラム風装飾が、周辺住民に配慮した結果、金沢マスジドには施されていない。それを考えると、ムスリム側にとっても別のより望ましい選択肢(場所)があったかもしれない。

次に富山の事例を見る。富山のマスジドといえば、射水《いみず》市郊外のバイパス沿いに一九九九年につくられた富山マスジドが、まず想起される。二〇〇一年に聖典コーランを何者かが破り捨てるという事件の舞台となったところである。(4) ここではこのマスジドではなく、富山市の富山大学すぐそばに位置する富山五福マスジド(富山アル・ファリーク・マスジド)を取り上げるのだが、実はこのマスジドは二〇一二年に大学近くの別の場所で開堂される予定であった。しかしそこで一部近隣住民による反対運動が起こってしまう。かつてのコーラン破棄事件の記憶が住民間に不安の連鎖を生んだのか、結局計画は中止に追い込まれ、その後ムスリムたちは五福交差点近くで近隣に住宅の少ない場所にある三階建てビルを購入、その上で説明会や内覧会などを実施して地域の承認を取り付け、二〇一四年に開堂を果たす。

四つ目は福岡の事例である(生田 二〇一四)。九州大学などに通うムスリムたちがマスジド建設に向けて動き出したのは一九九八年からで、二〇〇五年に福岡市東区に土地を購入するが、マスジド建設計画が明らかになると地元住民から反対運動が起きる。ここからムスリムと住民側との長い話し合いが始まるのだが、その際重要な役割を果たしたのが、途中から交渉に参加した日本人ムスリムと、住民側の代表である元自治会長、そして交渉過程の見守り役であった一人の警察関係者であったという。とりわけ日本人ムスリム以外の二人がムスリムたちの思いに共鳴し、住民を説得した側面が強かったようである。彼らは何人かのムスリムとの間に強い信頼関係を築き、住民たちを礼拝や食事会に連れて行ったりして、当事者間の垣根を取り払う努力をした。その結果、交渉は二〇〇八年にまとまり、二〇〇九年に福岡マスジドが開堂することとなったのである。

一九八〇年代以降に日本に定着したニューカマーたちは、彼ら自身のための新しい宗教施設を国内に設けてきた。日系人たちやフィリピン人によるキリスト教会、ベトナム人やタイ人の仏教寺院などがそれであるが、それらは大きな問題なく地域社会に溶け込んでいるように見える。キリスト教や仏教という、日本人に馴染んだ宗教の施設であることが(元々日本にある教会や寺院とは若干の違いはあるにせよ)、地域住民に安心感をもたらすのだろう。これに比べると、イスラム教はあまりに未知の宗教である。それが住民たちの間に、マスジドを設けることへの拒否感を生じさせる。さらにマスジドの持つマルチエスニックな性格も、日本人に不安を与える。マスジドに集うのはアジア系、アラブ系、アフリカ系など、特定の国や民族に限定されない多種多様な人々で、それが身近で外国人に接する機会の乏しい者に必要以上の警戒感を抱かせるのではないか。

四　滞日ムスリムが抱える問題——食・教育・墓地

ここでは、日本に暮らすようになったムスリムの抱える問題点を検討してみたい。まず第一は「食」である。イスラム教には食のタブーがあり、豚肉やアルコールおよびそれらの成分を含むもの、イスラム法に則って処理されたのではない食肉などを、ムスリムは口にすることができない。こうしたものを除いた、ムスリムが食してよいものを「ハラール」食品という。近年、訪日外国人旅行者の増加(インバウンド)と食品の海外への輸出の増加(アウトバウンド)の二つの側面でハラールは世間の注目を集めており、一般の認知度も上がっている(沼尻 二〇一七)。また大学生協の調査によると、二〇一六年時点で、ハラール・メニューを提供している大学生協食堂は全国で四一と急増している[5]。よって滞日ムスリムにとって食は、かなり改善されてきているといってよいのではないだろうか。

次に問題となるのは子どもの教育である。佐藤兼永によると、ムスリムが子どもを学校に通わせる上で心配なことのうち、学校側の理解と配慮が必要となるものが四つあるという(佐藤 二〇一五、一〇〇—一〇二頁)。それは①給食、②礼拝、③断食、④服装(女子の場合)である。給食については、前記ハラールの問題があるためで、これに対してムスリムの親たちは学校から事前に給食メニューを貰い、ハラーム(ハラールでないもの)食品がある日には、なるべくその日のメニューに似せた(中味をハラールにした)弁当を持たせるなど、工夫をしている。礼拝と断食については、小学校高学年頃から義務となるのだが、これに学校がどれほど配慮してくれるかは一様でなく、実施が困難な場合も多い。服装についてであるが、およそ中学校入学の頃から女子はスカーフを被り始める。フランスで禁止されている公立学校でのスカーフ着用は、いまのところ日本では問題視されていない。しかし制服のスカートや体育の時間の体操着(半袖や半ズボン)、水着などがイスラム教の決まりから逸脱する。よって子どもたちが他生徒とは違う服を選んだり、プールの時間を見学に終始したりすることに、学校側の同意を得る必要が出てくる。こうした学校との交渉は、学校側の姿勢如何によっては、親にとってかなりの負担になると思われる。

さらに親たちは、子どもにはイスラム教や言葉(アラビア語など)を学んでほしいという強い要望を持っている。とはいえこれは日本の既存の学校では対応できないため、各地のムスリムはマスジドで特別のクラスを開講し、要望に対応している。滞日ムスリムたちのなかには仏教系・キリスト教系の学校のように、イスラム学校の設立を求める声があるが、いまのところそれはまだ実現していない。

ムスリムの定住化が進めば、日本で死を迎える人たちも増えてくる。イスラム教では、遺体は土葬するものである。遺体を出身国に送って埋葬してもらうことが選択されるケースもあるが、日本での埋葬を希望するケースも少なくない。そこでムスリム用の墓地確保が大きな課題となってくるのである。実際に、いくつかのイスラム団体やマスジドが墓地探しを行っている。その過程で、マスジド設置の場合と同様に、近隣住民から反対運動が起こり、墓地計画が頓挫したケースも報告されている。

全国紙にも取り上げられるほどの大きな騒ぎとなったのは、二〇〇八年に日本イスラーム文化センター（大塚マスジド）が栃木県足利市にムスリム墓地をつくろうとしたケースである。同センターが説明会を行ったところ、住民たちから反対の声が上がり、その後六〇〇人以上の住民による反対署名が集められて、それは足利市と同センターに提出された。その際に最大の理由とされたのが土葬への抵抗感であった。結局二〇一〇年に、同センターは当地での計画を撤回することになった。

こうした失敗例はあるものの、いくつかのイスラム団体やマスジドの努力により、現時点で北海道余市町《よいち》・茨城県つくばみらい市・茨城県小美玉市《おみたま》・山梨県甲州市・静岡県静岡市・和歌山県橋本市でイスラム墓地が運営されている。とはいえこれでもまだ、増加する滞日ムスリムのニーズを満たすには十分ではない。彼らにとって墓地探しは引き続き困難な課題であり続けるであろうが、日本の人口が減少局面にあることに加え、近年の日本における「終活ブーム」のなか、葬送の手法が多様化し始めていることなどが、一定の追い風になる可能性はあるのではないだろうか。

五　滞日ムスリムと地域社会――顔の見える関係を目指して

世界各地からやって来るムスリムにとって、非イスラム的である日本は様々な不便があり、場合によっては地域住民とのトラブルに遭遇してしまう場所である。それでも滞日ムスリムの生活満足度が比較的高いことは、早稲田大学による調査によって明らかにされている(6)。欧米諸国のように過度のイスラムフォビア（イスラム恐怖症）が見られることはなく、ムスリムへのヘイト・スピーチが行われたりすることのない日本は、いまのところ彼らにとって相対的に住みよい国なのかもしれない。

とはいえ最近でも、世界でテロ事件が発生する度、国内のマスジドには嫌がらせの電話がかかってくる。日本が今後も、ムスリムにとって安心して暮らせる社会であり続けるためには、双方が一層の努力をする必要がある。

ここで三節において扱ったマスジド設立の話題に戻る。日本に現存しているマスジドは、店田（二〇一五、二八頁）によると、その設立方式によって四つに類型化できる。①国家による建設型、②コミュニティ型（個人喜捨活用型／個人資産活用型）、③コミュニティ型＋外部資源活用型、④留学生主導型＋外部資源活用型である。言及した四つのマスジドはいずれも、（近年増えている）④のタイプである。ではなぜ、このタイプがトラブルを起こしやすいのか。一つは、留学生など大学関係者は相対的に滞日年数の短い人が多いため、日本社会の習慣やルールに馴染んでおらず、地域住民の感覚との間に齟齬が生じやすいということだろう。もう一つは、どの地方自治体でも、国立大学が立地する場所は町中の人口密集地に近いため、ムスリム側が利便性を考えて大学近くにマスジドを設けようとした場合、否応なく多くの地域住民と関わらざるをえなくなるということだろう。

再び富山の事例に目を向けよう。富山で初めての富山マスジドは、パキスタン出身で中古車販売業などを営む県内在住のムスリムたちが、バイパス沿いの廃業したコンビニエンス・ストアの建物を再利用して開堂したものである。周辺に住宅が建て込んでおらず、店舗や会社もあまりない。このようなマスジドについては、反対運動など起こりようがなく、そもそもその存在自体があまり知られないまま、時が過ぎることが多い。

岡井宏文（二〇〇七、二〇五頁）によれば、既にマスジドがある地域の近隣に新たにマスジドが設立されるにあたり、①ムスリムの集住化が進み、より利便性が高い近接地域にマスジドを設立しようとするケースや、②既存のマスジドを定期的に訪れる成員が特定の出身地・言語・思想や活動内容に規定されている場合に、その他の集団が新たにマスジドを設立しようとするケースなどがあるという。富山のムスリムが比較的小さな県の中にもう一つのマスジドをつくろうとした理由は、①に加え、②の理由もあったと思われる。

実際、在富山の二つのマスジドに集まる人々のタイプはかなり異なる。五福のマスジドに来るのは大学関係者、つまり学歴エリートであるが、射水のそれにはいわゆる労働者タイプの人々が多く集まる。両者の間には大きな「ハビトゥス」[7]の差があり、宗教を除けば共通の話題はあまりないのではないかと推測される。この差が新しいマスジド開堂への原動力の一つになったと考えられるのである。

富山の新しいマスジドは、トラブルを経験したものの、いま地元住民との間に良好な関係を築こうと積極的に活動している。二〇一七年のラマダン期間中に市民をマスジドへ招待して礼拝の様子を見せたり、断食の意味を解説するイベントを開いたりしていることが、『朝日新聞』富山版(六月一六日版二七面)で確認することができた。もっとも、こうした開放的傾向は三節で紹介した他の三つのマスジドでも観察される。マスジドに集まる学歴エリートには、地域住民との良好な関係づくりの大切さは理解されているだろうし、エリートたちの立ち居振る舞いや相手の話を聞く姿勢は、住民たちに安心感を与えるのに十分であろう。かつてのトラブルは、その後の良好な関係への貴重な契機である。

一方、住民との軋轢を経験していない富山マスジドでは、先の新聞記事によれば、ラマダン期間中に近隣住民を招待することはなかった。そもそもそこでムスリムが集まり礼拝し、日没後の食事を共にしていることに気付いている人は、おそらくほとんどいない。ここでは、かつて移民研究者たちが名付けたところの「顔の見えない定住化(8)」が進行している。彼ら移民は自立性の高い独自のコミュニティを形成し、仕事や生活はその中でほぼ完結させることが可能で、日本人と関わらずとも、日本語を使わなくとも暮らしていけるため、地域住民からは「顔の見えない」存在になってしまっている。

実は現在移民問題に悩んでいるドイツでも、問題の最大の核心は移民たちの「ゲットー化」であった。ドイツは戦後の労働力不足を補うため、トルコ人などの外国人をガストアルバイター(Gastarbeiter＝お客さん労働者)として利用したのだが、一時的な滞在者だと思っていた彼らは、その後結婚したり母国から家族を呼び寄せたりして、彼ら独自の密集居住地域(ゲットー)のなかで定住化を始めたのである。彼らが多くのドイツ人にとって「顔の見えない」存在であったため、「移民問題」の存在が気付かれないまま膨大な人数にまで増加してしまい、その後突然大きな社会問題として可視化してきたのであった。

この先例に学んで、日本は移民たちに関心を寄せ続けるべきであろう。それにあたり、マスジドは非常に重要な施設となる。なぜなら、ともすると顔が見えなくなりがちなムスリム移民たちが、そこには定期的にやって来て顔を見せてくれるからである。

六　おわりに——交流のための突破口

「雨降って地固まる」ということわざがあるが、これは日本の地域社会と滞日ムスリムとの既述のような関係を表すのにふさわしい。両者が互いに良好な関係を築くためには、まずお互いのことを知らなければならない。その過程で疑問や誤解、トラブルが生じることもあるだろう。その場合は、互いに理解し納得し合うまで対話を続けるしかない。

最近各地のマスジドでは、日本人を対象にした講演会やイベントが行われている。しかしせっかくそのような催しを企画しても、なかなか日本人が集まってくれないというのが、ムスリムたちの悩みであるようだ。個人で参加するには少々ハードルが高いというのであろう。それなら、学校や各種団体などでまとまって「異文化交流」を図るなどしてはどうだろう。ともかく日本人の側からのアプローチがもう少し必要である。地方自治体が、そうした交流をサポートする役割を果たすことも、あってよいかもしれない。

また、滞日ムスリムと地域社会との関係を考える上で非常に重要なのが、日本人ムスリムの存在である。三節の事例は、それを示唆している。日本人ムスリムは二つの異質な文化を知る存在で、異文化間に架橋することができる。そして、こうした人材は着実に増えてきた。さらに外国出身ムスリムと日本人との間に生まれた第二世代が、いまや成長して、存在感を高めつつある。ダブルの彼らは二つの文化の間を、言語面でのハンディキャップなしで自在に行き来しうる。その活躍がムスリムと地域社会との関係を円滑なものにすることが期待されるだろう。

滞日ムスリムと地域社会の関係を考える上で、もう一つ突破口になりそうなのが「ハラール」である。訪日外国人旅行者増加に伴い、近年の日本でイスラム教がニュースで取り上げられる際には、ハラールがテーマになることが多い。国内の観光業・飲食店関係者、また海外に食品などを輸出する商社マンなどが、イスラム教への関心を強めている。彼らの関心は宗教でなくお金に向いている、と述べるのは簡単だが、ハラールをきっかけにして、これまでにない数の人がイスラム教に関心を持ち始めているのは事実であり、これを上手く活用しない手はないだろう。

イスラム教は近い将来、世界最大の宗教になることが確実視されている。そうなれば、このグローバル化の時代に、世界の様々な場所で、われわれがムスリムたちと関わる機会は増えるであろう。そのイスラム教が日本社会にも徐々にではあるが、定着しつつある。日本ではいまのところムスリムは少数派であるが、世界に目を転じれば、少数派はむしろ日本人の方だということを忘れてはならない。日本人と滞日ムスリムとが、様々なことを教え／学び合う良きパートナーになれるよう、努力を惜しまないことが大切だ。

注

(1) http://www.pewforum.org/2017/11/29/europes-growing-muslim-population（二〇一八年一月二〇日閲覧）。

(2)「移民の背景を持つ者 Personen mit Migrationshintergrund」は移民問題の実情を正確に捉えようとする意図で、二〇〇〇年代初めから使われるようになった概念で、「一九四九年以降、現在のドイツ領に移住した者、ドイツで生まれた外国籍の者、あるいはドイツ国籍所有者のうち、親の少なくとも一人が移住者であるかドイツで生まれた際に外国籍だった者」と法的に定義されている。

(3) 店田（二〇一五）、三木編（二〇一七）、そして日本人ムスリムの運営するサイト「イスラム便利帳」http://islamjp.com を参考に、新しい情報を加えて、計上した。

(4) この事件に対し、滞日ムスリムたちから激しい抗議運動が起こったが、事件自体に思想的背景などがなかったため、その後沈静化した。
（5）全国大学生活協同組合連合会「ハラルメニューの提供について」http://www.univcoop.or.jp/service/food/halal.html(二〇一八年一月二〇日閲覧)。
（6）早稲田大学人間科学学術院アジア社会論研究室『在日ムスリム調査』(二〇〇六)を参照のこと。
（7）ハビトゥスとは、出身階層や教育程度に応じて各人に内面化・身体化される知覚・行動様式を指す。滞日ムスリムのハビトゥスの違いは、樋口(二〇〇七)を参照。
（8）詳細は梶田・丹野・樋口(二〇〇五)を参照。この概念は日系ブラジル人の定住化過程を説明する概念であるが、移民問題一般にも適用可能と考えられる。

参考文献

生田篤 二〇一四、「福岡市のモスク開所過程と留学生の宗教問題」『移民研究年報』二〇号。
岡井宏文 二〇〇七、「イスラーム・ネットワークの誕生——モスクの設立とイスラーム活動」樋口直人・稲葉奈々子・丹野清人・福田友子・岡井宏文『国境を越える——滞日ムスリム移民の社会学』青弓社。
梶田孝道・丹野清人・樋口直人 二〇〇五、『顔の見えない定住化——日系ブラジル人と国家・市場・移民ネットワーク』名古屋大学出版会。
佐藤兼永 二〇一五、『日本の中でイスラム教を信じる』文藝春秋。
店田廣文 二〇一五、『日本のモスク——滞日ムスリムの社会的活動』山川出版社。
店田廣文 二〇一六、「日本におけるムスリム移民・難民の現状と課題」『中東研究』五二八号。
沼尻正之 二〇一七、「現代日本における「ハラール」をめぐる諸問題」三木編『異教のニューカマーたち』森話社。
樋口直人 二〇〇七、「「ガテン」系への道——労働への適応、消費への誘惑」樋口他『国境を越える』青弓社。
三木英編 二〇一七、『異教のニューカマーたち——日本における移民と宗教』森話社。

シリーズ「いま宗教に向きあう」について

本シリーズは、二〇一〇年代も終わりに近づき、元号も変わるという時に、「私たちはどこからどこへ向かっているのか」を「宗教」という参照点から大局的にとらえたものです。本シリーズには、「現代と宗教」をテーマとするこれまでの論集にはあまり見られない特色があります。

第一に、宗教研究を専門とする執筆者が中心であることです。二〇〇〇年代に入って、J・ハーバーマス、C・テイラーといった著名な社会学者、哲学者等が宗教に関する書を出し、それに触発された議論が国内でも広がりました。しかし、世俗化後の宗教復興、宗教の私事化などは二〇世紀から宗教学者も議論してきたことなのです。その蓄積があまり参照されず、基礎的語彙・認識にも混乱が見られるようになりました。そこで二〇〇〇年以降の事象や諸分野での議論を踏まえつつ、宗教学の蓄積を改めてまとめ、ヴァージョン・アップし、参照されやすい形で提供しようと考えました。各巻の「争点」で、諸分野での議論と宗教学の議論を突き合わせ、論争の見取り図を示すことでバランスを取るようにしたのも、この種の論集にない新機軸です。

第二の特色は、いわゆる「世界の諸宗教」だけでなく、世間で「宗教」と見なされていない個人的な信念や漠然とした宗教的志向性や行為・慣習をも対象に含めている点です。これは宗教現象の多様化を押さえたというだけにとどまりません。従来の「宗教」という言葉が、個人の内面的信仰こそ本質だとするような西洋近代の宗教観を前提としていたことに対して、国内外の研究者の間で反省が進んだことを反映しています。

本シリーズはさまざまな具体的事例を扱いながらも、これらの問題意識を根底に置いているため、大事件のたびに左右されるジャーナリストや著名人による論評とは異なります。宗教を恒常的に観察する者からの情報を盛り込み、事例を大きな歴史的・社会的文脈の中に位置づけ、一般性のある理論で整理することにより、「いま宗教に向きあう」のに必要な耐久性のあるパースペクティブを提案するものです。

ＪＳＰＳ科研費基盤研究（Ｂ）（課題番号２６２８４０１１）の助成による研究の成果が含まれます。

編者

【執筆者】

島薗 進（しまぞの すすむ）

1948年生．上智大学グリーフケア研究所所長，東京大学名誉教授．近代日本宗教史，死生学．『日本仏教の社会倫理——「正法」理念から考える』（岩波現代全書），『国家神道と日本人』（岩波新書）など．

村上興匡（むらかみ こうきょう）

1960年生．大正大学教授．死生学，葬送墓制研究．『慰霊の系譜——死者を記憶する共同体』（村上興匡・西村明編，森話社），「葬儀研究からみた弔いの意味づけの変化」『現代日本の葬送と墓制——イエ亡き時代の死者のゆくえ』（鈴木岩弓・森謙二編，吉川弘文館）など．

黒崎浩行（くろさき ひろゆき）

1967年生．國學院大學教授．宗教社会学，地域社会と宗教文化研究．『震災復興と宗教』（叢書「宗教とソーシャル・キャピタル」第4巻，稲場圭信・黒崎浩行編著，明石書店），『共存学——文化・社会の多様性』（國學院大學研究開発推進センター編，古沢広祐責任編集，弘文堂）など．

福嶋信吉（ふくしま しんきち）

1963年生．金光教国際センター所長．近代民衆宗教研究．『宗教学キーワード』（「有斐閣双書KEYWORD SERIES」，島薗進・葛西賢太・福嶋信吉・藤原聖子編），『〈宗教〉再考』（島薗進・鶴岡賀雄編，ぺりかん社）など．

松岡秀明（まつおか ひであき）

1956年生．前・大阪大学招聘教授．宗教人類学，医療人類学．『ブラジル人と日本宗教——世界救世教の布教と受容』（弘文堂），*Japanese Religions in and beyond the Japanese Diaspora*（共編著，Institute of East Asian Studies, University of California at Berkeley）など．

弓山達也（ゆみやま たつや）

1963年生．東京工業大学教授．現代における宗教／霊性の研究．『天啓のゆくえ——宗教が分派するとき』（日本地域社会研究所），『いのち・教育・スピリチュアリティ』（カール・ベッカー，弓山達也編，大正大学出版会）など．

葛西賢太（かさい けんた）

1966年生．上智大学特任准教授，宗教情報センター研究員．依存症と宗教，スピリチュアルケアの研究．『現代瞑想論——変性意識がひらく世界』（春秋社），『断酒が作り出す共同性——アルコール依存からの回復を信じる人々』（世界思想社）など．

李 賢 京（イ ヒョンギョン）

1979年生．東海大学特任講師．宗教社会学，移住と宗教コミュニティ研究．「在韓日本人コミュニティの形成と宗教」（『比較日本学』34輯），「セウォル号沈没事故にみる韓国宗教団体の実態」『しあわせの宗教学——ウェルビーイング研究の視座から』（櫻井義秀編，法藏館）など．

星野 壮（ほしの そう）

1975年生．大正大学専任講師．宗教社会学，マイノリティと宗教研究．『現代日本の宗教と多文化共生——移民と地域社会の関係性を探る』（高橋典史・白波瀬達也・星野壮編著，明石書店）など．

沼尻正之（ぬまじり まさゆき）

1965年生．追手門学院大学教授．宗教社会学，文化社会学．「現代日本における「ハラール」をめぐる諸問題」『異教のニューカマーたち——日本における移民と宗教』（三木英編，森話社），「ムスリムと出会う日本社会」『日本に生きる移民たちの宗教生活』（三木英・櫻井義秀編著，ミネルヴァ書房）など．

三木 英（みき ひずる）

1958年生．大阪国際大学教授．宗教集団論・組織論，「宗教と震災」研究，「ニューカマー宗教」研究．『宗教集団の社会学——その類型と変動の理論』（北海道大学出版会），『宗教と震災——阪神・淡路，東日本のそれから』（森話社）など．

【責任編集】

堀江宗正

1969年生．東京大学准教授．死生学，スピリチュアリティ研究．『スピリチュアリティのゆくえ』(シリーズ「若者の気分」)，『歴史のなかの宗教心理学——その思想形成と布置』(以上，岩波書店)など．

いま宗教に向きあう 1
現代日本の宗教事情〈国内編 I〉

2018年9月26日　第1刷発行
2019年4月15日　第2刷発行

編　者　堀江宗正《ほりえのりちか》

発行者　岡本　厚

発行所　株式会社 岩波書店
〒101-8002 東京都千代田区一ツ橋2-5-5
電話案内 03-5210-4000
https://www.iwanami.co.jp/

印刷・理想社　カバー・半七印刷　製本・松岳社

ISBN 978-4-00-026507-2　Printed in Japan